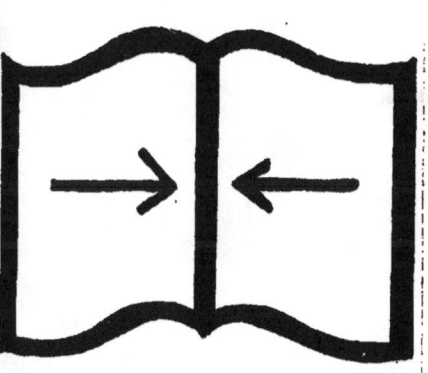

RELIURE SERREE
Absence de marges
intérieures

Illisibilité partielle

VALABLE POUR TOUT OU PARTIE
DU DOCUMENT REPRODUIT

Couvertures supérieure et inférieure
en couleur

COLLECTION JULES ROUFF
1 fr. 50 le volume

LA BAIE
D'HUDSON

TRADUCTION RAOUL BOURDIER

5e édition

PARIS
JULES ROUFF, ÉDITEUR
ANCIENNE MAISON BARBA
7, RUE CHRISTINE, 7

ŒUVRES CHOISIES
DE
CH. PAUL DE KOCK

La Laitière de Montfermeil | L'Homme de la nature
Mon voisin Raymond | La Femme, le Mari, l'Amant
Georgette | Un Mari perdu
Sœur Anne | Moustache
Le Cocu | Le Barbier de Paris
Madeleine | André le Savoyard
Gustave le mauvais sujet | Monsieur Dupont
La Pucelle de Belleville | La Maison-Blanche
Un Tourlourou | Frère Jacques
Jean | L'Enfant de ma femme } 1 vol.
Un bon Enfant | Nouvelles et Théâtre }
Zizine | Fête aux environs de Paris } 1 vol.
Ni jamais ni toujours | Contes et Chansons }
Un jeune Homme charmant

CHAQUE ROMAN COMPLET EN UN SEUL VOLUME

Format in-18 jésus, vélin glacé

Prix : 1 franc 50 centimes.

Publié par JULES ROUFF, Éditeur, 7, rue Christine.

Paris. — Imp. Vve P. Larousse et Cie, rue du Montparnasse, 19.

LA

BAIE D'HUDSON

TOUS DROITS RÉSERVÉS.

Paris. — Imprimerie Vᵛᵉ P. Larousse et Cⁱᵉ, rue du Montparnasse, 19

MAYNE-REID

LA BAIE D'HUDSON

TRADUCTION RAOUL BOURDIER

5me édition

PARIS
JULES ROUFF, ÉDITEUR
ANCIENNE MAISON GEORGES BARBA
7, RUE CHRISTINE, 7

1878

LA
BAIE D'HUDSON

CHAPITRE PREMIER

LE PAYS DES FOURRURES.

Il n'est personne de vous, je suppose, mes jeunes lecteurs, qui n'ait entendu parler de la compagnie de la baie d'Hudson ; car sur dix, neuf de vous possèdent quelques fourrures provenant des magasins de cette compagnie, et le dixième a au moins une sœur ou une cousine dont le manchon, la palatine ou le boa proviennent des mêmes magasins.

Eh bien, ne seriez-vous pas enchantés d'avoir quelques renseignements sur les contrées d'où viennent ces précieuses fourrures, et de connaître les animaux auxquels vous devez vos vêtements d'hiver ?

Nous sommes de vieux amis ; et je connais depuis assez longtemps vos goûts pour répondre hardiment pour vous, et je dis oui, sans crainte de m'exposer à un démenti.

C'est bien ! et, si vous voulez me suivre, je me charge de vous faire visiter le *pays des fourrures*.

C'est un voyage long et pénible que celui que je vous propose : nous aurons bien des lieues à faire ; nous n'aurons pour nous transporter ni locomotives, ni bateaux à vapeur, ni même la vieille et classique diligence, et nous serons plus d'une fois forcés de renoncer aux chevaux. Point de somptueux hôtels pour nous héberger sur la route, pas même une misérable auberge où l'on puisse nous offrir un lit, et il nous faudra souvent coucher à la belle étoile faute d'un toit de chaume pour abriter notre tête. Nous n'aurons pour table la plupart du temps qu'un rocher, un tronc d'arbre, et quelquefois même il faudra nous contenter de la torre. Une tente sera notre demeure, et la peau de quelque bête sauvage nous servira de lit.

Telles sont les seules commodités que je puis mettre à votre disposition. Cela vous convient-il toujours, et cette proposition ne vous effraye-t-elle pas ?

— Non! me criez-vous de tous côtés. Foin des tables d'acajou et de palissandre massif, la vôtre nous suffit! Nous saurons bien, comme l'Arabe du désert, camper et loger sous une tente; et quant aux lits, que le vent emporte la plume ou l'édredon, on n'a pas besoin pour bien dormir de toutes ces superfluités du luxe.

Bien, mes jeunes amis, je n'en attendais pas moins de votre courage; et puisque les dangers ne vous épouvantent pas plus que les fatigues, me voici prêt à vous conduire loin, bien loin dans le nord-ouest, là-bas, tout au bout de l'Amérique, dans le vaste désert connu sous le nom de *pays des fourrures*.

Mais avant de partir, permettez-moi de vous dire quelques mots des régions que nous allons parcourir ensemble.

Veuillez prendre votre atlas et ouvrir la carte de l'Amérique septentrionale, et regarder les deux grandes îles, l'une à droite et l'autre à gauche : la première se nomme Terre-Neuve, et la seconde Vancouver. En tirant une ligne de l'une à l'autre de ces deux îles, on divise le continent en deux parties à peu près égales. Au nord de cette ligne s'étend un vaste territoire dans lequel on taillerait facilement avec des ciseaux trente France ou cinquante Angleterre. Il y a là des lacs assez grands pour y plonger les trois royaumes unis et en faire une île au milieu d'un océan d'eau douce.

Ces immenses régions, de l'étendue desquelles vous pouvez, d'après ces renseignements, vous faire une idée au moins superficielle, sont ce qu'on appelle le *pays des fourrures*.

Si je vous disais que cette vaste contrée n'est qu'un désert ou plutôt un parc d'animaux sauvages, vous auriez peine à me croire, et vous traiteriez, j'en suis sûr, mes récits d'exagération mensongère. Rien n'est plus vrai cependant, et le voyageur perdu dans ces solitudes sans bornes ne rencontre du nord au midi et d'un Océan à l'autre ni ville, ni bourg, ni village, ni même une demeure digne du nom de *settlement*. Les seules traces de civilisation qui viennent de loin en loin frapper ses yeux sont les *Forts* ou postes établis par la compagnie d'Hudson.

Encore ces établissements sont-ils aussi rares qu'éloignés les uns des autres; c'est à peine si l'on en compte un très-petit nombre semés çà et là dans le désert et séparés entre eux par des centaines de milles.

La population de cette immense contrée consiste en une dizaine de mille de blancs, pour la plupart employés de la compagnie, et en quelques tribus indiennes, peuplades autochthones et peu nombreuses qui vivent, misérables et isolées, du produit de leur chasse, et meurent littéralement de faim pendant un tiers de l'année.

Ce n'est donc point à tort que je vous disais que ce pays était désert, car un pays n'est pas habité, je crois, pour renfermer un habitant par dix milles carrés, surtout quand il s'y trouve des espaces où l'on peut faire cent milles de suite sans rencontrer visage humain, rouge, blanc ou noir.

Bien que la solitude soit le caractère général de cette région, les diverses parties de ce vaste territoire ne diffèrent pas moins cependant sous plusieurs autres rapports. Une des plus singulières est sans contredit celle depuis longtemps connue sous le nom de *Terre Maudite*. Son étendue est immense : elle commence au nord-ouest sur les côtes de la baie d'Hudson, et se prolonge presque jusqu'aux bords de la rivière Mackenzie. Les rochers qu'on y rencontre sont de formation primitive. C'est une terre accidentée, entrecoupée à chaque pas de vallées et de collines, avec de grands lacs et des courants torrentueux. Ce pays est entièrement dégarni de bois, ou du moins il en produit trop peu pour qu'il soit utile de s'en occuper. Les seuls arbres que l'on y rencontre sont le bouleau nain, le saule et le sapin noir, encore ces arbres y sont-ils peu nombreux et toujours rabougris; et ce n'est même que dans quelques vallées privilégiées qu'on trouve cette végétation rachitique. Partout ailleurs le terrain est stérile et couvert d'une couche de gros sable composé de débris de granit et de quartz impuissant à produire autre chose que des mousses et des lichens. Sous ce rapport, cette Terre Maudite peut être comparée au grand désert de l'Afrique, avec lequel elle diffère cependant sur un point très-important. Ce pays est bien arrosé; presque toutes les vallées qui s'y trouvent renferment chacune un lac, et bien que plusieurs de ces étendues d'eau soient de toutes parts entourées par la terre et sans communication apparente avec la mer ou les autres eaux, elles n'en sont pas moins pourvues de plusieurs espèces de poissons. D'autres lacs, différant des premiers, communiquent au contraire entre eux par des canaux qui, serpentant la plupart du temps dans des gorges étroites, ont ordinairement une rapidité torrentielle. Ce sont les eaux réunies de ces lacs qui forment les grandes rivières du pays.

Telle est la nature de la plus grande portion du territoire de la baie d'Hudson.

Presque toute la péninsule du Labrador offre le même caractère. On trouve encore de vastes étendues de terrain de la même espèce à l'ouest des montagnes Rocheuses, dans les possessions russes. Toute désolée qu'elle soit, la Terre Maudite a pourtant ses habitants. La nature, toujours prévoyante, a formé des animaux qui se plaisent dans ces tristes régions, et qu'on ne rencontre sur aucun autre point du globe.

Deux espèces de ruminants trouvent leur nourriture dans les mousses et les lichens qui poussent sur ces rochers glacés : ce sont le renne ou caribou et le bœuf musqué. Ces animaux servent à leur tour de pâture à plusieurs bêtes de proie. Les loups de toute espèce, gris, noirs, blancs, tachetés et fauves suivent la piste de ces grands herbivores. L'ours brun, variété de l'espèce, presque aussi grand que l'ours gris, se rencontre aussi sur la Terre Maudite. Le grand ours polaire fréquente ses frontières, mais on ne le trouve pas partout, et sa résidence est presque exclusivement limitée aux parties qui avoisinent la mer. Les terrains marécageux dispersés çà et là dans cet immense territoire renferment les cités aquatiques du rat musqué (*fiber zibethicus*) et de son congénère plus gros que lui, le précieux castor. Ces animaux trouvent leur subsistance aux bords même des étangs qu'ils habitent; mais malheureusement pour eux le wolverène s'établit presque toujours auprès de leurs demeures, qui vit à leurs dépens. Le lièvre polaire habite aussi ces campagnes désolées et s'y nourrit de l'écorce et des feuilles du bouleau, puis après s'être innocemment engraissé aux dépens de ces végétaux, il finit souvent par devenir la pâture de son ennemi-né le renard polaire. Les maigres pâturages, disséminés de loin en loin sur cette terre de désolation, n'y poussent cependant point inutilement, et servent de pâture aux mulots et à la musaraigne, qui deviennent à leur tour la proie de deux espèces de belettes, l'hermine et le wison.

Les poissons des lacs ont aussi leurs ennemis redoutables; la loutre du Canada les poursuit jusqu'au fond de l'eau, tandis que l'orfraie, le grand pélican et l'aigle à tête blanche les guettent à la surface chaque fois qu'ils y remontent pour respirer.

Telle est à peu près toute la faune de la Terre Maudite.

Peu d'êtres humains vivent en dedans de ses frontières. Les seuls hommes qu'on rencontre dans ces vastes solitudes sont les Esquimaux, habitants de la côte, et quelques Indiens Chippewaws, qui viennent y chasser le caribou, et qu'on désigne pour cette raison sous le nom de *mangeurs de caribou*. Les autres Indiens ne s'y aventurent que rarement et pendant l'été seulement, quand la chasse les y conduit ou qu'ils ont besoin de traverser quelque partie de cette contrée pour se rendre d'un point à un autre. Ces voyages sont toujours fort périlleux, et ceux qui les entreprennent n'arrivent jamais tous au but vers lequel ils aspirent.

Aucun blanc n'habite la Terre Maudite, car la compagnie, n'ayant point de commerce à faire avec cette contrée, a jugé inutile d'y établir des forts. La compagnie a eu raison au point de vue de ses intérêts, car les quelques fourrures qu'on se procurerait dans ce pays ne suffiraient pas pour payer les frais d'établissement et d'entretien d'une escale.

Bien différentes sont les parties boisées du pays des fourrures; elles occupent principalement les régions centrales et méridionales du territoire de la baie d'Hudson. C'est là qu'on trouve le castor et le wolverène son implacable ennemi; c'est là aussi que se rencontre le lièvre américain, proie facile pour le lynx du Canada. Les écureuils y vivent sur les arbres et s'élancent de branche en branche, poursuivis par les martres aux riches fourrures. C'est là encore que vivent les renards de toute espèce, le renard rouge, le renard à croix, et le renard argenté (*vulpes argentatus*), dont la fourrure est si estimée, qu'elle se vend presque au poids de l'or. C'est dans ces vastes forêts que l'ours noir (*ursus americanus*) erre et s'engraisse pour devenir la proie des chasseurs et fournir des tapis à nos voitures et des garnitures aux casques de nos dragons et aux bonnets de nos grenadiers.

Ces animaux ne sont pas les seuls qui peuplent ces solitudes, et l'on trouve beaucoup d'autres quadrupèdes dont les fourrures, pour être moins précieuses, n'en sont pas moins fort recherchées; tels sont l'élan, le wapiti et le bison des forêts.

Il existe aussi dans ces contrées une grande étendue de terrain connue sous le nom de *district de la prairie*. Cette partie comprend tout le plateau qui s'étend à l'est depuis les montagnes Rocheuses jusque fort avant dans le nord du territoire de la baie d'Hudson. Cette immense prairie va en se rétrécissant à mesure qu'elle avance vers le nord, et se termine en pointe sous la latitude du grand lac de l'Esclave.

La prairie possède aussi ses animaux particuliers. Le bison ou buffalo, l'antilope aux cornes fourchues, et le daim, connu des chasseurs sous le nom de *mule-deer*, errent en troupeaux dans ces vastes pâturages que parcourent aussi dans tous les sens le loup aboyeur et le renard commun; c'est aussi la demeure de prédilection de la marmotte et du rat des sables; c'est là encore qu'on trouve le plus fier et le plus beau de tous les animaux, le magnifique cheval sauvage, dont le pied agile fait résonner le sol de ces immenses plaines.

Le territoire situé à l'ouest de cette prairie présente un aspect tout autre, c'est la région des montagnes Rocheuses. Les grandes chaînes de ces montagnes, qu'on désigne quelquefois sous le nom d'Andes de l'Amérique septentrionale, s'étendent depuis les limites méridionales du pays des fourrures jusqu'aux côtes de l'océan Arctique. Quelques-unes de ces montagnes dominent de leurs sommets les flots de cette mer et viennent baigner leur pied dans ses ondes glacées. Plusieurs pitons, même parmi ceux situés sous les latitudes méridionales, sont couverts de neiges éternelles. Cette chaîne de montagnes, par endroits d'une très-grande largeur, renferme dans son étendue des vallées dont aucun pied humain n'a jamais encore foulé le sol.

De ces vallées, quelques-unes sont stériles et désolées, d'autres au contraire sont des oasis fertiles dont l'aspect enchanteur vient réjouir les yeux du voyageur, fatigués de la monotonie des rochers amoncelés au milieu desquels il se trace une route pénible et périlleuse.

Ces charmantes vallées ont aussi leurs habitants particuliers. C'est au milieu de leurs herbes verdoyantes qu'habite l'argali ou mouton de montagne, non moins remarquable par les énormes dimensions de ses cornes recourbées que par son agilité, que n'effrayent ni les rochers à pic ni les abîmes sans fond. L'ours noir erre dans les ravins boisés, et son terrible congénère, le grizzly ou ours gris, le plus redoutable de tous les animaux féroces produits par le continent américain, promène sa masse monstrueuse le long des pentes ardues de ces vallées escarpées et rocheuses.

Au delà des montagnes, le pays des fourrures s'étend à l'ouest jusqu'à l'océan Pacifique.

C'est dans cette partie qu'on rencontre des plaines stériles dépourvues d'arbres et d'eau, des rivières torrentueuses qui bouillonnent en mugissant dans des lits trop étroits creusés par le temps au milieu des rochers. C'est là encore qu'on trouve une contrée d'un aspect plus âpre et plus montagneux que celui de toute la partie qui s'étend à l'est de la grande chaîne.

A mesure qu'on se rapproche du rivage du Pacifique, la température s'élève et l'atmosphère devient plus chaude; aussi y rencontre-t-on de temps à autre de grands espaces couverts de forêts et de hautes futaies. Cette partie boisée est très-riche en animaux à fourrure. C'est là que, favorisés par la chaleur du climat, se développent les grandes espèces de la race féline, les chats à longue queue que l'on rencontre beaucoup plus au nord que dans la partie orientale du continent, tels par exemple que le couguar (*felis concolor*) et l'once (*felis onza*), qu'on trouve jusque sous la latitude des forêts de l'Orégon.

Mais il n'entre point, quant à présent, dans mes intentions de traverser les montagnes Rocheuses. La route que je veux vous faire suivre nous conduira au contraire sur le versant oriental de cette grande chaîne. Partis des extrêmes limites de la civilisation, nous nous avancerons jusqu'aux côtes de l'océan Arctique. Comme je vous l'ai déjà dit, jeunes lecteurs, c'est un voyage long et périlleux; mais puisque notre résolution est prise, ne perdons pas de temps et partons.

Allons, marchons, en avant!

CHAPITRE II

LES JEUNES VOYAGEURS.

Voici un canot sur les eaux de la rivière Rouge, la rivière Rouge du Nord, bien entendu. Ce canot se trouve encore assez rapproché de la source, mais il continue à descendre le fleuve. Il n'est ni grand ni solide, car il est construit d'écorce de bouleau, et ne peut contenir qu'un petit nombre de voyageurs. Ceux qui le montent sont tous jeunes et alertes ; le plus vieux de la bande ne paraît pas avoir plus de dix-neuf ans, le plus jeune en compte quinze à peine.

Le plus âgé a atteint toute sa croissance, bien que sa taille élancée et ses formes juvéniles indiquent que ses membres n'ont point encore atteint tout leur développement musculaire. Sa peau brune est légèrement olivâtre ; ses cheveux sont noirs comme le jais, longs et droits comme la chevelure d'un Indien. Ses yeux sont grands et expressifs, ses traits bien accentués : tout son air indique le courage ; ses mâchoires surtout, fortement accusées, sont des signes irrécusables de résolution et de fermeté.

Son caractère ne dément pas sa physionomie, car il possède au plus haut degré les qualités que nous venons de mentionner.

On remarque, malgré sa jeunesse, une certaine gravité dans ses manières, non pas qu'il soit morose et enclin à la misanthropie, loin de là ; seulement la modestie et le bon sens répriment un peu chez lui la fougue du tempérament. Cette gravité prématurée n'indique pas non plus l'ineptie ; au contraire, les traits du jeune homme révèlent un esprit délié, capable des résolutions les plus promptes et les plus énergiques. Sa froideur apparente est un indice de calme, et dit à ceux qui l'interrogent avec soin que ce jeune homme possède déjà l'expérience des dangers passés sans avoir la crainte des dangers à venir.

En somme, toute sa personne respire cette expression de réserve et de force particulière qui frappe au premier abord chez les chasseurs des déserts de l'Ouest (*far West*), ces hommes qui passent leur vie au milieu des dangers dont fourmillent les sauvages régions des grandes prairies. Cette expression se comprend facilement chez des hommes habitués à une vie solitaire, qui passent souvent des mois entiers sans pouvoir échanger une parole et sans que leurs regards tombent sur une face humaine, et qui vivent presque toujours seuls avec la nature, en face de sa sublime majesté. De là, chez ces hommes, ces habitudes de silence et de réserve.

Les mêmes causes avaient à peu près produit les mêmes effets chez le jeune homme dont je viens de vous esquisser le portrait, car sans être un chasseur de profession, il avait cependant chassé beaucoup, et quoique la chasse n'eût jamais été pour lui qu'un passe-temps, elle l'avait souvent placé dans les situations les plus dangereuses, et l'avait mis constamment en contact avec les scènes grandioses de la nature. Tout jeune qu'il fût, il avait déjà traversé les grandes prairies et les forêts vierges de l'Ouest à la poursuite du l'ours, du buffalo, du chat-tigre et du couguard. Ces longues fatigues et ces épreuves dangereuses avaient fait sur son esprit une impression profonde, et donné à sa contenance cet air de gravité qui nous a frappé tout d'abord.

Le second des jeunes voyageurs du canot est d'un aspect tout différent. Blanc de teint, il porte une abondante chevelure blonde dont les mèches tombent en boucles ondoyantes jusque sur ses épaules. Ses formes ne révèlent point la force; au contraire, tout en lui respire la grâce et la délicatesse; mais cette délicatesse n'indique point une complexion maladive, elle est seulement chez ce jeune homme un signe de distinction. La manière dont il manie sa rame prouve qu'il possède à la fois la force et la santé, mais pourtant à un degré moins développé que chez le jeune homme aux cheveux noirs. Sa physionomie révèle peut-être plus d'esprit et d'intelligence que celle du premier, son air communicatif vous le rendra peut-être plus sympathique; son œil est bleu et humide, et son teint légèrement pâle révèle les fatigues de l'étude et l'habitude des réflexions sérieuses.

Cette apparence n'est pas trompeuse, car le voyageur blond est un jeune savant plus instruit qu'on ne l'est ordinairement à son âge, et bien qu'il ne compte encore que dix-sept ans, il possède à fond la connaissance des sciences naturelles, et pourrait en remontrer sur bien des points à plus d'un gradé d'Oxford et de Cambridge. Ces doctes personnages fourrés d'hermine possèdent peut-être mieux la science, si science il y a, des lois de la prosodie ou de la composition des idylles grecques. Mais dans tout ce qui constitue la véritable science, celle des choses bonnes et utiles, nos savants universitaires ne seraient auprès du jeune élève de la nature que de pauvres théoriciens et des praticiens plus inhabiles encore.

Le troisième est le plus jeune de la troupe ; il ne ressemble aucunement aux deux autres. Il n'a ni la gravité du premier ni l'intelligence réfléchie du second. Son visage est rond, ses joues pleines et roses ; toute sa physionomie est éclairée par un joyeux et malin sourire. Ses yeux, qui semblent danser dans leurs orbites, ne demeurent pas une seconde immobiles, et errent constamment d'un objet à un autre. Sa bouche respire la gaieté comme le reste de sa personne ; et il faut convenir que c'est la partie la plus occupée de son individu, car si ses lèvres cessent un instant de s'agiter pour parler, c'est pour lancer quelques joyeux éclats de rire. Il porte gracieusement sa jeune tête, dont les boucles brunes retombent sur ses joues, et encadrent son visage, auquel elles donnent une aimable expression de force et de beauté enfantine.

Cet extérieur enjoué et quelque peu évaporé indique suffisamment que ce jeune homme, ou plutôt cet enfant, n'est pas un partisan effréné de l'étude ; les livres, en effet, ne sont pas son affaire, et la chasse eut toujours ses préférences. Cependant le jeune homme n'a de goût bien prononcé pour rien. Il est un peu de ceux qui prennent le temps comme il vient, et qui regardent les choses du bon côté, sans se préoccuper beaucoup d'exceller en quoi que ce soit.

Ces trois jeunes gens sont costumés à peu près de la même manière :

L'aîné porte l'habit complet d'un chasseur des bois ; ce vêtement, qui lui convient sous tous les rapports, se compose d'une blouse ou tunique de chasse en peau de daim, de guêtres et de mocassins en même matière. La blouse, les guêtres et les mocassins sont piqués avec soin et enjolivés de broderies en poil de porc-épic. Le capuchon de la blouse est orné d'une frange aussi bien que la blouse elle-même et le haut de la tige des mocassins. Sa tête est couverte d'un bonnet de fourrure taillé dans la peau d'un raccoon, dont la queue lui pend gracieusement sur l'épaule comme la crinière d'un casque de dragon. Deux baudriers de cuir se croisent sur sa poitrine ; à l'un d'eux pend un sac à balles couvert d'une peau d'un violet tirant sur le vert qui resplendit comme du métal aux rayons du soleil : c'est la dépouille de la tête du canard des bois (*anas sponsa*), le plus beau de toute la tribu des canards. L'autre baudrier soutient une grande corne en forme de croissant arrachée au front d'un taureau des Opelousas, et ornée de toutes sortes de dessins et de riches incrustations. Les autres pièces de son fourniment sont également attachées à ces baudriers par des courroies de plus petite dimension. C'est un pic, un soufflet et un briquet pour faire du feu. Une troisième courroie en cuir d'alligator lui sert de ceinturon et supporte, outre une fonte de laquelle sort à moitié la crosse polie d'un pistolet, un couteau de chasse de l'espèce de ceux appelés *bowies*. Ces deux dernières armes tombent le long de sa hanche gauche et complètent son équipement.

Le second voyageur de ces jeunes gens est vêtu à peu près de la même manière, bien que l'ensemble de son accoutrement n'ait pas à beaucoup près un air aussi guerrier. Il porte en sautoir comme le premier une corne à poudre et un sac à balles ; mais à la place du couteau de chasse et du pistolet, on voit sur ses épaules une sorte de grand havre-sac en toile. Si l'on ouvrait ce sac et qu'on en fît l'inventaire, on le trouverait à moitié rempli de coquilles, de pierres et de plantes rares. Ce sac est en effet le magasin où le jeune savant renferme les échantillons de géologie, de paléontologie et de botanique dont il a fait collection pendant la journée, tous objets destinés à être étudiés et classés avec soin chaque soir devant le feu du bivouac. Au lieu de porter comme l'autre chasseur un bonnet de peau de raccoon, il a la tête couverte d'un large chapeau de paille, et il a préféré aux guêtres et aux mocassins de larges pantalons en cotonnade bleue et des brodequins en cuir tanné.

Le costume du plus jeune des trois est taillé sur le modèle de celui de l'aîné, à l'exception de la coiffure, qui consiste en une casquette de drap bleu assez semblable pour la forme au képi militaire.

Indépendamment des vêtements dont nous venons de parler, chacun des voyageurs porte une chemise de coton de couleur, et c'est assurément ce qu'il y a de préférable pour voyager dans un pays où le savon est rare et où l'on ne pourrait, même à prix d'or, trouver une blanchisseuse.

Malgré les différences que nous avons signalées dans leur caractère et dans leur extérieur, ces trois jeunes gens n'en sont pas moins frères ; je vous le certifie, car je les connais pour les avoir déjà vus, il y a de cela bientôt deux ans ; et quoique tous trois aient grandi de plusieurs pouces depuis cette époque, ils n'en ont pas moins conservé leur air et leur physionomie primitive, et je les distinguerais entre mille. Cependant ce n'est pas dans les lieux où nous les trouvons aujourd'hui que nous avons fait connaissance, c'était au contraire dans un pays très-éloigné, à plus de deux mille milles d'ici. En dépit de la différence des climats, je n'aurai pas de peine à constater leur identité; ce sont ces jeunes et braves aventuriers que j'ai jadis rencontrés dans les marais de la Louisiane, et dont j'ai admiré les exploits dans les forêts et sur les prairies du Texas; ce sont les jeunes chasseurs Bazile, Lucien et François, nos héros des *forêts vierges*. Pour ma part, je m'estime heureux de renouer connaissance avec eux, et j'espère, jeunes lecteurs, que vous n'en serez pas fâchés non plus.

Mais où vont-ils maintenant?

Comme je vous le disais, les voici à plus de deux mille milles de leur habitation de la Louisiane. Cette rivière Rouge, sur laquelle flotte leur léger canot, n'est pas la rivière Rouge qui roule ses flots de sang à travers les plaines marécageuses du sud embrasé. Non, ce n'est plus cette rivière, demeure favorite des alligators et des caïmans, c'est un fleuve d'un tout autre caractère, quoiqu'il ait cependant ses beautés particulières.

Sur les rives de la première s'étendent les grandes rizières, et les cannes à sucre y agitent dans l'air les vagues ondoyantes de leurs tiges dorées. C'est sur ses bords aussi que fleurit le roseau géant (*arundo gigantea*), le palmier éventail (*chamærops*) et le magnolia à grandes feuilles, avec ses grappes de fleurs aussi blanches que la neige des monts. En un mot, c'est dans le bassin de ce fleuve que s'épanouit dans toute sa magnificence la riche et puissante végétation de la nature tropicale.

L'aspect que présentent au voyageur les rives de la rivière Rouge du Nord est tout à fait différent. On récolte bien encore le sucre, mais ce n'est plus un roseau qui le produit. On le demande en ces lieux à la sève d'un grand arbre, l'érable à sucre (*acer saccharinum*). On y trouve également le riz, dont les récoltes abondantes couvrent des marais tout entiers, mais c'est le riz sauvage, l'avoine d'eau (*zizania aquatica*), dont la graine substantielle nourrit des millions de créatures emplumées et sert aussi d'aliment à des milliers d'êtres humains. Le soleil de ces contrées est loin d'avoir la force de l'astre des tropiques.

Pendant les trois quarts de l'année, ses rayons obliques sont sans vigueur et sans chaleur.

Les eaux de la rivière Rouge du Nord sont pendant des mois entières emprisonnées sous des murs de glace, et la terre des plaines environnantes s'y couvre d'un manteau de neige, sur laquelle la sombre verdure des grands conifères, pins, cèdres et sapins, tranche comme des larmes noires sur la blancheur du drap mortuaire d'une vierge moissonnée avant l'âge.

Vous le voyez, les pays arrosés par ces deux rivières diffèrent autant que leurs eaux. Ces deux fleuves n'ont de commun que le nom.

Mais où vont nos jeunes chasseurs sur leur canot d'écorce?

La rivière sur laquelle ils voguent se dirige vers le nord et va se jeter dans le grand lac de Winnipeg. Ils suivent le courant du fleuve et par conséquent ils s'éloignent encore à chaque pas de leur demeure. De grâce, dites-nous, où vont-ils?

— Patience, jeunes amis. Cette réponse exige du temps et de longs développements, et la joie que nous avons éprouvée en retrouvant nos anciennes connaissances doit être mêlée de quelque douleur.

Lorsque nous vîmes ces jeunes gens pour la première fois ils avaient déjà perdu leur mère, mais ils avaient encore leur père; aujourd'hui ils n'ont plus ni père ni mère. Le respectable auteur de leurs jours, ce digne et brave colonel que vous savez, cet émigré français qui s'était fait chasseur naturaliste n'est plus maintenant. Nos jeunes amis n'ont plus pour les guider cet instituteur précieux auquel ils doivent toutes leurs connaissances, car c'est lui qui leur enseigna à monter à cheval, à conduire un canot, à traverser les rivières à la nage, à lancer le lasso, à gravir les arbres, à escalader les rochers et à ajuster la balle et la flèche qui doivent atteindre l'oiseau dans son vol rapide et le quadrupède dans sa course légère. C'est ce vieux guerrier qui leur apprit encore à dormir en plein air sous la voûte des forêts et sur l'herbe des prairies découvertes, sans autre abri qu'une couverture, sans autre lit qu'une robe de buffalo. C'est grâce à ses leçons qu'ils savent vivre avec sobriété, et trouver avec les seules ressources de la botanique des plantes, des arbres et des racines capables de les nourrir et de les faire vivre dans des lieux où un ignorant verrait bientôt la faim cruelle trancher le fil de ses jours.

Là ne se borne point l'instruction pratique qu'ils ont reçue de ce père regretté.

S'ils savent allumer du feu sans amadou, sans briquet et sans poudre, et se diriger, sans boussole, par la seule inspection des rochers, des arbres et des astres, c'est encore à lui qu'ils le doivent. Sa vieille expérience leur enseigna encore une science plus difficile et plus utile, et ce fut lui qui leur apprit la géographie détaillée de ces immenses solitudes qui partant du Mississipi s'étendent à l'est jusqu'aux rivages de l'océan Pacifique, et au nord jusqu'à ceux de l'océan Arctique.

Mais, hélas! le vieux guerrier n'est plus. L'instituteur si fier de ses élèves ne verra plus leurs succès récompenser ses leçons, car le vieillard a quitté cette terre, où ses trois fils sont restés orphelins, seuls au monde.

Ce fut environ une année après que ses fils furent revenus de leur expédition du Texas que le vieux colonel mourut. Le fléau du Sud, la terrible fièvre jaune sévissait alors dans la Louisiane, et le père de nos jeunes amis fut une de ses premières victimes.

L'ancien brigadier Hugot, ce serviteur si fidèle et si dévoué à son maître, qu'il suivait comme son ombre, fut atterré de cette mort subite. Dans sa douleur, il voulait suivre son ancien chef dans son voyage d'outre-tombe pour le servir encore dans une autre vie, et il ne parlait de rien moins que de mourir de chagrin. La maladie ne lui permit pas de pousser le dévouement jusque-là. Le brigadier mourut en effet de la fièvre jaune comme le colonel lui-même, qu'il n'eut guère le temps de pleurer, car huit jours après il passait de vie à trépas, et était déposé pour toujours dans un modeste tombeau auprès de celui dont il s'était montré le serviteur fidèle.

Les jeunes chasseurs, Basile, Lucien et François, étaient donc orphelins. Il ne leur restait pour tous parents au monde qu'un oncle avec lequel leur père avait toujours continué d'entretenir une correspondance suivie. Cet oncle, quelque singulier que cela puisse paraître, était un highlander d'origine écossaise venu très-jeune en Corse, où il avait épousé la sœur du colonel. Il avait depuis émigré au Canada, où il s'occupait en grand du commerce des fourrures. Il appartenait à la compagnie de la baie d'Hudson, et occupait le poste important de surintendant ou facteur. Ses intérêts et la nature de ses occupations l'avaient depuis engagé à s'établir dans un des ports les plus avancés vers le nord, presque sur les côtes de la mer Polaire.

Sa carrière, comme on peut le croire, avait été fort aventureuse, et se trouvait du petit nombre de celles qui offrent dans leur réalité tout l'étrange et tout l'imprévu des romans les plus accidentés.

Mais je m'aperçois que je n'ai point encore répondu à votre question. Où vont les trois frères dans leur canot d'écorce? m'avez-vous demandé. Ai-je besoin de vous le dire maintenant, et ne l'avez-vous pas deviné? Je suis persuadé que vous vous imaginez qu'ils vont rejoindre leur oncle dans les contrées éloignées qu'il habite. Quel autre motif, en effet, pourrait engager ces jeunes gens à traverser les pays déserts arrosés par la rivière Rouge?

Vous ne vous trompez pas dans vos suppositions, et le désir d'embrasser un oncle qu'ils n'avaient pas vu depuis plusieurs années était le seul motif qui les avait décidés à entreprendre ce long et périlleux voyage.

Après la mort du colonel, le brave Écossais avait fait demander ses neveux. Il avait entendu parler des exploits accomplis par eux dans la prairie, et comme il était lui-même d'une humeur très-aventureuse, il s'était pris d'admiration pour ces enfants si jeunes et si courageux, et il leur avait, par suite, manifesté le désir de les avoir près de lui et de les faire vivre sous son toit. Il était le tuteur de ses trois neveux, et il eût pu en cette qualité leur imposer sa volonté; mais dans cette circonstance il n'avait pas besoin de recourir à l'autorité, et ses neveux ne demandaient pas mieux que d'obtempérer à ses désirs. Ils avaient parcouru dans tous les sens les grandes forêts du Mississipi et les prairies embrasées du Sud. Toute cette région n'avait plus pour eux ni attrait ni mystère, et leur humeur aventureuse leur faisait aspirer vers d'autres climats. Après avoir exploré le Sud, ils brûlaient du désir de visiter les grands fleuves du Nord, les montagnes glacées, les plaines couvertes de neige, et de poursuivre dans leurs vastes solitudes l'élan, le bœuf musqué, le wapiti et l'ours aux proportions gigantesques.

La proposition de leur oncle allait donc au-devant de leurs plus chers désirs, aussi l'acceptèrent-ils avec autant d'empressement que de joie.

Au moment où nous les rencontrons, ils avaient fait à peu

près la moitié de leur voyage; mais cette première moitié était de beaucoup la plus facile. Ils avaient d'abord navigué en bateau à vapeur sur le Mississipi jusqu'à l'embouchure de la rivière Saint-Pierre; puis, arrivés là, ils avaient pris un canot, et c'est aussi de ce moment qu'ils étaient devenus de véritables *voyageurs*, car c'est de ce nom français qu'on désigne ordinairement en Amérique tous ceux qui traversent en canot ces immenses solitudes.

Ils s'étaient vus forcés, quoique bien à regret, de laisser derrière eux leurs chevaux favoris et la mule Jeannette. C'était une nécessité à laquelle il avait fallu se soumettre, car ces animaux, si utiles pour traverser les prairies desséchées du Sud, où l'on ne trouve que peu de lacs, et où les rivières ne se rencontrent qu'à de rares intervalles, deviennent un embarras dans un voyage au travers des régions septentrionales. Dans ces dernières contrées, en effet, la route est à chaque instant interceptée par des fleuves et des rivières; les lacs y sont très-multipliés, et ne sont séparés entre eux que par des terrains marécageux. Dans de telles conditions, l'emploi des bêtes de somme est impossible, et les canots sont les seuls véhicules dont on puisse se servir avec avantage. Aussi ne s'en fait-on pas faute, et la plupart du temps, pour aller d'un point à l'autre de la baie d'Hudson, il faut naviguer en canot pendant plusieurs milles, et faire de la sorte des trajets qui, accomplis sur l'Océan, passeraient à juste titre pour des voyages de long cours.

Nos jeunes voyageurs s'étaient prudemment conformés à cet usage; ils avaient donc pris un canot et avaient sans danger remonté la rivière Saint-Pierre presque jusqu'à sa source. Arrivés au point où cette rivière se rapproche le plus du cours de la rivière Rouge, ils avaient transporté leur canot par terre jusqu'à ce dernier cours d'eau, puis ils avaient remis leur embarcation à flot et s'étaient abandonnés au fil de l'eau qui les conduisait, comme nous l'avons dit, dans la direction du nord. Mais tous leurs travaux étaient loin d'être terminés. Il leur restait encore près de deux milles à faire; plusieurs rivières à suivre, plusieurs torrents à traverser, et ils devaient aussi être forcés plus d'une fois de porter leur canot à bras avant d'arriver au but de leur grand voyage.

Voulez-vous que nous les accompagnions, mes jeunes amis? Oui, n'est-ce pas? Les scènes étranges et les aventures singulières qui nous attendent dans ce voyage nous payeront peut-être de nos peines et nous feront oublier nos périls. Mais pourquoi s'inquiéter des peines ? La rose ne vient-elle pas au milieu des épines, et que serait le plaisir sans les ronces du travail ? Quant au danger, ne nous en inquiétons pas davantage. C'est souvent du péril que naît la sécurité. D'ailleurs c'est au milieu du danger que se dessinent et se trempent les caractères les plus vigoureux. Sans grand péril, il n'y eût jamais eu de grand homme.

Oublions donc tous ces obstacles, et sans nous en préoccuper plus que nos trois jeunes voyageurs, élançons-nous à leur suite dans les solitudes du Nord.

Un moment, s'il vous plaît, cependant. Nous avons un autre compagnon de voyage, le bateau contient quatre personnes. Sachons quel est le quatrième voyageur.

Ce dernier paraît du même âge que Basile, dont il a également la taille et la structure, il en diffère seulement par son teint clair et par ses cheveux blonds. Toute blonde qu'elle est, sa chevelure ne ressemble point cependant à celle de Lucien, elle est épaisse et crépue, et loin de retomber sur son cou, elle s'épanouit comme une auréole autour de ses joues.

Le teint de ce jeune homme est naturellement animé, mais l'air auquel il doit avoir été longtemps exposé en a changé la couleur primitive et l'a couverte d'un vernis bronzé.

Ses yeux sont d'un bleu sombre, surmontés de sourcils noirs et bordés de cils bruns. Cette particularité, quoique rare, se rencontre cependant quelquefois chez le même individu. Elle tient, chez le jeune homme dont nous traçons le portrait, à la fusion de deux races : il a les yeux, les cils et les sourcils de sa mère, et a hérité de son père de cette peau blanche et animée qui nous a frappés d'abord.

Somme toute, ce jeune homme est un beau garçon. Il ne possède pourtant ni la grâce enfantine de François, ni la mâle physionomie de Basile, ni la distinction de Lucien; il paraît moins façonné que ses trois autres compagnons; son éducation a été moins soignée, et c'est à cette cause sans doute qu'il faut attribuer le manque de distinction qui se trahit dans ses manières et jusque sur ses traits. C'est qu'aussi ce jeune homme n'a point eu le temps de s'instruire dans les livres, et ses mains ont toujours beaucoup plus travaillé que son esprit. En dépit de ce cachet de rudesse, ce n'en est pas moins un beau garçon, car ses traits sont réguliers et bien dessinés, ses lèvres indiquent à la fois la bonté et la résolution, ses yeux pétillent d'esprit naturel, et l'expression ordinaire de son visage dénote la franchise et l'honnêteté.

Avec un pareil extérieur on ne saurait être laid.

Un observateur attentif découvrirait peut-être une vague ressemblance de famille entre ce jeune homme et ses trois compagnons ; il n'y aurait à cela rien d'extraordinaire, car il est leur cousin germain, le fils unique de l'oncle vers lequel ils se rendent ; c'est lui qui est venu, par ordre de son père, chercher les fils du colonel et leur porter son invitation.

Tel est le quatrième voyageur.

Son costume ressemble beaucoup à celui de Basile, mais comme il est assis à l'arrière du canot et qu'il le dirige comme pilote, il est plus exposé que ses compagnons à l'action du froid, et pour s'en préserver il a jeté par-dessus sa blouse de chasse une capote canadienne en étoffe de laine blanche dont le capuchon retombe sur ses épaules.

Le canot renferme encore un autre voyageur, une ancienne connaissance à vous, que vous n'avez pas oubliée, je l'espère. Ce cinquième passager est un animal, un quadrupède qui repose au fond du bateau, tranquillement couché sur une peau de buffalo. A sa forme et à sa couleur rougeâtre on le prendrait volontiers pour une panthère ou pour un couguard ; mais un regard jeté sur son long museau noir et ses grandes oreilles suffit pour le faire classer dans une espèce toute différente, et on reconnaît en lui un chien de chasse. C'est en effet un limier croisé de mâtin, un brave et fidèle animal, le chien Marengo, en un mot. Lecteurs des *Forêts Vierges*, vous vous rappelez bien, je suppose, ce serviteur fidèle et dévoué de nos jeunes chasseurs.

Ce sont là tous les êtres vivants contenus dans le canot.

Passons à l'énumération des accessoires inanimés : des couvertures, des robes de buffalos, une tente en toile, des sacs de provisions et des ustensiles de cuisine, gisent entassés dans le fond du bateau. Là se trouvent aussi une bêche, une hache et quatre fusils, dont l'un est une carabine à doubles canons rayés ; à côté des armes un filet de pêche et quelques autres objets non moins indispensables pour un voyage de cette nature.

De la sorte chargé, le canot enfonce dans l'eau presque jusqu'au bord, mais sa marche ne semble point en être ralentie, et il continue à flotter avec légèreté sur la rivière Rouge du Nord.

CHAPITRE III

LE CYGNE-TROMPETTE ET L'AIGLE A TÊTE CHAUVE.

Quoique la saison paraisse encore peu avancée, on est cependant déjà au printemps. La neige disparaît des collines, la glace abandonne les eaux, et cette double fonte donne aux rivières plus de force et de rapidité. Nos voyageurs n'ont par suite aucun besoin de faire usage de la rame, si ce n'est toutefois pour diriger la marche du canot, car leur petite embarcation n'a pas de gouvernail et se conduit à l'aide de l'aviron. Il suffit à nos adroits voyageurs d'un seul coup de rame pour changer à leur gré la direction de leur navire. Basile, Lucien et François n'ont pas navigué sur les eaux du bas Mississipi et sur les bayous de la Louisiane sans acquérir une certaine expérience du canotage. Leur navigation sur la rivière Saint-Pierre vient encore d'ajouter à leur science nautique, aussi manœuvrent-ils avec une rare habileté leur léger canot d'écorce, et le dirigent-ils à l'aide de leurs rames comme un cheval bien dressé, qui obéit à la moindre pression de la main de celui qui le monte.

Norman, ainsi se nomme le cousin canadien, est assis à l'arrière et dirige la marche. C'est un poste d'honneur. Ce poste lui revient de droit, car il possède comme batelier plus d'expérience que les autres, et il y a déjà longtemps que dans ses courses habituelles il occupe ce poste de confiance.

Lucien, tranquillement assis à la poupe, tient dans ses mains un livre et un crayon, et s'occupe, pendant que le canot glisse à la surface de l'eau, à inscrire ses notes sur son mémorandum. Les arbres qui bordent la rive commencent à se couvrir de feuilles, et comme le bateau glisse sous la voûte formée par leurs branches touffues, notre jeune naturaliste a toute facilité de remarquer et d'étudier en passant les espèces nouvelles qu'il rencontre sur sa route.

La végétation des bords de la rivière Rouge est aussi riche que variée, mais la flore de ce pays ne ressemble guère à celle que Lucien a été à même d'étudier dans les terrains d'alluvion de la Louisiane. Cette flore appartient évidemment aux régions septentrionales, mais n'est pas encore pourtant la flore des régions polaires. Le chêne, l'ormeau et le peuplier s'y rencontrent à chaque pas, aussi bien que le bouleau, le saule et le tremble. Lucien a déjà été à même d'observer plusieurs arbres à fruits particuliers à ces contrées, entre autres le pommier sauvage, le framboisier, l'arbousier et le groseillier à grappes.

Il y a aussi rencontré l'arbre que les voyageurs appellent le poire, et que les Anglais, dans leur phraséologie prétentieuse, appellent sorbier domestique (*amelanchier ovalis*). Cet arbre pousse en touffes ou buissons de six à huit pieds de haut. Ses feuilles sont bipennées; son fruit consiste en une baie rouge très-estimée des Indiens et des blancs, qui le conservent en le faisant sécher, et le font cuire de diverses manières.

L'attention de notre jeune botaniste avait encore été attirée sur d'autres arbustes en touffes dont les rives du fleuve étaient garnies, et qui lui paraissaient être un spécimen caractéristique de la végétation de ces contrées. Ces arbustes poussent à une hauteur de huit pieds, mais étendent de tous côtés des branches remarquables par la couleur grisâtre de l'écorce. Les feuilles, larges de près de trois pouces, sont lobées à peu près comme celles du chêne. La saison n'était point assez avancée pour qu'on trouvât sur ces arbustes le fruit qu'ils produisent; mais Lucien n'avait pas eu besoin de voir ce fruit, qu'il connaissait parfaitement. C'est une petite baie rouge qui ressemble à la cerise ou mieux encore à la canneberge. Du reste, il tient beaucoup de ces deux fruits tant par la forme que par le goût. On l'emploie souvent en guise de canneberge dans la confection des gâteaux et des tartes. C'est à cause de cette similitude de fruit que l'arbre qui le porte est désigné dans certains pays sous le nom de canneberge-buisson. Les Indiens de la rivière Rouge l'appellent *anepeminan* (baie d'été), de deux mots, dont l'un, *nepen*, signifie été, et l'autre, *minan*, veut dire baie. Par corruption, les voyageurs qui s'occupent du commerce des fourrures désignent ce fruit sous le nom de *pendina*.

C'est à l'abondance de ce fruit sur ses bords qu'un des principaux affluents de la rivière Rouge doit son nom de Pendina, dénomination qui sert aussi à désigner le célèbre établissement que lord Selkirk essaya, mais en vain, de fonder dans ces parages il y a quelques années.

Le nom scientifique de cet arbuste est difficile à retenir ; il se nomme *viburnum oxycoccos*, bien qu'il existe une autre espèce de viburnum également désignée sous le nom d'oxycoccos ; la boule de neige commune, qui sert d'ornement à la plupart de nos jardins, est une plante du même genre que la pendina, avec laquelle elle a beaucoup de ressemblance. Les feuilles et les fleurs de ces deux plantes sont absolument pareilles. Dans l'état de nature, ce doit être une seule et même plante, mais la culture a développé dans la boule de neige la fleur au détriment du fruit, et cette plante ne produit pas de baie rouge comme la pendina.

Pendant que le canot filait tranquillement sur l'eau, Lucien fit à ses compagnons une petite leçon de botanique. Norman écoute avec étonnement son savant cousin, qui connaît mieux que lui-même les plantes et les arbres d'un pays qu'il n'a pourtant jamais visité jusque-là. Basile paraît aussi prendre un vif intérêt aux explications données par son frère.

Quant à François, la botanique et les études scientifiques l'intéressent assez peu, et il emploie son temps à toute autre chose qu'à écouter les dissertations de Lucien. Assis au centre du canot, son fusil à la main, il cherche l'occasion de tirer un coup de fusil. Cette occasion ne saurait se faire longtemps attendre, car on est, comme nous l'avons dit, à l'époque du printemps ; les oies et les canards sauvages arrivent à chaque instant du sud, et séjournent quelque temps dans ces régions avant de reprendre leur migration annuelle vers le nord.

François n'en est pas d'ailleurs à tirer son premier coup de fusil de la journée, car il a déjà tué depuis le matin trois oies sauvages, chacune d'espèce différente, et abattu quelques canards, mais cela ne suffit pas à notre insatiable chasseur, qui vient d'apercevoir sur la rivière un oiseau dont jusqu'alors il n'a pu parvenir à s'approcher.

De quelque manière qu'on manœuvrât le canot, ce volatile, aussi prévoyant que léger, avait toujours eu soin d'éviter les voyageurs, et de se tenir hors de la portée de leurs fusils. Depuis longtemps François avait le désir d'abattre un de ces oiseaux ; ce désir est encore plus fort en lui depuis qu'on navigue sur les eaux de la rivière Saint-Pierre, où il a eu occasion de rencontrer à plusieurs reprises quelques couples de ces oiseaux, mais malheureusement toujours hors de portée. La difficulté enflamme toujours le désir au lieu de l'éteindre, aussi ce désir contrarié est-il passé chez François à l'état de passion ; joignez à cela que le gibier convoité en vaut la peine, car ce n'est rien moins que le grand cygne sauvage, ce roi si majestueux des oiseaux aquatiques.

— Frère, dit en s'adressant à Lucien, François, toujours sous le coup de sa préoccupation, laissons les viburnums et les oxycoccos et parlons, s'il te plaît, des cygnes. Tiens, en voici justement un devant nous. Quel magnifique oiseau ! Je ne sais pas ce que je donnerais pour le voir au bout de mon fusil.

En parlant ainsi, François montrait du doigt le courant de la rivière où on voyait un grand oiseau blanc nager avec grâce en s'éloignant du rivage. C'était un cygne de la plus grande espèce, un cygno-trompette (*cycnus buccinator*).

Il était occupé dans une rizière sur le bord du fleuve à chercher sa pâture, quand l'approche du canot et le bruit des rames lui avaient donné l'alarme. Il avait aussitôt ouvert ses grandes ailes au vent et s'était enlevé d'un vol rapide aux yeux des voyageurs, qui n'avaient pas tardé à le voir s'abattre et se plonger dans l'eau du fleuve.

Quelques mouvements de ses pattes palmées suffirent pour le porter au milieu de l'eau, et là, faisant un quart de conversion, il se dirigea en aval, et s'abandonna tranquillement au cours de l'eau.

Le point où s'opéra ce mouvement de conversion ne se trouvait guère à plus de cent cinquante pas du canot. La quiétude apparente du cygne, qui permettait qu'on l'approchât de si près, fit espérer à François qu'il serait possible de s'avancer plus près encore ; tout en recommandant à ses compagnons de faire force de rames, il prit son fusil et fut se porter à l'avant du canot. Basile partagea sans doute l'espérance de François, car on le vit au même instant prendre sa carabine et en examiner la capsule et le chien. Les autres voyageurs continuèrent à demeurer sur leur banc de quart pour accélérer la marche du bateau. Au bout de quelques instants le canot filait avec la rapidité d'un cheval au galop.

Le cygne, ainsi poursuivi à outrance, semblait n'avoir plus de ressource que dans ses ailes ; il ne s'en servit point, cependant, il connaissait pour cela trop bien son affaire et avait trop de confiance dans sa force et dans son habileté de nageur. Il regardait le vol comme une fatigue, et paraissait enchanté de n'avoir pas besoin de recourir à ce moyen. Il lui fallait, pour suivre le courant, déployer bien moins de force que pour planer dans l'air, et en oiseau bien avisé, il prévoyait que la rapidité du courant l'aurait bientôt mis hors de danger.

L'oiseau raisonnait à merveille, et nos voyageurs ne furent pas longtemps à s'en apercevoir, car, à leur grand chagrin, la distance qui les séparait de lui, au lieu de diminuer, devenait au contraire plus considérable à chaque instant. L'oiseau avait un avantage sur ceux qui lui donnaient la chasse. Trois forces le poussaient en avant, tandis que nos canotiers n'en avaient que deux à leur service.

Il avait pour lui le courant : nos chasseurs l'avaient comme lui. Il avait rames et gouvernail, ses pieds et sa queue, les chasseurs avaient encore ces mêmes avantages ; mais il avait la voile au vent, tandis que le canot n'avait pas dehors un seul morceau de toile. Le vent soufflait dans la direction du courant, et les larges ailes de l'oiseau, écartées de son corps et à moitié déployées, formaient comme une double voile dans laquelle s'engouffrait le souffle de la brise qui poussait le vivant esquif avec la rapidité d'une flèche.

Le cygne connaissait sans doute tous ses avantages, car on le vit bientôt s'arrêter dans sa course.

Penseriez-vous, par hasard, jeune lecteur, que cet oiseau n'appréciait pas bien sa position? Quant à moi je suis sûr qu'il en avait conscience, et je considère comme fauteurs d'une philosophie surannée tous ceux qui dénient l'intelligence aux oiseaux ; je soutiens que le cygne raisonne, et ce n'est pas seulement lui, c'est encore votre perroquet, votre fauvette et jusqu'au petit serin qui gazouille dans votre volière. Tous ces animaux, n'en déplaise à la philosophie contraire, raisonnent et jugent, et, loin d'en douter, vous conviendriez au contraire que ces petites créatures ont leur raison comme vous et moi avons la nôtre, si vous aviez été témoin des merveilles accomplies dans les salons de Londres et de Paris par les charmants élèves emplumés de mademoiselle Vandermeersch.

Ainsi, c'est chose admise, le cygne que nos voyageurs poursuivaient pensait, comparait, raisonnait et jugeait, et ce ne fut qu'après avoir bien calculé la distance et comparé ses moyens à ceux de ses adversaires, qu'il résolut de les distancer sur l'eau sans charger inutilement ses ailes du soin de soutenir dans l'air un corps qui ne pesait pas moins de trente livres

Comme je l'ai dit, l'événement lui donna raison, et la chasse était à peine commencée depuis dix minutes, que l'oiseau nageur avait allongé la distance de cent cinquante pas, et que ses avantages devenaient à chaque instant plus évidents. De temps à autre il s'arrêtait, levait la tête, et poussait un cri retentissant comme le son du clairon. Ces accents frappaient les oreilles de nos voyageurs comme les éclats d'un rire moqueur adressé à leurs prétentions exagérées.

Le dépit leur eût sans doute fait abandonner la poursuite, s'ils n'avaient su qu'à quelques centaines de pas plus loin la rivière faisait un coude et tournait à droite. Arrivé à ce point, le cygne ne devait plus avoir le vent pour lui. Cette circonstance leur donna quelque espoir; ils pensèrent qu'après avoir tourné cet angle du fleuve, ils pourraient soit approcher le cygne assez près pour le tirer, soit au moins le forcer à prendre son vol. Il était probable que si le cygne se sentait trop vivement pressé, il se déterminerait à ce dernier parti; et quoiqu'il ne dût pas résulter pour eux un grand avantage de le voir voler, ils étaient si excités par l'ardeur de la chasse, qu'ils voulaient à tout prix jouer pièce à l'oiseau qui croyait pouvoir impunément se moquer d'eux.

On rama donc avec plus d'énergie que jamais, et la poursuite se continua avec une nouvelle ardeur. Le cygne, et le canot après lui, tournèrent l'angle du fleuve, et se trouvèrent l'un et l'autre lancés dans une nouvelle direction. Les chasseurs ne tardèrent pas à s'apercevoir que, comme ils l'avaient conjecturé, la fuite de l'oiseau se ralentissait considérablement. N'ayant plus le vent pour lui, il n'avait plus ses voiles dehors, ses ailes s'étaient rapprochées de son corps, et il n'avançait plus que par le mouvement de ses pattes et avec l'aide du courant, dont la force avait aussi diminué sensiblement; car, à partir de l'angle en question, la rivière s'élargissait considérablement, et devenait par conséquent moins rapide. Les rôles étaient changés, c'était maintenant le canot qui gagnait sur l'oiseau, et chaque coup de rame diminuait la distance qui séparait encore les chasseurs et le gibier. Après quelques minutes passées de la sorte, le cygne avait tellement perdu de ses avantages, qu'il n'était plus qu'à deux cent cinquante pas en avant, et que cette distance continuait à se rapprocher encore.

Il était bien loin alors de déployer en nageant la grâce qui l'avait fait admirer quelques instants auparavant; son cou n'était plus recourbé, son corps était à moitié soulevé sur l'eau : il était évident qu'il se préparait à prendre son vol. Basile et François, qui devinaient son intention, se tinrent l'arme en joue et tout prêts à faire feu.

Au même moment, on entendit au-dessus des eaux retentir un cri sauvage et strident, semblable au rire d'un maniaque.

De chaque côté du fleuve, la rive était couverte d'un bois épais, composé principalement de grands cotonniers (*populus angustifolia*). C'était du sein de cette forêt qu'était sorti ce cri sauvage : il partait de la rive droite.

Les échos avaient à peine fini de le répéter, qu'un autre cri semblable répondit au premier. Celui-ci partait du milieu des arbres qui garnissaient la rive gauche. Ces deux cris étaient si exactement pareils, qu'on les eût dits copiés l'un sur l'autre, et qu'on eût volontiers pensé que celui qui avait poussé le dernier avait voulu se moquer de l'autre. Ces cris avaient du reste une intonation étrange, capable d'effrayer des oreilles peu habituées à ces notes aiguës; mais nos voyageurs n'étaient pas gens à s'épouvanter pour si peu. D'ailleurs, ce cri leur était depuis longtemps connu, c'était la voix de l'*aigle à tête blanche*.

Le cygne-trompette connaissait ce cri au moins aussi bien que nos voyageurs. Cependant il parut produire sur lui un effet tout différent; une frayeur subite se manifesta dans tous ses mouvements et lui fit modifier ses plans, car au lieu de s'élancer dans les airs comme il en avait annoncé l'intention, il plongea la tête la première, et disparut bientôt sous l'eau.

Le cri sauvage, ou plutôt le rire affreux, se fit entendre de nouveau, et l'instant d'après on vit un aigle sortir du bois. Quelques coups de son aile puissante l'amenèrent au-dessus de la place où le cygne avait plongé. L'oiseau de proie se mit à y planer, tandis que sa femelle, partie de l'autre rive, accomplissait à peu près la même manœuvre.

Le cygne se vit bientôt forcé de venir respirer à la surface de l'eau, mais à peine sa tête sortait du gouffre, que l'aigle se laissa tomber du haut des airs en poussant de nouveau sa note aiguë. Le cygne s'attendait sans doute à cette attaque, et avant que l'aigle eût pu arriver jusqu'à la surface de l'eau, il plongea et disparut de nouveau. Il était temps; l'aigle arrivait avec la rapidité de la foudre, mais trop tard cependant, car ses pieds effleurèrent l'eau sans atteindre la proie. L'oiseau désappointé poussa un cri de rage et remonta dans les plaines de l'air, où il se mit à voler en cercle. Sa femelle venait de le rejoindre, et tous deux tournaient en sens contraire, attendant avec avidité une nouvelle apparition de leur victime.

Le cygne revint bientôt à la surface, mais il était sur ses gardes, et avant que ses ennemis eussent pu l'atteindre, il avait une troisième fois disparu.

Le cygne est ordinairement un assez médiocre plongeur; mais les circonstances étaient pressantes, et faute de mieux il usait de ce moyen. Ce stratagème ne devait pourtant pas le sauver. Bientôt la nécessité de respirer le ramena encore à la surface. Ses apparitions devenaient de plus en plus rapprochées; le pauvre oiseau commençait à se fatiguer, et il était à craindre qu'il n'eût bientôt plus la force de plonger assez vite pour éviter les redoutables serres de ses ennemis. Tel est en effet le résultat ordinaire de ces sortes de luttes, à moins pourtant que le cygne n'abandonne la plaine liquide pour les champs de l'air, ce qui lui arrive quelquefois.

Celui dont il est ici question n'avait pas mis son espoir dans ses ailes; il avait aperçu près de la rive une grande touffe de joncs (*scirpus lacustris*) et il croyait pouvoir s'y cacher, il dirigeait de ce côté sa fuite entre deux eaux. A chaque plongeon il se rapprochait davantage de ces joncs, jusqu'à ce qu'enfin il reparut à quelques pieds de leurs tiges; puis il replongea une dernière fois et on ne le revit plus. Sans aucun doute il s'était allé cacher au milieu de ces plantes, le corps entièrement dans l'eau, et la tête seule au dehors. Les larges feuilles des nénuphars entremêlées aux joncs dérobaient son corps aux regards, et sa tête blanche se confondait avec les fleurs de même couleur qui couvraient les espaces vides de ce fourré aquatique.

Les aigles qui avaient suivi tous ses mouvements volaient maintenant autour de la touffe de joncs, dont l'extrémité de leurs longues ailes rasait de temps à autre les tiges élancées et fleuries. Ils poussaient des cris de désappointement et de rage, le tout en vain; car leur vue, toute perçante qu'elle fût, ne pouvait parvenir à découvrir la retraite du fugitif. Il est probable qu'ils fussent demeurés longtemps à cette place, si le canot, qui pendant tout ce temps s'était rapproché du cygne, ne les avait forcés par sa présence à songer à leur propre sûreté. La vue des chasseurs finit par les décider à la retraite, et les deux oiseaux de proie s'envolèrent en aval de la rivière, laissant pour adieu à nos amis un cri plus sauvage et plus strident encore que les autres.

— Je crois que nous allons avoir un cygne à notre souper, dit François en tenant son fusil prêt à faire feu.

Le canot avait mis le cap sur les joncs dans lesquels on avait vu disparaître le cygne. En quelques coups de rame on fut au milieu des plantes aquatiques, qui se courbèrent avec un léger frôlement sous la pression du bateau. Mais ces joncs étaient si épais et si rapprochés les uns des autres, que nos canotiers, à leur grand désappointement, reconnurent qu'il était impossible de rien voir au milieu de ces herbes à une distance de plus de cinq à six pieds autour du canot. D'un autre côté, il n'était pas prudent de s'engager trop avant dans ce fouillis d'herbes avec un canot d'écorce que le moindre obstacle contraignait à donner de la bande, et auquel un rien pouvait faire perdre l'équilibre. D'ailleurs les herbes aquatiques étaient si épaisses, qu'on ne pouvait ramer au milieu d'elles qu'avec une difficulté extrême; on demeurait même pendant quelques instants stationnaire et captif au milieu des grands joncs qui arrêtaient la marche de tous côtés.

Convaincus bientôt qu'il n'y avait pas moyen de poursuivre la chasse dans de pareilles conditions, nos jeunes gens résolurent de revenir en arrière et de reprendre la pleine eau.

Pendant ce temps Marengo avait été envoyé dans les joncs, et on le voyait nager de côté et d'autre et plonger de temps en temps. Marengo n'était pas naturellement un chien très-propre à aller à l'eau; mais son éducation complète de chasseur avait comblé cette lacune, et l'habitude qu'on lui avait fait prendre de plonger dans les marais de la Louisiane l'avait depuis longtemps familiarisé avec l'élément liquide; aussi ses maîtres n'avaient-ils qu'une crainte, c'est qu'il ne fît partir le cygne.

Ces craintes étaient fondées. Marengo avait été envoyé à l'eau un peu trop tôt, car, avant que le canot fût débarrassé des joncs qui entravaient sa marche, on entendit le chien pousser quelques aboiements, puis le bruit d'un plongeon, auquel succédèrent de violents battements d'ailes. C'était le grand oiseau blanc qui s'élevait dans les airs.

Les chasseurs étaient pris à l'improviste, et avant qu'aucun d'eux eût pu le mettre en joue, le cygne se trouvait hors de la portée de leurs armes. Basile et François jugèrent qu'il était inutile de perdre sur lui leur poudre et leur plomb, et durent se résigner, quoique à regret, à réserver leur coup pour une meilleure occasion.

La tâche de Marengo était accomplie, le brave chien regagna le canot et fut hissé à bord par ses maîtres.

Après avoir quitté les joncs, le cygne s'éleva perpendiculairement dans l'air. Les oiseaux de cette espèce ont d'habitude le vol très-élevé et montent quelquefois jusqu'à perte de vue. Comme les oies et les canards sauvages, ils ne se posent jamais par terre, et s'abattent toujours au contraire sur la surface de l'eau. Notre cygne-trompette ne voulait pas déroger à ces habitudes, et son intention était évidemment de s'éloigner de ces lieux dangereux pour gagner quelques eaux plus sûres, peut-être celles du grand lac Winnipeg.

Quand l'oiseau fut arrivé à une hauteur d'environ trois cents pieds, il prit la ligne horizontale et vola en suivant la direction du fleuve. Son vol était parfaitement régulier, et l'on entendait de temps en temps descendre des hauteurs de l'air la note aiguë de sa trompette retentissante. L'oiseau semblait se livrer au bien-être qu'éprouve toute créature qui vient d'échapper à un grand danger; car, sans aucun doute, le pauvre animal se croyait dorénavant en sûreté. Mais combien son imagination le trompait !

Mieux eût valu pour lui s'élever à quelques centaines de pieds plus haut ou pousser son cri de triomphe d'une voix un peu plus modeste, car ce cri avait été entendu. Un autre cri lui répondit bientôt ; c'était le rire saccadé de l'aigle à tête blanche.

Au même instant on vit monter en l'air deux oiseaux de cette espèce, évidemment ceux qui avaient quelque temps auparavant donné la chasse au pauvre cygne. Ils ne s'élevèrent point verticalement comme avait fait l'oiseau aquatique, mais décrivirent au contraire deux spirales ascendantes, dont les anneaux s'entrecoupaient. Ils se dirigèrent tous deux vers un point où ils voulaient couper la ligne suivie par le cygne dans son vol horizontal.

Cependant les choses ne devaient pas se passer ainsi ; les yeux du cygne n'avaient pas tardé à découvrir les oiseaux de proie, et devinant leurs intentions, le fugitif avait abandonné la ligne horizontale pour reprendre la verticale ; le cou tendu et la tête allongée, il s'était remis à monter dans les cieux avec une rapidité effrayante. Mais quelque puissant que fût son vol, ses ailes avaient à supporter trente livres de chair et d'os, tandis que le plus grand des deux oiseaux de proie, l'aigle femelle, avec une envergure plus étendue que celle du cygne, ne pesait pas plus de sept ou huit livres. La conséquence de cette différence de poids ne tarda pas à se manifester, et le cygne avait à peine fait deux cents mètres dans la direction perpendiculaire, qu'on aperçut à la même hauteur l'aigle femelle qui commençait à décrire ses spirales autour de lui. Le cygne se replia alors sur lui-même, suivit une ligne descendante, puis tout d'un coup remonta de nouveau en faisant retentir les airs de notes plaintives, dont l'écho affaibli arrivait pourtant jusqu'à la terre.

Mais, hélas ! efforts superflus. Après une courte série de manœuvres et d'évolutions, l'aigle, qui se rapprochait toujours de sa victime, finit par s'élancer sur elle au moment où elle descendait, et à planter dans une de ses ailes l'extrémité de ses ongles acérés. Le membre blessé pendit bientôt inerte, et le cygne incapable de soutenir plus longtemps son vol commença à descendre en roulant sur lui-même. Mais la direction qu'il suivait dans sa chute ne devait pas l'amener sur la terre ; il paraissait au contraire devoir tomber au milieu de la rivière. Ce n'était pas là le compte des aigles, auxquels il en eût coûté beaucoup de peine et de travail pour amener le cadavre sur la rive. Aussi, dès que le mâle, qui volait au-dessous, vit que sa compagne avait atteint l'oiseau, il arrêta son vol ascensionnel, et déployant le parachute de sa queue en éventail, demeura stationnaire et comme assis sur l'air. Il n'eut pas longtemps à attendre, l'objet blanc passa en tourbillonnant devant ses yeux, rapide comme l'éclair, l'oiseau de proie s'élança sur lui, le saisit avec ses puissantes serres, et ne le lâcha qu'après lui avoir donné une direction qui l'éloignait de la rivière. Quelques instants après on entendit craquer les branches des arbres, puis un bruit sourd annonça la chute d'un corps; c'était le cygne qui venait de toucher la terre.

On vit encore les aigles quelques instants dans l'air, ils se dirigeaient vers le point où leur victime était tombée, et bientôt on les vit disparaître à leur tour entre les cimes des grands arbres.

Le canot fut bientôt amarré à la rive; François et Basile sautèrent sur le sol en compagnie de Marengo, et partirent à la recherche des oiseaux. Ils ne tardèrent pas à trouver le cygne; le pauvre animal était entièrement mort et couché sur le dos, dans la position où l'avaient placé ses meurtriers. Une large et profonde blessure se voyait à sa poitrine, et le sang qui en était sorti à flots avait souillé l'éclat de son plumage de neige.

Quant aux deux aigles, effrayés par la présence de Marengo, qui devançait ses maîtres, ils avaient pris la fuite, sans laisser à nos deux chasseurs le temps de les tirer.

Le soleil qui brillait au milieu de sa carrière annonçait à nos jeunes voyageurs qu'il était l'heure de la halte méridienne. Le cygne offrait à chacun l'espoir d'un repas succulent; on alluma le feu et l'on ne négligea rien pour avoir un rôti digne de l'appétit de ceux qui devaient lui faire honneur.

Pendant ces préparatifs les frères et le cousin de Lucien lui demandèrent quelques renseignements sur les cygnes d'Amérique.

— Je suis tout prêt à vous satisfaire, répondit-il sans se faire prier.

On lui promit de l'écouter avec attention, et le jeune naturaliste prit la parole en ces termes :

CHAPITRE IV

LES CYGNES D'AMÉRIQUE.

— Mes amis, dit Lucien, je vais vous narrer tout ce que je sais sur les cygnes, et ce tout-là, je vous assure, n'est pas bien considérable, car l'histoire naturelle de ces oiseaux à l'état sauvage est encore fort peu connue. Leur timidité et la vivacité de leurs allures ne permettent guère ni de les approcher ni de faire d'observations sur leur compte. D'un autre côté, ils sont dans l'habitude d'émigrer chaque année et de passer plusieurs mois dans les solitudes désolées des régions arctiques. Ces contrées, comme vous savez, sont dépourvues d'habitants; de là, sur cet oiseau, absence complète de renseignements.

Quelques espèces du genre vivent sous les zones tempérées; celles-ci sont mieux connues.

On a longtemps cru qu'il n'y avait qu'une seule espèce de cygne; on en distingue aujourd'hui plusieurs, qui diffèrent entre elles par la forme, la couleur, la voix et les habitudes.

Blanc comme un cygne est une expression qui a cours partout et qui est peut-être aussi vieille que l'usage de la parole. Cependant je m'imagine qu'elle produirait un singulier effet aux oreilles des naturels de l'Australie, qui sont accoutumés à voir des cygnes d'une couleur tout opposée, car en dépit du proverbe les cygnes de l'Australie sont noirs comme des corbeaux.

D'après Brehm, savant qui s'est beaucoup occupé de l'histoire naturelle des cygnes, il y a en Europe quatre espèces différentes de ces oiseaux. Ces quatre espèces sont blanches, bien qu'on rencontre parfois des cygnes qui ont à la tête et au cou des teintes d'un rouge orangé. Deux de ces espèces sont à gibbosité, c'est-à-dire qu'elles portent à la partie supérieure du bec une espèce d'excroissance ou de protubérance. L'une de ces dernières espèces est le cygne gibbeux à tête blanche de Brehm (*cycnus gibbus*); l'autre est connue sous le nom de cygne à tête d'or (*cycnus olor*). Cette dernière espèce est désignée par quelques naturalistes sous les noms de cygne muet et de cygne domestique, parce qu'elle est en effet celle qui s'apprivoise le plus facilement, et que tous les cygnes qu'on voit en France, en Angleterre, dans les parcs, sur les lacs et sur les étangs appartiennent à cette classe. Les deux autres espèces européennes sont désignées par le même Brehm sous le nom de cygne chantant, à cause de leur cri qui est très-fort et s'entend à une grande distance.

Le cygne noir d'Australie (*cycnus niger*) a été naturalisé en Europe, où il est surtout affectionné par les Anglais. Sa grande taille et sa beauté en font un des principaux ornements des pièces d'eau. Ce cygne est une espèce de tyran très-jaloux de ses droits et de ses propriétés. Il ne permet à aucun autre oiseau de l'approcher, et repousse à grands coups d'aile ceux qui tentent de le faire.

Jusque dans ces derniers temps on a cru qu'il n'existait en Amérique qu'une seule espèce de cygne, c'était une erreur. On en compte maintenant trois espèces bien distinctes. La plus connue est celle désignée sous le nom de *cygne siffleur* (*cycnus americanus*). Cette espèce est très-répandue sur les bords de l'Atlantique, dans les États peuplés les premiers par les Européens; c'est pour cette raison que les naturalistes ont été à même de l'observer de plus près. Ce cygne passe généralement pour être le même que le *cycnus ferus*, l'une des espèces chantantes de l'Europe. La chose, cependant, n'est pas très-certaine, et pour ma part j'inclinerais à croire que ce sont deux espèces différentes, car les œufs du cygne américain sont verdâtres, tandis que ceux de son congénère d'Europe sont bruns avec des taches blanches. Le cygne siffleur a quatre pieds et demi de long; du moins c'est là sa taille ordinaire, quoique quelques mâles atteignent des proportions plus fortes et mesurent jusqu'à cinq pieds. Son plumage est blanc, à l'exception de la tête et de la partie supérieure du cou, où l'on remarque des teintes cuivrées. De l'angle du bec à l'œil on remarque un petit espace sans plumes et d'une nuance jaune très-brillante.

Ces cygnes ont, comme ceux des autres espèces, peu de goût pour l'eau salée. On ne les voit que très-rarement sur la mer, et quand on les y rencontre c'est toujours dans le voisinage des côtes, aux lieux où il croît certaines herbes marines propres à leur nourriture. On ne les voit pas d'ordinaire sur les grands lacs, où ils ne s'établissent jamais qu'à défaut d'autres eaux plus à leur convenance. Il leur faut le voisinage de la terre; cette prédilection tient à ce que les cygnes ne plongent point pour chercher leur nourriture dans les eaux comme nombre d'autres oiseaux aquatiques; mais qu'ils la cueillent ou plutôt la récoltent à la surface à l'aide de leur long cou, que la nature a si merveilleusement approprié à cet usage.

Leur nourriture consiste en racines de plantes aquatiques, principalement de celles qui sont farineuses. Comme ces plantes croissent de préférence dans les eaux ombragées des petits lacs et sur le bord des rivières, les cygnes fréquentent de préférence les eaux de cette nature. Quoique leur régime soit surtout végétal, il ne l'est cependant pas exclusivement, et ils mangent souvent des grenouilles, des insectes et des petits poissons.

Contrairement aux habitudes des canards et des oies, qui aiment à se poser à terre, les cygnes préfèrent de beaucoup se poser à la surface de l'eau. Cela s'explique par la difficulté qu'ils éprouvent à marcher. Mais dans l'eau et dans l'air ces oiseaux sont véritablement chez eux. L'air est un élément qui leur est aussi favorable que l'eau, et leur vol y est si rapide qu'il est difficile de les tirer, surtout quand ils ont le vent pour eux. On croit qu'avec cet avantage la vitesse de leur vol peut être évaluée à cent milles par heure.

Pendant la mue, ils deviennent incapables de voler, mais ils ne sont guère plus faciles à prendre, car ils ne sortent pas de l'eau et nagent si rapidement qu'un canot ne peut les suivre, quelque bien conduit qu'il soit. A l'aide de leurs larges ailes, qu'ils déploient au vent comme une voile, ils atteignent en nageant une vitesse presque égale à celle d'un bâtiment à voiles. Quand ils se voient poursuivis de près, ils plongent pour dérouter le chasseur, qui a presque toujours besoin pour s'emparer d'eux d'avoir recours à son fusil.

Le cygne siffleur est un oiseau de passage; chaque année, à l'arrivée du printemps, il émigre dans le nord et revient au sud avec la saison d'automne. La cause qui détermine ces oiseaux à ces longs voyages annuels est un mystère dont la nature s'est jusqu'à présent réservé le secret. Quelques savants prétendent qu'en se dirigeant vers le nord ils n'ont d'autre but que de chercher des régions inhabitées, où ils puissent élever leurs petits en toute sécurité. Cette explication me paraît d'autant moins suffisante que les déserts de l'Amérique ne sont pas tous sous les latitudes septentrionales; on trouve dans le sud, et jusque sous l'équateur, de vastes contrées où le cygne pourrait vivre en paix sans craindre la présence de l'homme. Une seconde opinion consiste à dire que sous les tropiques les petits lacs et les étangs où les cygnes font leur résidence ordinaire se séchant pendant l'été, ces oiseaux se voient dans la nécessité d'émigrer vers des régions plus froides et surtout plus humides.

Cette explication, très-suffisante sans doute pour les cygnes, les autres oiseaux d'eau et les échassiers, ne rend aucun compte des émigrations d'oiseaux d'un autre genre, tels que les cailles et les hirondelles.

Ne pourrait-on pas trouver une explication plus satisfaisante?

Les régions froides des latitudes élevées sont la véritable patrie de la plupart des oiseaux de passage, du moins c'est là qu'ils s'accouplent et qu'ils élèvent leurs petits. Ils ne font au contraire que séjourner pendant une seule saison dans les régions tropicales, et il est à croire qu'ils y sont poussés par le froid que la plupart d'entre eux ne sauraient supporter.

Quant aux oiseaux aquatiques, la chose s'explique d'elle-même. C'est dans l'eau qu'ils trouvent leur nourriture, et ils se voient contraints de quitter leurs régions natales au moment où les froids rigoureux, en couvrant les eaux d'une épaisse couche de glace, les exposeraient à mourir de faim.

Cette hypothèse paraît d'autant plus juste, qu'on les voit arriver dans le sud au commencement de l'hiver, et qu'à peine le souffle des brises printannières commence à faire fondre la glace, ils s'empressent de regagner leur pays de prédilection, ces régions septentrionales où commence alors pour eux la saison des amours.

Les cygnes siffleurs obéissent à cette loi générale, et émigrent chaque printemps vers le nord. Ils vivent dans ces régions sur les îlots dont sont parsemés les innombrables lacs qu'on rencontre à chaque pas à l'extrémité nord du continent américain. Dans les marais, ils paissent sur les parties de terrain non submergées et sur les promontoires qui s'avancent dans l'eau. Ils ont toujours soin de choisir leur demeure de telle sorte, que lorsqu'ils sont dans leur nid ils peuvent embrasser du regard tout le pays environnant et découvrir de loin l'approche d'un ennemi. Le sommet du dôme qui sert de demeure au rat musqué est une place que les cygnes adoptent volontiers pour y poser leur nid. Ces petites maisons, semblables à celles des castors, sont ordinairement placées au milieu de marais inabordables, et comme elles ne sont occupées par leurs propriétaires que pendant la saison d'hiver, elles se trouvent pendant l'été entièrement à la disposition des cygnes. Ces oiseaux pratiquent un grand trou sur le toit et le remplissent avec les herbes et les joncs qu'ils trouvent dans le voisinage. C'est là leur nid.

La femelle du cygne siffleur pond de six à huit œufs, et les couve pendant une période de six semaines. Au bout de ce temps les petits cygnes sortent de la coquille tout couverts d'un épais duvet d'un gris bleuâtre. Durant le temps de l'incubation, la femelle du cygne veille sur ses œufs avec la plus grande sollicitude. A chaque instant sur le qui-vive, elle a toujours la tête tournée du côté où elle craint le danger. Quand le temps est mauvais et que le vent est froid et violent, elle prend la position qui lui semble la plus propre à garantir contre le fléau les objets de sa vive sollicitude. Et si son nid se trouve placé sur un promontoire, elle se place toujours de manière à avoir la tête tournée du côté de la terre, car elle est presque sûre que ce n'est pas du côté de l'eau que sortiront les ennemis. C'est de la terre en effet que viennent non-seulement l'homme, mais encore le wolvorène (*gulo luscus*), le lynx (*felis canadensis*), le renard et le loup.

Les Indiens prennent souvent les cygnes femelles sur leur nid à l'aide de lacs. Ces lacs sont fort simples; ils consistent en un nœud coulant fait avec un boyau de daim. On les place pendant l'absence de l'oiseau auprès du nid, du côté qui lui sert d'entrée, car c'est une remarque qu'on a faite : ils entrent dans leur nid par un côté et en sortent par l'autre. Ce lacet doit être préparé avec la plus grande adresse, et surtout avec des mains propres; aussi les Indiens ont-ils toujours soin de se les laver avant de toucher les lacets. Sans cette précaution, les cygnes, qui ont l'odorat très-subtil, s'apercevraient de la présence du danger et s'abstiendraient pendant quelque temps de s'approcher de leur nid, si même ils n'abandonnaient tout à fait leurs œufs.

Beaucoup d'autres oiseaux font comme le cygne, et désertent leur nid aussitôt qu'ils s'aperçoivent qu'il a été découvert.

— Mais en voilà assez sur le cygne siffleur, continua Lucien, passons maintenant au cygne-trompette.

C'est le plus grand de tous les cygnes d'Amérique, et il n'est pas rare de trouver des oiseaux de cette espèce qui mesurent cinq pieds depuis la naissance du bec jusqu'à l'extrémité de la queue. Cette dénomination de trompette (*buccinator*), sous laquelle on désigne ce cygne, lui a été donnée à cause de la ressemblance de son cri, entendu de loin, avec une note de trompette ou de clairon.

Cet oiseau est blanc, avec le bec et les pieds noirs. La partie supérieure de sa tête et de son cou est teintée d'orangé comme chez le précédent, mais il est dépourvu des taches jaunes placées chez ce dernier entre l'œil et les mandibules.

On le distingue facilement du siffleur tant à son cri qu'à son extérieur, car il est beaucoup plus grand.

Ses habitudes sont les mêmes, seulement il est plus sociable que le précédent, et on le rencontre quelquefois par troupes de six ou huit. Le siffleur, au contraire, ne se voit jamais que par couples, et très-souvent aussi on en rencontre d'isolés.

Une autre différence dans les habitudes de ces deux oiseaux consiste en ce que le cygne-trompette émigre de meilleure heure vers le nord; c'est le premier oiseau qui paraît dans ces régions, si on en excepte toutefois les aigles. Il pousse au sud jusqu'au 61° de latitude, mais le plus ordinairement il ne sort pas du cercle polaire.

Il construit son nid de la même manière que le siffleur; mais ses œufs sont beaucoup plus gros. L'un de ces œufs suffit au déjeuner d'un homme d'un appétit ordinaire sans qu'il soit besoin d'y ajouter ni pain ni quoi que ce soit.

Le cygne-trompette arrive souvent dans le nord avant que les lacs et rivières soient dégelés. Il est alors obligé de chercher sa nourriture sur les courants et près des chutes d'eau. Ces lieux, plus couverts que ceux qu'il fréquente d'habitude, permettent aux Indiens de l'approcher plus facilement, et c'est surtout à cette époque que ces peuplades détruisent un grand nombre de ces oiseaux.

Hors de ces circonstances, cet oiseau est très-difficile à approcher. François a dû s'en apercevoir. Les Indiens ne le tuent qu'avec des canardières chargées à balle.

La troisième espèce de cygnes américains est connue sous le nom de cygne de Bewick (*cycnus Bewickii*), du nom de ce naturaliste. C'est le plus petit des trois; il n'a guère que quatre pieds de long et ne pèse pas plus de quatorze livres, tandis que le siffleur pèse communément vingt livres, et qu'il n'est pas rare de trouver des trompettes du poids énorme de trente livres.

Le cygne de Bewick passe pour être de la même espèce que l'un des cygnes chantants décrits par Brehm. Son plumage est si semblable à celui du siffleur, qu'on les confond ordinairement; la taille et la grosseur servent seules à les distinguer à première vue.

Ces trois espèces de cygnes américains, malgré leur grande ressemblance, ont cependant un caractère distinctif à l'aide duquel il est facile de les classer; le trompette a vingt-quatre plumes à la queue; le siffleur en a vingt, et les autres espèces n'en comptent que dix-huit.

Des trois cygnes que nous venons de mentionner, le cygne de Bewick est celui qui émigre le plus tard vers le nord. On trouve ordinairement son nid dans les îles de la mer Polaire. Ce nid, construit de tourbe, est d'une dimension gigantesque, long de six pieds, large de cinq avec deux pieds d'épaisseur. C'est au sommet de cet amas de tourbe que se trouve le nid proprement dit, large trou rond d'environ deux pieds de diamètre. Ses œufs sont d'un blanc sale tacheté de roux.

— J'ai été à même de constater, continua Lucien, une particularité remarquable dans la manière dont ces trois espèces se partagent les contrées qu'elles fréquentent. Sur les côtes du Pacifique on ne rencontre que le siffleur et les petites espèces; ces dernières y sont dans la proportion de cinq pour un. Dans l'intérieur du continent, on ne voit que les siffleurs et les trompettes; ces derniers y sont de beaucoup les plus nombreux, tandis que sur les côtes orientales de l'Amérique, ce sont au contraire les siffleurs qui dominent.

Les cygnes sont très-recherchés tant par les Indiens que par les chasseurs blancs. Leur peau, leurs plumes et leur duvet forment pour les habitants du pays des fourrures un objet de commerce dont ils se défont avantageusement dans les comptoirs de la compagnie de la baie d'Hudson. On cite certaines années où on a expédié de ces contrées jusqu'à dix mille peaux de cygne payées l'une dans l'autre au prix de sept schellings (8 fr. 75). Les cygnes-trompettes, qui sont de beaucoup les plus nombreux, fournissent toujours la meilleure part dans ce contingent.

Maintenant, dit Lucien en terminant, vous en savez sur les cygnes autant que moi-même. Pour clore dignement mon sujet, je n'ai plus qu'un mot à ajouter : la chair du cygne fournit un manger très-délicat. Vous allez être à même d'en juger, et je ne doute pas que vous ne goûtiez ce rôti avec autant de plaisir au moins que ma leçon d'histoire naturelle.

CHAPITRE V

CHASSE AUX FLAMBEAUX.

Quelques jours après, nos voyageurs arrivèrent à l'établissement dit de la rivière Rouge. Ils ne s'y arrêtèrent que peu de temps, et après s'y être procuré quelques articles dont ils avaient besoin, ils reprirent leur voyage, et naviguèrent vers le lac Winnipeg.

Les cygnes se montraient plus nombreux qu'auparavant; mais ils n'étaient pas moins sauvages, et tous les efforts de François pour tuer un de ces oiseaux furent inutiles. Le jeune homme avait le plus grand désir d'abattre cette sorte de gibier, car si d'un côté le dîner qu'il avait fait avec le rôti du cygne l'avait mis en goût de la chair de ces oiseaux, d'un autre leur sauvagerie l'avait piqué au jeu. La difficulté doublait la tentation, car François était en cela comme tous les chasseurs, et pensait que son mérite serait d'autant mieux constaté, que le gibier était plus précieux et plus difficile à atteindre.

Mais, en dépit de ses efforts, François n'avait pas été heureux, et l'on était arrivé à vingt milles du lac Winnipeg sans qu'il eût trouvé l'occasion de tirer un seul cygne. Il ne s'était pas non plus trouvé d'aigle disposé à chasser le cygne pour lui, et force lui avait été de souper sans ce rôti, qu'il appréciait fort.

Norman voyant combien François était désireux de tuer un de ces oiseaux, essaya de l'aider de ses conseils.

— Mon cousin, lui dit-il un soir qu'ils se laissaient tranquillement aller au fil de l'eau, tu désires donc bien tuer un cygne ?

— Oh! oui, répondit François, et si tu peux m'indiquer le moyen de réussir à cette chasse, je te promets de te donner ce couteau.

En parlant ainsi, le jeune Landri montrait à son cousin un joli petit couteau qu'il portait dans sa poche.

Un couteau n'est pas dans le pays des fourrures une chose de mince importance, car avec un couteau on peut acheter un cheval, une tente, un bœuf, et, ce qui paraîtra plus extraordinaire, une femme. Cela s'explique par la grande difficulté de se procurer cet instrument dans un pays où il faut faire plusieurs centaines de milles pour trouver le moindre objet fabriqué, et par le peu de cas que les sauvages font du beau sexe. Aussi les chasseurs et les Indiens attachent-ils le plus grand prix à cet objet. D'ailleurs le couteau que François offrait à son cousin était remarquablement beau, et celui-ci avait à plusieurs reprises exprimé le désir d'en devenir propriétaire. Aussi ne se fit-il pas prier pour accepter la proposition.

— Je ne demande pas mieux, répondit-il, mais il faut pour cela que tu te décides à faire plusieurs milles pendant la nuit. A cette condition, je te promets de te faire tirer un cygne-trompette, peut-être même plusieurs.

— Qu'en pensez-vous, frères? dit François en s'adressant à Basile et à Lucien. La proposition vous convient-elle, et n'y voyez-vous pas d'objection?

— Aucune, répondit Lucien.

— Ni moi, ajouta Basile. Au contraire, la chose me va à merveille. Je suis pour ma part très-curieux de connaître le plan de notre cousin, d'autant mieux que je n'ai jamais entendu parler du moyen d'approcher les cygnes.

— Tant mieux, répondit Norman, car alors j'aurai le plaisir de vous apprendre la méthode employée par les Indiens, qui chassent le cygne pour se procurer sa peau et ses plumes, dont ils font commerce avec les postes d'échange. J'espère que nous pourrons essayer la chose cette nuit même, ajouta-t-il en regardant en l'air; il n'y a pas de lune et le ciel est sombre, c'est un excellent temps pour la réussite de notre projet.

— Est-il donc nécessaire qu'il fasse nuit noire? demanda François.

— La plus sombre est la meilleure, répondit Norman, et si je ne me trompe, il va faire ce soir aussi noir que dans un four. Mais nous avons quelques préparatifs à faire, le soleil va bientôt se coucher, et il nous reste bien juste le temps nécessaire. Abordons, et dépêchons-nous le plus possible.

— Oui, c'est cela, abordons, répliquèrent tout d'une voix les trois frères.

On tourna l'avant du canot vers la rive, et quand on n'en fut plus qu'à quelques pas, on s'arrêta. La quille des bateaux d'écorce n'est pas construite de manière à pouvoir toucher le fond sans qu'il en résulte de grands dommages, et il est indispensable d'employer les plus grands ménagements tant pour mettre ces embarcations à flot que pour les conduire à terre.

Quand on a arrêté l'embarcation, les voyageurs sautent dans l'eau et gagnent la rive à pied. Un ou deux restent dans le canot pour le maintenir en place. La cargaison est déchargée, et, cette opération terminée, on retire facilement hors de l'eau le canot allégé et on le porte sur la côte, où on le tient renversé de manière que le fond puisse sécher facilement. Ces bateaux d'écorce sont si fragiles, que le moindre choc contre terre suffirait pour les mettre hors de service, et il n'est pas rare d'en voir qui sont mis en pièces au premier contact un peu rude avec le sol ; c'est pour cette raison qu'ils exigent les plus grands soins. Il est fort dangereux aussi de se tenir debout dans ce canot, car il chavire facilement, et la plus légère oscillation suffit pour faire tomber à l'eau et la cargaison qu'il porte et les hommes qui le montent ; aussi les voyageurs, une fois qu'ils y sont entrés, doivent-ils se tenir assis pendant toute la traversée et faire le moins de mouvements possible. Chaque fois qu'on descend à terre pour y passer la nuit, on met le canot à sec, comme nous l'avons dit plus haut. Cette dernière précaution est indispensable, car l'écorce étant de sa nature poreuse et spongieuse, finirait, après un séjour trop prolongé dans la rivière, par s'imprégner tellement d'eau, que le canot deviendrait lourd et d'une marche très-difficile. Quand on a soin, en abordant, de le renverser la quille en haut, on le retrouve le lendemain matin sec et léger. De la sorte, au commencement de la journée il est toujours moins lourd que le soir, et plus on avance vers la nuit, plus il devient difficile à manœuvrer.

Nos jeunes voyageurs, après avoir pris terre et avoir renversé leur canot, s'occupèrent de faire cuire leur souper. Ce repas fut expédié plus rapidement que d'ordinaire, car ils étaient pressés par le désir de commencer leur chasse au cygne, qu'ils avaient le dessein de ne pas prolonger plus tard que minuit. Ce fut Lucien qui se chargea de la cuisine pendant que Norman procédait, avec l'aide de Basile et de François, aux préparatifs de la chasse. François, intéressé plus que personne au résultat de l'expédition, ne perdait aucun des mouvements de son cousin. Pas un de ses gestes ne lui échappa.

Voici ce que fit Norman.

Il entra dans le bois accompagné de François, et s'arrêta après une centaine de pas auprès d'un arbre d'une espèce particulière. C'était un bouleau, arbre facile à reconnaître à son écorce blanche et polie comme de l'argent. Avec son couteau de chasse il traça deux cercles sur l'arbre, l'un à quelques pouces du sol et l'autre à quatre pieds plus haut, et rejoignit ces deux cercles à l'aide d'une incision longitudinale faite avec la pointe de son couteau ; après quoi il introduisit la lame sous l'écorce, qu'il souleva à peu près comme on procède pour écorcher un animal. L'arbre avait un pied de diamètre, ce qui donnait à l'écorce enlevée par ce moyen une largeur d'environ trois pieds, car, comme vous le savez, sans doute, dans un cercle ou dans un cylindre le diamètre est à la circonférence dans le rapport d'un à trois.

Norman et François retournèrent ensuite près du bivouac, emportant avec eux leur grand morceau d'écorce. Cette écorce fut développée, mais non pas entièrement cependant, et de manière qu'il y restât encore une certaine courbure ; la convexité formée par la partie extérieure fut noircie avec de la poudre de charbon préparée à cet effet par Basile sur les indications de Norman, puis à l'extrémité du morceau d'écorce un pieu fut solidement attaché. Il ne restait plus qu'à fixer ce pieu dans le canot près de l'avant et dans une position verticale, de manière que le morceau d'écorce se trouvât au niveau des bancs de rameurs avec son côté concave tourné en avant, pour former une espèce de rideau capable de cacher les canotiers et de les dérober à la vue de ce qui se trouvait placé devant eux.

Quand tout fut ainsi préparé, Norman jeta la hache sur son épaule et retourna dans le bois. Cette seconde course avait pour objet de se procurer un certain nombre de nœuds de pin résineux (*pinus rigida*) qu'il savait devoir rencontrer infailliblement en ce lieu. L'arbre qu'on cherchait fut en effet bientôt découvert par les yeux perçants de François, qui accompagnait son cousin comme la première fois. Cet arbre, qui n'avait pas moins de soixante pieds de haut, avait à sa base douze à quinze pouces de diamètre. L'écorce en était épaisse, noirâtre, rugueuse et couverte de crevasses et de fissures. Ses feuilles ou aiguilles étaient longues de trois pouces et rassemblées par groupe de trois, dont chacun était réuni à sa base par un étui de couleur brune. Ces bouquets de feuilles sont ce qu'on appelle en botanique des faisceaux.

Les cônes ou fruits de cet arbre étaient un peu moins longs que les feuilles, à peu près de la grosseur d'un œuf de poule, et disposés entre eux par petits paquets de trois ou quatre. François remarqua que l'arbre était très-branchu, et que, par conséquent, il y avait dans le bois un très-grand nombre de nœuds. La présence de ces nœuds rend ce bois très-difficile à travailler, et l'on ne l'estime guère que pour la résine qu'il contient; il est excellent pour le chauffage, et s'emploie pour cet usage dans toutes les parties des États-Unis, où il pousse. Presque tout le bois à feu qu'on débite dans les grandes villes d'Amérique, sous le nom de pin, provient des arbres dont il est ici question.

François pensait que son compagnon avait l'intention d'abattre un de ces arbres, il se trompait; tel n'était pas le projet de Norman, qui ne s'était arrêté devant le pin découvert par son cousin que pour s'assurer qu'il était bien de l'espèce voulue. Quand il en eut bien constaté l'identité, il s'en éloigna en marchant les yeux fixés en terre. Au bout de quelque temps, il s'arrêta de nouveau, mais cette fois près d'un arbre qui gisait à terre, où il avait sans doute été renversé par quelque ouragan. La chute de cet arbre devait dater de loin, car le tronc était à moitié pourri. En se penchant pour examiner ce tronc mort, François constata qu'il appartenait, comme l'arbre précédent, à l'espèce des pins résineux.

C'était apparemment ce que cherchait Norman, car il se mit aussitôt à jouer de la hache et abattit une grande quantité de nœuds résineux, qu'il ramassa ensuite et renferma dans un sac; après quoi il retourna au bivouac et annonça à ses compagnons que tous ses préparatifs étaient terminés.

Sur cette affirmation, on s'assit pour souper. Le repas consistait en viande sèche, avec accompagnement de biscuit et de café. La navigation de la journée avait excité l'appétit de nos voyageurs, et chacun fit honneur au festin.

Aussitôt qu'on eut fini de manger, le canot fut remis à l'eau avec le morceau d'écorce disposé à l'avant de la manière que nous avons décrite plus haut. Devant cette écorce, et également sur l'avant du bateau, on plaça une poêle à frire qu'on attacha solidement par le manche et qu'on remplit de nœuds résineux, tout prêts à être allumés au besoin. Ces arrangements terminés, les chasseurs attendirent la nuit pour se mettre en route.

La direction de leur chasse devait leur faire descendre la rivière, et comme cette direction était aussi celle de leur route, ils continuaient leur voyage en chassant, et faisaient ainsi d'une pierre deux coups. Cette considération n'était point à dédaigner, aussi nos chasseurs, enchantés de leur projet, se mirent-ils à causer gaiement en attendant la nuit.

Elle vint enfin, et, comme l'avait annoncé Norman, il fit bientôt noir comme dans un four; c'était le moment désiré. Chacun entra doucement dans le canot, s'assit à sa place, et l'on se mit à descendre le courant. Norman s'était placé en avant dans le but de surveiller sa poêle à frire; près de lui se trouvait François, tenant en main son fusil double chargé de chevrotines de la grosseur de celles dont on se sert en Angleterre pour chasser ces oiseaux, et qu'on appelle pour cette raison plomb à cygne.

Après François venait Basile, armé de sa carabine; il était assis juste au milieu du canot. Lucien, d'une humeur plus pacifique et mauvais chasseur comparativement à ses frères, était installé à l'arrière et tenait l'aviron, bien moins pour accélérer la marche du canot que pour la guider et même la modérer au besoin.

Telle était la disposition dans laquelle on s'avançait silencieusement.

Norman alluma bientôt la résine, dont les lueurs rougeâtres commencèrent à se réfléchir dans l'eau en projetant leurs rayons jusque sur les deux rives de la rivière. C'était un coup d'œil charmant. Les arbres, colorés par la flamme, encadraient, comme un double rideau de pourpre le fleuve, qui semblait rouler de l'or en fusion. Les rayons lumineux n'éclairaient cependant qu'une demi-circonférence, car par suite de la manière dont le pot à feu avait été placé derrière l'écorce, l'autre moitié du cercle demeurait dans une obscurité que le contraste faisait paraître encore plus profonde.

On peut dès lors apprécier tout l'avantage des dispositions prises par Norman. Grâce à ces arrangements, de l'avant du canot, on découvrait distinctement toute la rivière à une distance de plusieurs centaines de pas; aucun objet, quelle que fût sa dimension, ne pouvait échapper aux canotiers; on eût vu un bouchon flotter sur l'eau, à plus forte raison devait-on facilement apercevoir les cygnes que leur grosseur et l'éclat de leur plumage signalaient de loin aux regards. Derrière le canot, au contraire, régnait l'ombre la plus épaisse. De la sorte, tout ce qui se trouvait placé sur la rivière au-dessous du canot ne pouvait apercevoir que le pot à feu qui se détachait sur un fond aussi noir que l'ébène. Car, comme je crois l'avoir dit plus haut, le côté convexe de l'écorce était tourné vers l'avant; et de cette manière le pot à feu se trouvait renfermé dans une espèce d'habitacle ouvert d'un seul côté, de sorte qu'aucun des rayons partis de ce centre lumineux ne pouvait arriver sur les canotiers, intercepté qu'ils étaient par l'écorce protectrice. Grâce à cette disposition, ceux-ci pouvaient voir parfaitement tous les êtres vivants qui se trouvaient en aval, sans courir aucun risque d'être aperçus par eux.

Cependant deux questions restaient encore à résoudre.

En premier lieu, trouverait-on des cygnes sur la rivière?

En second lieu, si on avait la chance d'apercevoir quelques-uns de ces oiseaux, se laisseraient-ils approcher à portée de fusil?

Quant à la première question, Norman ne pouvait la résoudre. Cette solution était au-dessus de ses forces, les cygnes pouvaient se montrer, comme ils pouvaient ne pas le faire. Cependant, on devait espérer leur présence, c'était même assez probable; on avait rencontré un grand nombre de ces oiseaux pendant la journée, pourquoi n'aurait-on pas la même chance pendant la nuit?

Quant à la seconde question, le jeune Canadien la tranchait d'une manière beaucoup plus positive, et il assurait à ses cousins que si les cygnes se faisaient voir, ils se laisseraient aussi approcher à bonne portée. Cela, il le certifiait pour l'avoir vu dans ses chasses précédentes. Ces oiseaux, attirés par leur curiosité naturelle et par la nouveauté du spectacle, devaient rester infailliblement sans bouger, jusqu'à ce que la lumière arrivât à les toucher, comme il en avait été déjà témoin en maintes autres circonstances.

— Cette manière d'agir, ajouta Norman, n'est pas particulière aux cygnes, et j'ai souvent employé cette ruse avec succès à la chasse aux daims. Je me suis posté maintes fois près des abreuvoirs fréquentés par ces animaux, et je les ai toujours vus, loin de s'effrayer de la lumière, s'en approcher au contraire à petite distance.

Ses cousins le crurent d'autant plus volontiers, qu'ils avaient eux-mêmes chassé le daim aux flambeaux dans les forêts de la Louisiane, où cette chasse est désignée sous le nom de chasse aux feux, et qu'ils avaient toujours tué beaucoup de gibier. Ces animaux, sur lesquels la lumière exerce sans doute une sorte de fascination, demeurent le cou tendu et les yeux fixés sur la torche portée par l'un des chasseurs, tandis que les autres les ajustent à leur aise en prenant pour point de mire leurs yeux étincelants. Basile et ses frères ne voyaient pas de raison pour qu'il en fût autrement des cygnes que des daims.

Au surplus, s'il leur fût resté quelques doutes, l'expérience n'aurait pas tardé à les dissiper, car au moment où le canot tournait un angle du fleuve, on aperçut trois gros objets dont la blancheur tranchait sur la surface de l'eau. Du premier coup d'œil, nos chasseurs reconnurent les oiseaux qu'ils cherchaient, bien qu'à la lueur des torches les objets en vue parussent beaucoup plus gros que des cygnes ordinaires, mais leurs longs cous recourbés, qu'on distinguait parfaitement, rendaient toute erreur impossible, et l'on poussa le canot tout droit sur eux.

Pendant que nos chasseurs s'avançaient, un des oiseaux poussa le cri sonore qui lui a valu son nom. Ce cri se répéta plusieurs fois à de courts intervalles.

— J'ai entendu dire, murmura François à l'oreille de Basile, que le cygne chante avant de mourir. Je voudrais bien que celui-ci ne fît pas mentir le proverbe.

Et, ce disant, François se mit à rire de sa plaisanterie.

Basile fit comme lui, et Lucien, qui avait entendu cette observation de son jeune frère, ne put s'empêcher d'imiter leur exemple.

— Je crains bien, répondit Basile, que tu ne te fasses illusion; car quelque bonne volonté qu'on y mette, il n'y a pas dans ce cri de quoi trouver un chant, et je crains bien que ces gaillards-là ne jouent encore longtemps de la trompette.

Cette saillie de Basile redoubla la gaieté générale, et chacun de rire encore plus fort qu'auparavant. Toutefois ces rires étaient étouffés avec soin, et pouvaient s'entendre tout au plus à une dizaine de pas. C'était ce qu'on pouvait appeler des rires silencieux.

Mais l'affaire qui commençait à prendre une tournure sérieuse mit bientôt fin à cette gaieté. On n'était plus guère qu'à deux cent cinquante pas des oiseaux, la plus grande prudence devenait indispensable. Les chasseurs arrêtèrent l'ordre de leurs feux. Basile devait tirer le premier sur l'un des oiseaux au repos ; de son côté François, aussitôt après le coup de son frère, devait tirer les autres oiseaux au vol et décharger sur eux ses deux coups s'il en était besoin.

Un instant après, Basile jugeant la distance convenable, épaula sa carabine et lâcha la détente ; le coup partit ; et l'on vit l'un des cygnes agiter convulsivement ses ailes, puis retomber lourdement sur l'eau et y demeurer sans mouvement. Les deux autres s'enlevèrent aussitôt, mais au même moment on entendit une double détonation : François avait déchargé ses deux coups non sans succès, car un des deux cygnes tomba dans l'eau avec une aile brisée.

Basile avait tué son cygne et l'on s'en empara aisément. L'oiseau blessé par François fut d'une capture plus difficile, il fallut longtemps lui donner la chasse avec le canot ; on finit pourtant par le prendre, mais il vendit chèrement sa vie et se débattit si vaillamment que François eut le poignet tout endolori d'un coup de la seule aile qui lui restât. Son courage ne lui servit pourtant de rien, et les deux pauvres oiseaux se trouvèrent bientôt côte à côte au fond du canot.

C'étaient un mâle et une femelle de la plus grande dimension.

CHAPITRE VI

LE NAUFRAGE.

Le bruit des coups de feu avait fort effrayé tous les cygnes qui se trouvaient dans le voisinage, et il n'était pas probable qu'on parvînt à en tirer d'autres sans descendre plus loin sur le fleuve ; c'est pourquoi nos chasseurs, après s'être assuré la possession des deux oiseaux qu'ils avaient tués, se mirent à ramer bravement à la recherche d'autre gibier.

Leur travail eut bientôt sa récompense, car ils avaient à peine fait un demi-mille qu'ils découvrirent une autre bande de cygnes

Ces nouveaux oiseaux se laissèrent approcher aussi facilement que les premiers; trois furent abattus, à la grande satisfaction de François, qui, pour sa part, en tua deux coup sur coup. On poursuivit la route, et l'on eut encore la chance de rencontrer des siffleurs et d'en tuer un. Quelques cents pas plus loin, on abattit un nouveau trompette, ce qui, de compte fait, ne donnait pas moins de sept cadavres de cygnes dans le canot.

Ces gros oiseaux remplissaient littéralement tout le bateau, et vous jugez si nos chasseurs aux flambeaux étaient contents et fiers de leurs exploits. Mais la soif de détruire est insatiable chez le chasseur, et trop souvent il répand plus de sang qu'il n'en faudrait pour satisfaire à ses besoins. Nos jeunes destructeurs ne se trouvèrent pas satisfaits d'un résultat aussi beau, et se remirent encore à la poursuite des cygnes.

A peu de distance du lieu où ils avaient tué leur dernière victime, la rivière faisait un nouveau détour. En tournant l'angle de la rive, ils furent tout à coup frappés par un bruit qui ressemblait à celui produit par une cataracte ou par une chute d'eau.

Ils tressaillirent à ce bruit inattendu, et parurent d'abord alarmés.

— N'y a-t-il pas près de là une chute d'eau? demandèrent les trois frères à Norman.

Mais Norman n'en savait pas plus qu'eux, n'ayant jamais navigué sur la rivière Rouge. Il ne pouvait donc pas dire s'il y avait ou non des chutes d'eau sur ce fleuve; seulement il ne le croyait pas. Pour aller dans le Sud, il avait pris une autre route, remontant la rivière Winnipeg et traversant le lac des Pluies, le lac des Bois et le lac Supérieur. Cette dernière route est celle ordinairement suivie par les employés de la baie d'Hudson, et c'était aussi celle que Norman avait choisie de préférence.

Dans leur incertitude, nos voyageurs arrêtèrent leur canot et écoutèrent attentivement. Le bruit produit par l'eau ne paraissait pas fort éloigné; il provenait évidemment ou d'un pas rapide ou d'une chute d'eau : ce ne pouvait être autre chose.

Après avoir longtemps écouté, on finit par conclure que le bruit ne venait point de la rivière Rouge même, mais bien de quelque affluent de la rive droite; et ce fut dans cette croyance qu'on remit le canot en mouvement et qu'on continua à descendre le fleuve avec les mêmes précautions que précédemment.

Les conjectures de nos jeunes voyageurs ne tardèrent pas à se vérifier. A mesure qu'ils s'avançaient, le bruit se dessinait à chaque pas plus distinctement à droite, et ils arrivèrent bientôt à un point où ils pouvaient facilement distinguer un courant rapide qui se jetait à droite dans la rivière Rouge. Cette circonstance était d'autant plus facile à constater, qu'on voyait à la surface de l'eau s'agiter une écume blanche, produite sans doute par quelque chute qui ne devait pas être très-éloignée.

Nos chasseurs, désormais sans crainte, continuèrent leur route, et se trouvèrent en peu d'instants par le travers du confluent de la rivière tributaire du fleuve qui les portait. A trente pas à peine, on apercevait une grande cascade, d'où l'eau tombait en mugissant d'une hauteur de plusieurs pieds. Ils se trouvaient alors dans le courant produit par cet affluent, et se sentaient emportés avec une rapidité qui rendait superflu le travail des rameurs.

Au même instant une bande de cygnes attira leur attention, c'était la troupe la plus considérable qu'ils eussent encore vue; ils comptèrent au moins une vingtaine de ces oiseaux, chose fort rare, comme Norman ne manqua pas de le leur faire remarquer : car on ne voit pas ordinairement plus de six ou sept cygnes ensemble, et on les rencontre le plus souvent par couples isolés.

Il y avait là un coup magnifique à faire. Norman crut devoir prendre son fusil, et Lucien, préposé à la direction du canot, ne voulant pas abandonner sa part d'une si belle proie, s'arma comme les autres de son léger fusil pour être prêt à tout événement.

Les choses étaient disposées de telle sorte qu'il n'y avait qu'à maintenir le canot dans la ligne du courant pour arriver en plein sur les cygnes.

On approcha sans efforts de la troupe d'oiseaux, et les chasseurs se trouvèrent bientôt assez près d'eux pour distinguer leurs cous tendus et l'air étonné avec lequel ils fixaient la lumière mouvante. Il est probable que ces nouveaux cygnes poussèrent à cette vue le même cri que les précédents; mais on ne les entendit pas, car le bruit de la chute était assez fort pour couvrir leur voix.

Basile et Norman commencèrent le feu et tirèrent en même temps, François ne se fit pas attendre et déchargea ses deux coups. La mousqueterie fut close par Lucien. Trois oiseaux furent tués sur le coup; un quatrième, grièvement blessé à l'aile, plongea dans le fleuve. Le reste de la bande s'éleva en l'air et disparut bientôt dans l'obscurité.

Pendant que cette manœuvre s'accomplissait, le canot, que Lucien avait un moment cessé de diriger, fut pris en travers par un remous du courant, et fut tourné de l'avant à l'arrière, de telle sorte que les rayons du pot à feu éclairaient non plus le bas, mais au contraire le haut de la rivière : tout ce qui était en aval se trouva, par suite, plongé dans l'obscurité la plus profonde.

Pendant que nos voyageurs s'efforçaient de replacer le canot dans sa direction première, un nouveau bruit qui vint frapper leurs oreilles les glaça d'effroi et leur fit pousser un cri de terreur. Ce bruit ressemblait au premier, mais il partait de la rivière elle-même. Sans aucun doute il provenait d'une cataracte, vers laquelle nos voyageurs se sentaient emportés avec une rapidité qu'ils ne pouvaient plus maîtriser.

— Ferme! à vos rames! les rapides, les rapides! s'écria Norman d'une voix tonnante en même temps qu'il se précipitait sur un aviron.

En un clin d'œil tout fut trouble et consternation, la peur fit oublier la prudence, et dans leurs mouvements inconsidérés les voyageurs imprimèrent au canot de telles oscillations que ses bords entrèrent presque dans l'eau. Au même moment le canot fut retourné par un autre remous du courant, et le bas de la rivière se présenta aux yeux des voyageurs. Ce fut un terrible spectacle. Aussi loin que la vue pouvait s'étendre, on ne distinguait qu'une écume blanchissante violemment emportée par la rapidité du courant. Des blocs de rochers présentaient d'espace en espace leurs têtes pointues, autour desquelles l'eau venait se briser avec fureur. Ce n'était point une cataracte, car il n'en existe pas sur tout le cours de la rivière Rouge; mais c'était, chose non moins terrible, un rapide capable de chavirer et d'engloutir les voyageurs imprudents.

Les cygnes furent bien vite oubliés, les morts furent abandonnés au caprice de l'eau, et le blessé put fuir en toute liberté. Les chasseurs avaient en effet bien autre chose à faire qu'à s'occuper de leur gibier, il fallait à tout prix arrêter la course du canot avant qu'il fût arrivé dans le rapide.

C'était dans ce but que chacun avait saisi une rame; mais en dépit de leurs efforts, ils s'aperçurent bientôt que le canot subissait la fatale influence du courant, et qu'il était emporté avec plus de rapidité que jamais. Leurs coups d'aviron n'aboutissaient à rien.

En quelques secondes le canot se trouva en plein rapide, et fila avec la rapidité d'une flèche. Une grosse pointe de rocher se dressait juste au milieu du fleuve, le courant venait s'y briser avec bruit en faisant jaillir de chaque côté des masses d'écume blanchissante. C'était contre cet obstacle que le canot était entraîné. Le frêle esquif avait encore fait un mouvement de conversion, la lumière éclairait de nouveau la partie supérieure du fleuve, et les malheureux voyageurs ne pouvaient voir le dangereux rocher. D'ailleurs, ils l'auraient aperçu qu'ils n'auraient pu l'éviter; le canot échappait à leur direction et tourbillonnait sans but au gré du courant qui l'emportait. Tout d'un coup une nouvelle conversion fit entrevoir l'obstacle; trop tard! c'était précisément au moment où le canot le rencontrait.

Pendant quelques instants l'esquif, pressé contre le rocher par la force du courant, demeura immobile; mais ses parois étaient trop faibles contre de pareilles attaques, elles cédèrent, et l'eau entra dans l'intérieur. Basile, toujours calme et froid dans le danger, s'aperçut aussitôt de cette terrible circonstance; le canot sombrait, il ne restait plus qu'à se tirer de là comme on pourrait. Son parti fut bientôt pris, il jeta sa rame, saisit son fusil, et cria à ses compagnons de s'élancer sur le rocher. Chacun lui obéit sans hésiter, et nos quatre voyageurs sautèrent suivis de Marengo.

Le canot ainsi allégé tourbillonna un instant, puis partit, emporté par le courant. L'instant d'après il rencontra une autre pointe de rocher à laquelle il s'accrocha par ses bords. L'eau pénétra alors à flots dans l'intérieur, et l'on vit les cygnes, les robes de buffalo, les couvertures et tout le bagage emportés par les vagues furieuses. La poêle fut renversée, la résine enflammée tomba en crépitant dans le fleuve, où elle s'éteignit aussitôt, laissant nos voyageurs méditer dans l'obscurité l'horreur de leur situation.

CHAPITRE VII

LE PONT DE CUIR.

Le canot était perdu, et avec lui tout ce qu'il contenait, ou du moins peu s'en fallait, nos voyageurs n'ayant sauvé que leurs couteaux, leurs fusils, leurs cornes à poudre et leurs sacs à plomb, tous objets qu'ils portaient sur leur personne. Il y avait encore cependant une autre chose qui avait été sauvée du naufrage, c'était une hache, que Basile avait eu la précaution de jeter sur le rocher au moment où il abandonnait lui-même le canot qui sombrait. Tout le reste, vêtements, robes de buffalo, couvertures, cygnes, ustensiles de cuisine, sacs de provisions, café, farine et viande sèche, tout était perdu, irrévocablement perdu. Chacun de ces objets, selon sa pesanteur spécifique, était ou entraîné au fil de l'eau, ou coulé à fond, et demeurait accroché entre les pierres dont le lit du fleuve était hérissé. Ils étaient donc perdus, bien perdus, il n'y avait plus à y penser, et nos voyageurs, jetés sur une pointe de rocher au milieu du courant, ne possédaient plus que les habits qu'ils avaient sur le dos et les armes qu'ils tenaient à la main. Leur position n'était pas belle.

L'événement avait été si imprévu, le choc si soudain et si terrible, que pendant quelques minutes ils demeurèrent à la place où ils venaient de sauter, immobiles et terrifiés, et sans trouver un mot à s'adresser les uns aux autres. Ils cherchaient des yeux le canot, trop sûrs, il est vrai, qu'il avait sombré, mais incertains encore du sort des objets précieux qu'il contenait.

L'obscurité, déjà fort sombre, était rendue plus épaisse encore par le contraste produit par la subite extinction du flambeau; et tout ce qu'on pouvait distinguer, c'était une masse d'écume blanche comme les cygnes qu'ils avaient tués, et que le courant ballottait en faisant entendre un mugissement sourd qui résonnait à leurs oreilles comme un glas de mort.

Ils demeurèrent longtemps accablés par l'horreur de la situation dans laquelle cet accident les avait jetés. C'est qu'en effet leur position était terrible : ils se trouvaient sur une misérable pointe de rocher, au milieu d'un torrent, et, pour comble de calamité, tout le pays qui les environnait était complétement désert; il n'y avait pas un seul établissement à plusieurs milles à la ronde. Le plus proche était fort éloigné, et il fallait pour y arriver traverser d'immenses forêts et de nombreux cours d'eau. Des marais et des lacs interceptaient la route, et ce voyage, aussi long que pénible, ne pouvait être accompli à pied.

Heureusement qu'aucun de nos jeunes voyageurs n'était homme à se désespérer. Tous connaissaient le danger, et avaient déjà échappé plus d'une fois à des périls plus grands que celui-ci. Aussi, dès qu'ils furent bien convaincus de la perte de leur canot et de tous les objets qu'il contenait, au lieu de s'abandonner à des lamentations stériles, ils se mirent à réfléchir sérieusement au moyen d'améliorer leur position.

Il n'y avait rien à faire pendant tout le reste de la nuit. Quitter le rocher avant le jour était chose impraticable et à laquelle il ne fallait même pas songer. Ils étaient au milieu d'un rapide dont le lit était hérissé de pointes de rochers contre lesquelles l'eau se brisait avec une extrême violence. Il était donc au-dessus de la puissance humaine de gagner la rive pendant l'obscurité. L'essayer eût été le comble de la démence; c'est ce que nos jeunes voyageurs eurent bientôt compris.

Le seul parti qui leur restât, c'était de demeurer où ils étaient jusqu'au retour de la lumière; aussi ils s'assirent sur le rocher, et se préparèrent à y passer la nuit.

Ils étaient pressés les uns contre les autres, et ne songeaient guère à dormir; le lieu où ils se trouvaient n'était pas en effet une chambre à coucher bien confortable.

Cependant la fatigue les accablait, et il arrivait de temps à autre que l'un d'eux fermait les yeux, laissait tomber sa tête sur sa poitrine, et s'abandonnait à une sorte de demi-sommeil; mais ce repos n'était pas de longue durée, et le dormeur se réveillait bientôt en sursaut sous l'impression de quelque songe pénible.

Les naufragés parlaient peu, car toute conversation était rendue excessivement difficile par le bruit de l'eau, qui couvrait la voix, et il fallait, pour se faire entendre, crier de toute la force de ses poumons, comme des voyageurs qui causent en omnibus sur une route pavée.

Ils avaient aussi très-froid, car, bien qu'ils n'eussent été que légèrement mouillés à leur sortie du canot, ils n'avaient ni pardessus, ni couverture, ni robe de buffalo, et se trouvaient exposés sans défense à la fraîcheur de la nuit ; et il est bon de dire qu'aux environs du lac Winnipeg les nuits sont loin d'être chaudes. Ces contrées ne se trouvent cependant que sous le 50e degré de latitude, et l'on sait que sous ce parallèle, dans le nord de l'Europe, en Angleterre, par exemple, les nuits de printemps ne sont pas rigoureuses. Mais il ne faut pas oublier qu'à latitude égale la température est beaucoup plus froide en Amérique qu'en Europe, et que pour trouver dans les deux pays la ligne que les météorologistes appellent isothermale, il faut se rapprocher de l'équateur bien plus en Amérique qu'en Europe.

Il est un autre fait important qu'il ne faut pas négliger. Sur la côte orientale de l'Amérique, les bords de l'Atlantique, par conséquent, il fait beaucoup plus froid à latitudes égales que dans la partie occidentale située sur les bords du Pacifique. Le climat de ce dernier océan correspondait beaucoup mieux à celui des latitudes égales d'Europe, ce qui semblerait indiquer que la température d'une côte dépend beaucoup de la position de l'océan qui la baigne, et qu'il n'est pas indifférent que la mer soit à l'est ou à l'ouest. On voit, en effet, en ouvrant la carte, que les côtes occidentales de l'ancien monde et celles du nouveau sont situées de la même manière par rapport à l'océan qui les baigne ; de là peut-être la similitude de leurs climats.

Ces causes ne sont pas les seules qui influent sur le climat, et la température dépend aussi beaucoup de la direction des vents et des effets différents qu'ils produisent sur l'atmosphère, selon qu'ils ont passé sur la mer ou traversé au contraire de grands espaces de terre. On croyait autrefois, et c'est encore aujourd'hui l'opinion de beaucoup de gens, que les vents étaient produits par le déplacement de certaines masses d'air chaud. Dans cette hypothèse, ce déplacement occasionnait un vide que venait aussitôt remplir l'air froid qui se précipitait de tous les côtés à la fois. Ce mouvement était réputé la cause du vent.

Cette théorie est exacte jusqu'à un certain point, mais le vent se produit de beaucoup d'autres manières. L'électricité, par exemple, agent très-puissant, quoique encore mal défini, a une très-grande influence sur les vents, comme sur tout le reste des phénomènes physiques. La révolution que la terre accomplit sur son axe n'est pas non plus sans quelque importance dans cette formation. En un mot, il y a une foule de circonstances que ce système ne saurait seul expliquer, et il est en vérité fort étonnant que le genre humain se soit pendant si longtemps tenu satisfait de cette théorie de l'air chaud. Mais il y a dans ce monde tant de choses étonnantes, que celle-ci ne doit pas nous surprendre plus que les autres, et le mieux est de laisser ces théories scientifiques pour revenir à nos héros.

Nos voyageurs étaient donc gelés jusqu'aux os, et ce ne fut pas sans un véritable sentiment de joie qu'ils virent le jour poindre dans le sommet des arbres d'abord, puis s'étendre bientôt après jusque sur les rives du fleuve. Aussitôt que la lumière fut assez vive pour leur permettre de distinguer les objets, ils se préoccupèrent du moyen de gagner la terre. Tous quatre étaient d'habiles nageurs, et une rivière de la largeur de celle qu'ils avaient à leurs pieds n'eût été pour eux qu'une bagatelle. Ils se fussent même trouvés sur l'une des rives de la rivière Rouge qu'ils se seraient fait fort d'atteindre bientôt l'autre rive, pourvu qu'on leur laissât choisir un endroit où le courant permît de traverser sans trop de danger.

Mais dans leur position, la chose était bien différente, et sur leur rocher ils n'avaient pas le choix du lieu, car les rapides les entouraient de tous côtés, et le lit du fleuve était parsemé de tant de rochers, qu'il était plus que probable que s'ils osaient essayer de gagner une des rives à la nage, ils seraient emportés et noyés par le courant, sinon brisés contre les pierres. Tel fut en effet le spectacle que le jour, en se levant, vint montrer à leurs yeux. Leurs appréhensions redoublèrent, et ils sentirent plus que jamais la nécessité de sortir de cette position; mais comment faire, c'était là la difficulté.

La rive droite, qui était la plus éloignée, paraissait en revanche être la plus facile à aborder de ce côté; le courant n'était pas aussi rapide, et l'eau semblait aussi moins profonde. Il fut résolu qu'on vérifierait la chose, et Basile descendit dans l'eau. A la consternation générale il perdit bientôt pied et fut obligé de retourner à la nage sur le rocher, qu'il eut toutes les peines du monde à regagner. La distance qui séparait le rocher de la rive droite était d'environ cent cinquante pas. La surface de l'eau était d'espace en espace hérissée de rochers, dont quelques-uns sortaient de près de trois pieds, et présentaient à l'œil l'aspect d'un champ couvert de tombes.

Lucien, après avoir observé cette disposition des lieux, dit à ses compagnons que si l'on avait seulement une corde on pourrait l'attacher à l'une de ces pierres, gagner la pierre voisine, puis la suivante, et de la sorte arriver jusqu'à la rive.

L'idée n'était sans doute pas mauvaise, mais elle n'avançait guère les choses, car il fallait une corde, et tout ce qu'on en avait possédé avait sombré dans le naufrage ainsi que les courroies et les lassos. Il ne leur restait que les courroies de cuir qu'ils portaient en bandoulière, et c'était beaucoup trop peu pour l'usage auquel on les destinait. Il fallait une corde assez forte pour supporter le poids d'un homme emporté par un courant rapide, ce qui doublait et triplait même le poids de l'homme, et assez longue pour aller d'un rocher à l'autre.

Toutes les pensées se tendirent vers le même objet ; cette corde était le moyen de salut, il fallait à tout prix l'obtenir. Chacun se défit à l'instant de tous les galons et courroies qu'il pouvait avoir sur lui, et on les attacha bout à bout. Malheureusement le résultat de cet essai fut pour nos voyageurs la conviction de l'insuffisance de la corde, et pas moyen de rien trouver pour l'allonger!

C'était désespérant!

Heureusement nos héros étaient des gens de ressource, accoutumés depuis longtemps à se tirer des plus mauvais pas, et la difficulté des circonstances leur suggéra une idée. Norman et Basile parurent tout d'un coup avoir la même pensée, car on les vit de concert, et comme s'ils se fussent donné le mot, déboucler leur ceinture et mettre bas leur tunique de peau. Les autres devinèrent aussitôt leur pensée, et comprirent qu'il était question de couper les vêtements en lanières afin de fabriquer une longue corde.

Chacun mit la main à l'ouvrage, François et Lucien tenaient les tuniques, tandis que Basile et Norman jouaient du couteau. De la sorte, en moins de rien le rocher se trouva couvert de rubans de peau de deux pouces de large et d'un mètre de long. On les ajusta solidement en les nouant bout à bout, de manière à en former une corde qui n'avait pas moins de quarante pieds de long. A l'une des extrémités on pratiqua une boucle par laquelle on fit passer l'autre bout, et l'on eut ainsi un nœud coulant à l'instar des lassos dont se servent les Mexicains et les Indiens.

La corde était prête, il n'y avait plus qu'à en faire usage, ce soin revenait de droit à Basile, car l'aîné des trois frères maniait le lasso de manière à rendre jaloux tous les gauchos du Mexique. Il s'était servi de cet instrument maintes et maintes fois, et toujours avec succès, pour chasser les buffles sur les prairies d'Opelousas et sur celles d'Attakapas.

Ce fut donc Basile qui s'arma de la corde, puis il se plaça sur la partie la plus élevée du rocher après avoir pris la précaution de replier le lasso et de placer le rouleau sous son bras gauche. Il tenait la corde de la main droite, près de l'extrémité où se trouvait le nœud coulant, et la faisait tourner avec force autour de sa tête. Pendant ce temps ses compagnons, pour ne pas gêner ses mouvements et ne pas se trouver dans le cercle décrit par la corde, s'étaient couchés sur le rocher, où ils se tenaient immobiles. Quand Basile crut que l'élan était suffisant, il lâcha la corde, qui partit en avant avec un long sifflement.

Un cri poussé par François annonça la réussite de l'entreprise. En effet, le nœud coulant, lancé par une main sûre, s'était enroulé sur le sommet pointu d'un rocher situé à quelque distance de là. Un mouvement de Basile suffit pour l'y consolider à tel point qu'il n'y avait plus aucun danger de le voir se détacher.

Ce premier point accompli, l'autre extrémité du lasso fut attachée solidement à l'une des saillies du rocher sur lequel se trouvaient nos voyageurs. De la sorte, la corde était parfaitement tendue, et présentait une ligne horizontale située à environ un pied au-dessus de l'eau.

Les jeunes voyageurs se préparèrent alors à quitter leur rocher. Les fusils et la poudre furent empaquetés de manière que l'eau ne pût leur causer aucun dommage, puis chacun prit une lanière de peau et se l'attacha autour des reins, de manière à former une ceinture, qui embrassait également la corde et était destinée à les soutenir dans le voyage à la force des poignets qu'ils allaient exécuter. Basile passa le premier, c'était l'aîné de la troupe, et d'ailleurs il réclama cette priorité comme un droit. C'était pour lui un devoir d'essayer le pont qu'il avait construit.

Le pont était bien établi, car il soutint admirablement le

poids du corps de Basile, considérablement augmenté cependant par l'action incessante du courant. Ce passage ne s'effectua pas sans que le jeune homme déviât légèrement de sa route, poussé qu'il était par la force du rapide. La corde se tendit avec violence, et l'aventureux voyageur parvint, quoique avec peine, à gagner le second rocher, où il s'installa en sûreté.

Pendant ce temps, ses compagnons suivaient tous ses mouvements avec une inquiétude plus facile à comprendre qu'à décrire, et dès qu'ils lui virent atteindre l'autre extrémité de la corde et s'installer sur le rocher, ce fut un chœur d'applaudissements et de cris de joie.

Lucien passa le second et fut suivi par François, qui, en dépit du danger et du désagrément de la position, trouva moyen de rire aux éclats pendant tout le temps qu'il mit à se hisser sur la corde. Ses frères étaient moins tranquilles que lui, et surveillaient son passage avec une anxiété visible; leurs craintes ne se réalisèrent pas, et tout alla pour le mieux. François passé, vint le tour de Marengo; on l'attacha à la corde, et le brave chien passa aussi heureusement que ses maîtres.

Norman fut le dernier à traverser ce pont de cuir; il eut comme les autres le bonheur de le faire sans accident, et nos cinq voyageurs, le chien y compris, se trouvèrent enfin réunis sur une pointe de rocher tout juste assez grande pour qu'ils pussent s'y tenir debout.

Mais là se présentait une autre difficulté à laquelle ils n'avaient pas encore songé. Il y avait un autre bras du rapide à traverser avant d'arriver au lieu où l'eau se trouvait assez paisible pour qu'on pût s'y hasarder à la nage. Nos voyageurs s'étaient bien déjà aperçus de cette circonstance, mais ils ne s'en étaient pas préoccupés davantage, ayant aperçu en même temps un autre rocher sur lequel ils espéraient réussir à attacher le nœud coulant de la corde. C'était bien raisonné sans doute, mais la difficulté provenait maintenant de la corde elle-même. Cette corde était engagée par ses deux extrémités, et comment détacher celle qui tenait au premier rocher qu'on venait de quitter. Sans doute l'un des naufragés pouvait retourner sur ce rocher et défaire le nœud, mais alors comment ferait-il pour rejoindre les autres? Tel était le problème à résoudre; ni les uns ni les autres ne savaient comment s'y prendre.

La partie du rapide qui leur restait à traverser n'était pas moins dangereuse que celle qu'ils venaient de passer, et il ne fallait pas espérer la franchir à la nage sans s'exposer à être emporté par le courant et brisé contre les rochers, à moins d'employer pour en sortir le moyen qui leur avait déjà réussi, mais pour cela il fallait la corde, et la corde n'était plus à leur disposition.

Chacun se taisait, réfléchissant à part soi au moyen de détacher la corde. — La chose est impossible, dit l'un d'eux au bout de quelque temps. — Je le crois comme toi, répondit un autre, essayons de faire une seconde corde, il nous reste nos guêtres et la blouse de François, peut-être cela nous suffira-t-il.

Ce dernier avis, ouvert par Norman, fut appuyé par François et Lucien, et les trois jeunes gens étaient déjà en train de défaire leurs guêtres, quand Basile les arrêta d'un mot :

— Stop! dit-il.
— Qu'y a-t-il donc, demanda Lucien?
— Je crois que j'ai trouvé le moyen de détacher l'autre extrémité de la corde; en tout cas je veux essayer, cela ne nous coûtera ni beaucoup de temps ni beaucoup de peine.
— Que prétends-tu faire, mon frère?
— Serrez-vous les uns contre les autres, dit Basile, en me laissant le plus de place possible, et regardez-moi faire.

On se serra ainsi que le demandait Basile. Pendant ce temps, celui-ci découvrit la batterie de son fusil, qu'il avait soigneusement enveloppée dans un morceau de peau de daim, s'affermit sur ses pieds, et parut se disposer à faire feu. C'était en effet son intention, car l'instant d'après on le vit épauler sa carabine et viser avec soin. Ses compagnons le regardaient faire en silence, ils avaient deviné son projet et attendaient l'événement.

L'extrémité de la corde nouée autour du rocher que les jeunes gens venaient de quitter était disposée de telle sorte, qu'une partie du nœud coulant se trouvait en face de l'autre rocher, d'où on pouvait l'apercevoir facilement. C'était précisément ce nœud coulant que Basile visait en ce moment, et sur lequel il avait l'intention de tirer.

La lanière était trop large pour qu'il pût espérer la couper d'une seule balle, mais il comptait faire en plusieurs coups ce qu'il ne pouvait faire en un seul. D'ailleurs, en supposant qu'il ne pût parvenir à trancher le nœud, il était cependant possible encore qu'en frappant sur le rocher les balles modifiassent assez la disposition de la corde pour qu'on pût finir de la détacher en la tirant à force de bras.

Quand Basile se crut bien assuré de son coup, il lâcha la détente : l'arme partit, et l'on vit s'élever du point où la balle avait frappé un nuage de poussière ; en même temps plusieurs fragments de rochers se détachaient et tombaient dans l'eau.

— Bravo ! bravo ! cria François plus prompt à parler que les autres, et qui comme eux avait vu que le coup avait porté juste et qu'une partie du rocher avait volé en éclats.

Pendant que Basile rechargeait, Norman prit son fusil et tira. Le coup fut bon, moins bon pourtant que celui de Basile, ce qui n'était pas étonnant, car peu de tireurs sont capables d'accomplir un pareil haut fait, et je suis sûr qu'on n'en trouverait pas beaucoup de cette force, même parmi les trappeurs et les chasseurs de profession. Le résultat de ce second coup fut tel, cependant, qu'on put reconnaître que la corde était déjà presque à moitié coupée. Ce que voyant, François la saisit par l'extrémité qui se trouvait à sa portée, et hala dessus avec force ; mais ce fut en vain, la corde résista à tous ses efforts. De guerre lasse il la laissa là, et attendit l'effet du second coup que Basile se préparait à tirer.

Ce dernier avait fini de recharger son arme. Il prit son temps, visa avec soin et tira une seconde fois. On voyait toujours la corde enroulée autour du rocher par son extrémité, tandis que le milieu, que la tension avait fait allonger, plongeait dans le courant. Mais à peine on venait d'entendre le bruit de l'arme, qu'on vit l'extrémité de la corde se détacher et tomber dans l'eau.

Un cri joyeux de François annonça le succès de l'entreprise.

La corde fut alors facilement retirée de l'eau. Basile s'en servit comme la première fois, et parvint à l'enrouler autour d'un nouveau rocher. Ce second pont volant fut traversé avec autant de facilité que l'autre, et tout le monde arriva sain et sauf à cette troisième station. Toutes les difficultés se trouvaient vaincues ; à partir de ce point la rivière était praticable, nos jeunes gens se jetèrent bravement à l'eau et atteignirent enfin la rive, non sans peine, mais au moins sans encombre.

CHAPITRE VIII

chèvres abusées

Voilà donc nos voyageurs échappés au danger. Ils sont en sûreté sur la rive; mais si nous nous donnons la peine de réfléchir aux circonstances dans lesquelles ils se trouvent, nous conviendrons facilement que leur position n'est pas des plus gaies. En effet, ils sont au milieu d'un désert, et n'ont à leur disposition pour en sortir ni chevaux ni bateau. Ils ont perdu tout ce qu'ils possédaient, à l'exception de leurs armes et d'une hache. Deux d'entre eux se sont vus forcés de sacrifier leur tunique, et doivent avoir beaucoup à souffrir du froid sous des latitudes où la saison rigoureuse se prolonge souvent pendant une partie de l'été. Il ne leur reste pas un vase pour faire cuire leur nourriture; de plus, ils n'ont ni viande, ni pain, ni quoi que ce soit pour apaiser leur faim, et ils ne doivent plus compter désormais pour leur alimentation que sur leurs fusils, qu'ils ont heureusement sauvés du naufrage avec leurs munitions de chasse.

Sitôt que nos héros se virent sur la rive, leur première pensée fut de se procurer quelque chose à manger. Ils n'avaient rien pris depuis longtemps, et commençaient à se sentir très-affamés. Par un mouvement unanime que leur dictait sans doute leur estomac à jeun, ils levèrent les yeux vers les arbres et se mirent à inspecter les branches, dans l'espoir d'y découvrir quelque animal bon à manger, quadrupède ou oiseau, peu leur importait, pourvu que le gibier fût assez gros pour leur fournir à déjeuner. Les bois semblaient d'un aspect giboyeux; mais les apparences sont souvent trompeuses, et nos quatre affamés ne découvrirent absolument rien.

Ils ne se découragèrent pas cependant, et persuadés par l'aspect des lieux qu'il ne pouvait manquer de se trouver du gibier dans le voisinage, ils prirent leurs dispositions en conséquence. Lucien et François demeurèrent chargés de faire du feu, tandis que Basile et Norman s'éloignèrent à la recherche de l'objet qu'on devait faire cuire devant le feu qui se préparait.

Moins d'une heure après, Norman revint portant un animal sur ses épaules. Les deux jeunes Landi reconnurent dans ce gibier une ancienne connaissance, l'antilope à cornes fourchues (*antilope furcifer*), ainsi nommé de la forme de ses cornes, qui se terminent par une petite fourche.

Norman appelait cet animal une chèvre, assurant que c'était le nom sous lequel le désignaient habituellement les marchands de fourrures ; tandis que les voyageurs du Canada le distinguent au contraire par la dénomination de cabri. Lucien ne s'y laissa pas tromper, car il connaissait cet animal depuis longtemps et savait très-bien qu'il n'appartenait point à l'espèce des chèvres, mais bien à celle des antilopes, et que c'était le seul animal de cette espèce qu'on trouvât dans l'Amérique du Nord.

Ce quadrupède est originaire de la prairie, et on ne le trouve pas actuellement dans l'Est au delà des limites de ces prairies.

Il ne se rencontre pas non plus très-avant dans le Nord, car c'est un animal incapable de supporter un grand froid. Autrefois, il y a deux cents ans, il fréquentait les côtes de l'océan Atlantique, à en croire du moins le père Hennepin, qui dans ses relations de voyage parle de chèvres tuées dans le voisinage du Niagara, et fait de ces prétendues chasses une description qui ne peut s'appliquer qu'aux antilopes à cornes fourchues.

C'est à tort, je le répète, qu'on s'obstine à ranger ces animaux dans la classe des chèvres. Les véritables chèvres sauvages d'Amérique sont des animaux d'un genre tout différent, et que l'on rencontre seulement dans les montagnes Rocheuses.

C'était donc réellement une antilope que Norman avait tuée. Ces animaux sont appelés *cabris* par les voyageurs et chèvres par les marchands de fourrures, tant à cause de leur couleur, qui ressemble beaucoup à celle de la chèvre commune, que parce qu'ils portent sur la partie supérieure du cou une petite crinière qui a beaucoup de rapports avec celle de la chèvre d'Europe. Les antilopes mâles ont encore un autre point de ressemblance avec nos boucs domestiques, c'est leur odeur désagréable, odeur qui provient de deux glandes qui se trouvent aux angles des mâchoires, et offrent l'aspect de petites boules noirâtres.

Lucien et François avaient déjà tué des antilopes pendant le cours de leur première expédition sur les prairies, et le lecteur voudra bien se rappeler la manière dont ces animaux s'étaient laissé tromper en cette occasion, tant par les loups que par nos chasseurs eux-mêmes.

Les antilopes sont d'un naturel très-curieux, et les Indiens abusent de ce défaut pour les amener à portée de leurs coups. Un morceau d'étoffe rouge ou tout autre objet de couleur voyante suffit pour attirer leur attention et exciter leur curiosité ; il est fort rare que ce moyen manque son effet.

Norman apprit à ses compagnons que les Indiens en rapport avec la compagnie de la baie d'Hudson faisaient peu de cas des antilopes, et ne leur donnaient que rarement la chasse, leur peau étant de très-mince valeur et leur chair fort peu estimée. Le motif principal de ce dédain des chasseurs vient sans doute de ce que ces animaux se trouvent dans les mêmes parages que le buffalo, l'élan et le cerf. Les Indiens préfèrent de beaucoup s'occuper de ces gibiers plus précieux, et ne se décident guère à chasser l'antilope que lorsqu'ils y sont poussés par la faim ou par l'absence de tous autres animaux.

Pendant qu'on préparait l'antilope pour le déjeuner, Norman raconta à ses compagnons la manière dont il l'avait tuée.

— Je suis parvenu, leur dit-il, à l'aide d'un stratagème, à la tirer à bonne portée, et voici comment :

— Après avoir fait environ un demi-mille à travers bois, j'arrivai dans un endroit découvert où s'étendait une immense prairie, et je pus me convaincre que les bois n'avaient pas plus d'un mille de profondeur. Ce pays se compose, autant que je puis le conjecturer, d'une lisière boisée le long de la rivière, et d'immenses plaines dépourvues d'arbres, à l'exception de quelques îlots semés çà et là dans la prairie.

Norman ne se trompait pas dans ses conjectures ; le pays arrosé par la rivière Rouge se compose en effet principalement de grandes prairies qui s'étendent à l'ouest jusqu'au pied des montagnes Rocheuses.

— En arrivant dans le lieu découvert dont je vous ai parlé, continua Norman, j'aperçus une troupe d'antilopes, elle était peu considérable, et comptait au plus dix ou douze individus. J'eusse préféré trouver toute autre chose, un daim ou un cerf, par exemple, car je suis à cet égard de l'opinion des Indiens, et professe peu d'estime pour la viande de chèvre. Mais comme après tout la faim ne me donnait pas le droit d'être difficile, j'avisai au moyen d'attraper un de ces animaux. Ce n'était pas facile, car il n'y avait aucun couvert dont je pusse profiter, et il fallait trouver un stratagème pour approcher ces bêtes timides sans les effaroucher.

Voilà de quoi je m'avisai.

Je me couchai sur le dos et levai les jambes aussi haut que possible. Dans cette position singulière, j'eus bientôt la satisfaction de voir que j'avais attiré l'attention des chèvres, qui vinrent rôder en tournant autour de moi. Ces animaux s'avançaient en décrivant une spirale dont j'étais le centre, et se rapprochaient toujours davantage. Le cercle devenant de plus en plus petit, le troupeau fut bientôt à portée de mon fusil. Je me retournai vivement sur le côté, je visai un mâle et je fis feu. L'animal tomba sur le gazon, et le reste de la troupe se mit à courir comme le vent. Je n'avais ni le temps ni la volonté de les suivre; j'avais faim, je vous savais aussi de très-bon appétit; et sans m'amuser à examiner mon gibier, je le ramassai promptement, le jetai sur mon épaule et vins vous rejoindre en toute hâte.

Voilà toute l'histoire.

Pendant que Norman se procurait à déjeuner, Lucien et François avaient rassemblé des branches de pin résineux, et avaient allumé un joyeux brasier. Ils étaient en train de faire sécher leurs vêtements humides, quand le chasseur revint avec le gibier que nous savons. Ses deux cousins lui aidèrent à dépouiller l'animal; ce ne fut pas long, et bientôt après des tranches d'antilope cuisaient en crépitant sur les charbons ardents.

Tout était pour le mieux. Le feu flambait, le déjeuner avait bon air, et l'on n'attendait plus que la présence de Basile pour commencer le déjeuner. Cependant celui-ci ne revenait pas, les estomacs criaient famine, et les jeunes gens, las d'attendre leur aîné, s'assirent à terre et se mirent à faire honneur aux côtelettes d'antilope.

Ils n'avaient aucune crainte au sujet de Basile, et supposaient seulement que, ne rencontrant pas de gibier, il avait poussé sa chasse un peu loin, hypothèse d'autant plus admissible que Basile n'était pas d'humeur à revenir les mains vides; d'ailleurs la journée n'était point encore avancée.

Plusieurs heures se passèrent, et Basile ne revenait pas. Sa chasse commençait à se prolonger démesurément, circonstance d'autant plus extraordinaire, qu'il chassait dans des bois à lui tout à fait inconnus, et qu'ayant été obligé de quitter ses vêtements trop humides, il était parti en simples manches de chemise. Il fallait qu'il y eût quelque chose d'extraordinaire pour le retenir si longtemps absent.

Norman et ses deux cousins commençaient à s'inquiéter sérieusement ; plusieurs autres heures s'étant encore passées sans amener le retour du chasseur, l'inquiétude se changea en alarme, et l'on résolut d'aller à sa recherche.

Pour avoir plus de chance de le rencontrer, on prit différentes directions. Norman devait explorer les bois, tandis que Lucien et François, suivis du chien Marengo, descendraient le long de la rivière. Il était assez supposable, en effet, que si Basile s'était perdu il aurait gagné la rivière, avec l'intention de la remonter pour revenir trouver ses compagnons.

Il fut convenu entre les trois jeunes gens que, quoi qu'il advînt de leur recherche, on se retrouverait au bivouac à la nuit tombante.

Norman explora les bois et la plaine pendant plusieurs heures, et finit par se décider à revenir sur ses pas sans avoir rien aperçu qui pût lui indiquer la route suivie par son cousin Basile. Les autres étaient déjà de retour au lieu du rendez-vous.

Chacun rendit compte de son expédition ; on n'avait rien découvert d'une part ni de l'autre. C'était un triste résultat, et sans aucun doute Basile était perdu, car il n'y avait qu'un accident grave qui pût le retenir si longtemps absent.

Que pouvait-il lui être arrivé ?

Avait-il été dévoré par un ours ou une panthère ?

Était-il tombé entre les mains des Indiens, qui l'avaient emmené prisonnier, sinon tué sur place ?

Telles étaient les tristes conjectures qu'on formait sur le compte de l'absent.

Il faisait tout à fait nuit.

Les trois jeunes gens s'assirent silencieusement autour du feu, la tête penchée sur leurs genoux, et le désespoir dans l'âme.

Quoiqu'ils fussent tous très-fatigués, aucun d'eux ne songeait à dormir ; de temps à autre ils relevaient la tête, échangeaient quelques paroles relatives à l'objet qui les préoccupait, puis retombaient dans le silence.

Il n'y avait en effet rien à faire de toute la nuit, et il fallait attendre le retour du jour pour recommencer leurs recherches et battre le pays environnant.

Minuit vint.

On était toujours assis auprès du feu dans l'attente et la tristesse, quand tout à coup Marengo se dressa sur ses pattes et fit entendre deux ou trois jappements. Les derniers accents de la voix du chien s'étaient à peine perdus au milieu des arbres, qu'on entendit un coup de sifflet partir des bois.

— Oh! mes amis, s'écria François en se levant tout d'une pièce, c'est le sifflet de Basile, j'en suis sûr, je le reconnaîtrais entre mille. Dieu soit béni !

En même temps François poussa un bruyant hourra, auquel un autre cri répondit aussitôt. Dans ce cri on reconnut la voix de Basile. Trois nouveaux hourras partirent en même temps auprès du feu.

— Bien, bien, mes amis, répondit la voix.

Un instant après on commença à distinguer la grande taille de Basile, éclairée par les lueurs du foyer. Chacun s'élança à sa rencontre; Marengo voulut lui faire fête comme les autres, et ce fut presque en triomphe que le chasseur fut conduit au bivouac.

Basile ne revenait pas les mains vides, il tenait sous son bras gauche un sac gonflé de plusieurs oiseaux de l'espèce des faisans, connus sous le nom de coqs de prairie, et portait au bout de sa carabine, qu'il avait jetée sur son épaule, un gros paquet qui n'était autre chose que deux magnifiques langues de buffalo.

— Tenez, dit-il en jetant le sac par terre, où en êtes-vous de votre souper ? Voici, ajouta-t-il en montrant les langues de buffalo, quelque chose que je vous recommande. Allons, dépêchons-nous, et faisons cuire cela sans perdre de temps, car, s'il faut vous le dire, j'ai une faim dévorante.

On se mit aussitôt en devoir de satisfaire à la demande de Basile; le feu fut rallumé, on se procura facilement des broches, et l'on procéda sans plus tarder à la cuisson d'une langue et d'une poule.

Lucien, François et Norman avaient déjà soupé avec la viande de chèvre, mais ils n'en firent pas moins honneur aux nouveaux mets apportés par Basile. Quant à celui-ci, c'était le plus affamé des trois, et cela se comprend, car il avait beaucoup fatigué et était à jeun depuis plus longtemps que les autres. Ce n'était pas cependant que la nourriture lui eût manqué; mais il s'était douté de l'inquiétude de ses compagnons, et n'avait pas voulu prendre le temps de faire cuire sa chasse, bien qu'il eût eu à sa disposition plus de viande qu'il ne lui en fallait; car il avait tué les deux buffalos dont il apportait les langues.

C'étaient même ces deux buffalos qui l'avaient retenu si longtemps, ainsi qu'il en informa ses compagnons.

On voulut alors connaître tous les détails de sa rencontre avec les buffalos; Basile ne se les fit pas demander deux fois, et pendant qu'on savourait autour d'un bon feu les mets délicats qu'il avait apportés, il raconta en détail les aventures de sa journée.

CHAPITRE IX

LA DANSE DES PERDRIX.

— Après vous avoir quittés, dit Basile, je m'enfonçai dans les bois en suivant une direction diagonale à la rivière.

Je n'avais guère fait plus de cinq cents pas que j'entendis un grand bruit, que je pris d'abord pour le roulement du tonnerre. Je m'étais trompé, et je reconnus bientôt que c'était un vol de faisans. Je m'assurai de la direction du bruit, et m'avançai de ce côté. Je crois que je fis à peu près un mille pour arriver à la place occupée par les oiseaux, car j'oubliais de vous dire qu'il y en avait plusieurs.

Quand j'aperçus les faisans, ils se livraient à l'occupation la plus singulière.

Ces oiseaux, au nombre d'une vingtaine, s'étaient placés sur un terrain plat et découvert, et tournaient en décrivant un cercle de vingt pieds de diamètre ou à peu près. Ils ne tournaient pas tous dans le même sens, mais se croisaient au contraire les uns les autres sans jamais dévier de la circonférence du cercle, circonférence d'autant plus facile à distinguer, que l'herbe battue par leurs pas formait une ligne qui se dessinait en noir sur la verdure de la prairie.

Au moment où je commençais à m'approcher d'eux, ils entendirent sans doute le frôlement de mes pieds sur les feuilles, car je les vis les uns après les autres s'arrêter dans leur marche circulaire et s'accroupir par terre. Je m'arrêtai et me cachai derrière un arbre; au bout de quelques minutes, les oiseaux levèrent la tête, se dressèrent sur leurs pattes, et recommencèrent leur ronde. Ce fut alors que je devinai qu'ils se livraient à l'exercice désigné par les chasseurs sous le nom de *danse des perdrix*; et comme je n'avais jamais été témoin de ce curieux phénomène et que je tenais à en juger par moi-même, je continuai à demeurer immobile et silencieux.

Tout affamé que j'étais, et bien que je susse également que vous deviez vous-mêmes souffrir de la faim, je ne pus résister au plaisir de contempler les mouvements de ces animaux pendant quelque temps, avant de me décider à troubler leur danse par la détonation de mon fusil. A un certain moment, je vis un vieux coq se séparer de la bande et gagner, toujours en tournant, un rocher placé près de là, sur lequel il s'installait. Là, après avoir agité ses ailes, étendu sa queue, dressé sa huppe et renversé sa tête en arrière, il se promenait fièrement sur le rocher en faisant la roue comme un petit dindon. Quand il eut manœuvré de la sorte pendant quelques instants, il s'arrêta et se mit à agiter ses ailes par un mouvement de plus en plus rapide, jusqu'à ce qu'il fut interrompu dans cet exercice par un bruit retentissant qui ressemblait au bruit du tonnerre plus qu'à toute autre chose.

Ce bruit, autant que je pus m'en apercevoir, n'était autre chose qu'une provocation : les autres mâles lui adressaient un cartel. Au même moment, en effet, un second coq vint se poser sur le rocher, et y prendre, comme le premier, des poses cavalières et belliqueuses. Après ces préliminaires, les deux champions s'attaquèrent bravement, et se battirent avec fureur comme deux coqs de combat.

J'aurais peut-être regardé ce tournoi pendant plus longtemps, continua Basile, sans la faim qui me pressait; elle fut plus forte que la curiosité, et je me préparai à faire feu. Les oiseaux, qui continuaient à danser, s'agitaient avec tant de rapidité, que je ne pouvais en distinguer un seul. Avec un fusil chargé à plomb, j'aurais tiré sur toute la bande, et j'en aurais peut-être abattu plusieurs; mais avec ma carabine chargée à balle, je ne pouvais espérer d'en abattre plus d'un. Aussi, pour avoir un coup plus assuré, j'attendis qu'un vieux mâle vint se montrer sur le rocher, et au moment où il lançait son cri de guerre, comme il se trouvait bien en vue et à bonne portée, je tirai, et lui envoyai une balle à travers le corps. La danse cessa comme par enchantement, et toute la bande d'oiseaux s'envola avec un grand bruit d'ailes. Je suivis la direction de leur vol, et remarquai qu'ils allaient se poser à deux cents pas de là sur un gros sapin.

Dans l'espérance qu'ils y demeureraient assez longtemps pour me permettre de tirer un second coup, je rechargeai avec toute la rapidité possible, et m'avançai du côté de l'arbre. En passant près du mâle que j'avais tué, je le ramassai et le mis dans mon sac. Pour aller plus loin, il me fallait enjamber plusieurs troncs d'arbres renversés sur le sol, à quelque distance les uns des autres. Jugez de ma surprise, quand j'aperçus dans une espèce de petit champ clos formé par les troncs, deux faisans mâles qui se battaient avec tant d'acharnement qu'ils n'entendirent pas le bruit de mes pas et ne remarquèrent pas ma présence. Mon premier mouvement fut d'épauler ma carabine et de tirer; mais voyant que les deux oiseaux n'étaient qu'à quelques pas de moi, je pensai que dans leur préoccupation ils se laisseraient peut-être prendre à la main. Je ne m'étais pas trompé dans mes conjectures, car l'instant d'après les deux combattants étaient en mon pouvoir, et je mettais fin à leur belliqueuse ardeur en leur tordant tout simplement le cou.

Après ce nouvel exploit, je continuai à m'approcher du reste de la bande, qui se trouvait encore sur l'arbre. Quand je me crus assez près d'eux, je me cachai derrière un arbre, et ajustai tranquillement une nouvelle victime. Le coup partit, et je vis un quatrième oiseau dégringoler à travers les arbres et tomber lourdement à terre. Les autres ne parurent pas s'en émouvoir, et ne bougèrent pas de dessus l'arbre. Je tirai de nouveau, et j'abattis un cinquième faisan sans que le reste de la bande se décidât à partir. Les deux oiseaux que je venais de tuer en dernier lieu se trouvaient perchés l'un et l'autre sur les branches inférieures de l'arbre; j'en conclus que la confiance du gros de la bande provenait de ce qu'ils n'avaient pas vu tomber la victime, et je m'imaginai qu'en ayant soin de tirer dans le bas de l'arbre, la chute des morts n'effrayerait pas les vivants, et que je pourrais répéter mes coups autant que bon me semblerait.

En conséquence, je rechargeai et tirai une quatrième fois, puis une cinquième, et ainsi de suite, jusqu'à ce qu'il y eût six cadavres au pied de l'arbre. Je crois que je les aurais tués de la sorte jusqu'au dernier ; mais je m'aperçus à temps que je tirais, comme on dit, ma poudre aux moineaux, et que je dépensais pour peu de chose des munitions précieuses. Je cessai donc ma mousqueterie, et m'approchai pour ramasser les morts. Ma vue produisit plus d'effet que les coups de fusil, car tous les oiseaux en m'apercevant prirent leur volée, et s'enfoncèrent dans les bois.

Arrivé près de l'arbre que les oiseaux venaient de quitter, j'aperçus, à ma grande surprise, une longue corde de cuir dont une des extrémités était nouée à l'une des branches inférieures de l'arbre, et dont l'autre pendait jusqu'à terre. Cette corde devait avoir été placée là par quelqu'un, et je regardai de tous côtés pour voir si je ne découvrirais pas d'autres indices de la présence de quelque créature humaine.

Au pied de l'arbre, il y avait un tas de cendres. C'étaient sans nul doute des Indiens qui avaient campé dans cet endroit ; mais il y avait longtemps que ce bivouac était abandonné, car on voyait que les cendres avaient été battues par la pluie, et même elles étaient à moitié recouvertes par les herbes qui avaient repoussé tout autour. J'en conclus que ceux qui avaient fait le feu avaient sans doute aussi attaché la corde, et qu'en partant ils l'avaient oubliée.

Je la détachai et l'examinai attentivement ; c'était un lasso de cuir de près de quarante pieds de long, et terminé par un anneau de fer à l'une de ses extrémités. Je me mis à tirer dessus pour essayer sa force, et je constatai qu'elle était dans un état parfait de conservation. Pour des naufragés aussi dépourvus que nous, ce lasso était un objet précieux que je me gardai bien de laisser derrière moi ; je n'étais pas homme à mépriser une corde, surtout quand j'avais encore présent à l'esprit le souvenir récent de l'important service qu'une corde venait de nous rendre.

Je résolus d'emporter la corde avec moi, et pour le faire avec plus de commodité, je la roulai et la passai en bandoullière sur mon épaule. Je mis tous mes faisans dans mon sac, qui, comme vous l'avez pu voir, en fut rempli jusqu'à la gueule, et je me disposai à retourner vers vous.

Ce que j'aperçus au même instant me fit tout à coup changer de projet

J'étais sur la lisière du bois; près de là s'étendait un grand terrain découvert que j'apercevais à travers les arbres. Du milieu de cette plaine s'élevait un grand nuage de poussière; cette circonstance attira mon attention.

En regardant plus attentivement, je m'aperçus que cette poussière était produite par le mouvement de deux grands animaux de couleur foncée. Ces deux animaux paraissaient fort animés; je les voyais se précipiter l'un contre l'autre, et de temps en temps j'entendais retentir à mes oreilles un bruit semblable à un choc d'armure. Les rayons du soleil doraient le nuage de poussière, et dans ce vague lumineux, les animaux que j'avais en vue me paraissaient énormes. Si je n'eusse reconnu dès l'abord le genre de quadrupèdes auquel j'avais affaire, j'aurais cru, tant les proportions étaient exagérées par les illusions d'optique, que j'avais devant moi deux mammouths en vie; mais j'avais à cet égard trop d'expérience pour me laisser tromper, et je reconnus au premier coup d'œil deux buffalos mâles engagés dans une lutte acharnée.

Le récit de Basile fut en ce moment interrompu par un incident singulier; de grands bruits partaient du fond des bois. Ces bruits étaient de natures différentes, et n'avaient entre eux aucun rapport; tantôt c'étaient des cris semblables aux aboiements d'un chien de garde, tantôt des râlements semblables aux accents étouffés d'une personne qu'on étrangle, le tout suivi de longs hurlements qui faisaient retentir tous les échos d'alentour; puis, après un moment de silence, on entendait comme des éclats de rire, mais d'un rire strident et saccadé comme celui d'un homme en délire.

Ce tapage était de nature à inspirer la terreur, et avait effrayé plus d'une fois des voyageurs peu habitués à passer la nuit au milieu des forêts de l'Amérique. Nos jeunes gens cependant ne parurent pas s'en émouvoir; ils savaient en effet d'où provenaient ces cris, et avaient reconnu de suite la voix du grand hibou à cornes (*strix virginiana*). C'était un bruit qui leur était trop familier pour qu'ils daignassent y faire attention.

Pendant que Basile racontait ses aventures, le hibou avait plusieurs fois passé au-dessus de leurs têtes en changeant à chaque instant de direction, à la manière des chauves-souris, mais avec bien plus de rapidité et d'élégance; car le vol de cet oiseau de nuit peut être comparé sous certains rapports à celui de l'aigle, bien que le hibou lui-même soit de dimension beaucoup plus petite.

Ce ne furent pas les cris du hibou qui forcèrent Basile à s'interrompre, ce fut plutôt la présence de l'animal lui-même, qui venait de se poser sur une branche d'arbre, à vingt pas tout au plus du foyer. A peine installé sur son perchoir, ce singulier animal se mit à pousser des hurlements de toutes sortes, avec accompagnement de gestes et de mouvements de tête qui lui donnaient l'aspect le plus original et le plus comique.

Après chaque contorsion, il faisait claquer son bec avec force, et produisait un bruit sec susceptible d'être entendu à plus de cinq cents pas.

Cette musique peu harmonieuse n'était guère du goût de François; sa patience fut bientôt à bout, et le jeune chasseur prit son fusil. L'oiseau fut couché en joue, et sans doute on allait lui faire un mauvais parti, quand il s'avisa de descendre tout doucement de l'arbre et vint se poser près d'un des faisans, qu'il saisit dans ses griffes emplumées; c'était beaucoup d'audace, car le faisan ne se trouvait guère à plus de six pieds du feu. Le voleur allait s'envoler avec sa proie et disparaître dans l'obscurité, quand maître François, dont la colère avait doublé et qui ne le tenait pas quitte à si bon marché, lâcha la détente de son fusil. Le coup partit, et le hibou tomba lourdement à terre tenant encore entre ses griffes le faisan qu'il avait si audacieusement volé.

Marengo s'élança sur lui, mais le brave chien ne savait pas à qui il avait affaire. Le hibou n'était que démonté d'une aile; à l'approche du chien, il se renversa sur le dos et joua si bien du bec et des pattes, que son ennemi se vit contraint de prendre les plus grandes précautions. Ce ne fut qu'après un combat acharné que le chien parvint à le saisir dans sa gueule. Pendant toute la lutte, l'oiseau ne cessa de faire claquer son bec avec fureur. Ses pattes s'agitaient avec violence, et ses plumes étaient tellement hérissées sur tout son corps, qu'il paraissait avoir le double de sa grosseur réelle. Enfin, comme je l'ai dit, Marengo finit par s'en emparer, mais non sans avoir reçu plus d'une écorchure sur le museau. Le chien était si furieux, que longtemps après avoir mis son adversaire à mort il s'acharna en grondant sur son cadavre sans vie. Il fallut que Basile, qui voulait continuer son récit, intervînt pour le faire taire.

CHAPITRE X

BASILE ET LE BISON.

— Aussitôt que j'eus aperçu les buffalos, dit Basile en reprenant le fil de sa narration, je n'eus plus qu'un désir, m'approcher d'eux et les tirer. Ce gibier-là valait bien une charge de poudre et de plomb, et je me dis que si je parvenais seulement à en tuer un, j'assurais des vivres à la communauté pour quinze jours au moins. Pour être plus à l'aise, je me débarrassai de mon sac, que je suspendis aux branches d'un arbre, et je me disposai à approcher les animaux. J'étais sous le vent à eux, et n'avais par conséquent aucune crainte qu'ils m'éventassent; la seule difficulté provenait du manque de couverts. La plaine était unie comme une table, et on n'apercevait à plusieurs milles à la ronde ni arbres ni buissons. Le seul moyen, c'était donc de les approcher directement en faisant le moins de bruit possible.

Je m'avançai silencieusement, et en moins de cinq minutes je me trouvai à bonne portée de fusil. Les bisons ne m'avaient point aperçu, tant le combat dans lequel ils étaient engagés absorbait entièrement leur attention.

Je n'ai de ma vie vu des bêtes aussi furieuses. L'écume blanchissait leurs lèvres et le feu leur sortait par les naseaux. De temps à autre ils reculaient comme des béliers, puis revenaient avec rage l'un sur l'autre et entre-choquaient leurs fronts avec tant de fracas, qu'on les eût crus brisés du coup. Il n'en était rien cependant, car les buffalos ont le crâne épais et dur, je le sais par expérience, et je me rappelle qu'un jour je tirai un animal de cette espèce à la tête. Je n'en étais pas à plus de dix pas. A ma grande surprise, la balle s'aplatit sur son front et tomba par terre aux pieds du buffalo, qui ne fut pas moins étonné que moi, je vous assure, car je l'avais tiré avant qu'il eût pu m'apercevoir.

J'avais vu plus d'une fois des combats de bisons, et je ne m'arrêtai pas à contempler celui-ci. Ma grande affaire était de me procurer de la viande, je pris juste le temps de bien viser celui qui me parut le plus gros, et je fis feu de ma carabine.

J'avais ajusté l'animal au cœur; le coup porta si bien, que le taureau s'affaissa sur ses jarrets et tomba le nez en terre. Son adversaire, qui le chargeait en ce moment, continua son attaque, et à ma grande surprise se précipita sur le blessé, qu'il frappa en pleine tête. Celui-ci, trop faible pour résister à ce nouveau choc, s'abattit sur le flanc, agita convulsivement les jambes, puis demeura sans mouvement : il était mort.

L'autre taureau, que la violence de son élan avait emporté quelques pas en avant, se retourna et revint pour faire tête à son adversaire. Grand fut son étonnement quand il l'aperçut couché sur le sol sans aucune apparence de vie. Il crut sans doute être l'auteur de ce grand coup, car dans son ardeur guerrière il n'avait ni remarqué ma présence ni entendu la détonation de l'arme à feu, dont le bruit avait sans doute été couvert par la force de leurs mugissements. Le nuage de poussière qu'ils soulevaient sous leurs pieds les avait aussi empêchés de me voir, car c'était tout juste si dans le cercle où ils s'agitaient il y avait assez de jour pour que chacun pût distinguer son adversaire.

A la vue de son rival terrassé, le buffalo, tout enorgueilli d'un exploit dont il s'attribuait la gloire, leva fièrement la tête et fit entendre un cri de triomphe. Ce mouvement rejeta sur son cou les poils de son épaisse crinière, qui pendant le combat lui étaient tombés sur les yeux. Le nuage de poussière commençait aussi à se dissiper un peu, et l'animal m'aperçut enfin. J'étais occupé à recharger ma carabine.

Dans la crainte qu'il ne prît la fuite avant que je fusse en mesure d'y mettre ordre, je me dépêchai de bourrer mon arme, et laissai dans ma précipitation tomber à mes pieds ma boîte à capsules. Je tenais une capsule entre mes doigts, et comme elle suffisait au coup que je voulais tirer, je ne jugeai pas à propos de perdre mon temps à ramasser la boîte, et pensai qu'il serait assez tôt de le faire quand j'aurais déchargé mon arme. J'épaulais donc ma carabine, quand je m'aperçus, à ma grande surprise, que le taureau, au lieu de fuir, comme je me l'étais imaginé, levait la tête et fonçait droit sur moi avec un beuglement formidable. Raison de plus pour faire feu; mais le coup, parti un peu au hasard, atteignit l'animal au museau et ne lui fit qu'une légère blessure. Au lieu de s'arrêter sur le coup, le taureau redoubla de vitesse et continua de foncer sur moi; sa fureur était à son comble.

Je n'avais plus le temps de recharger, car j'avais tiré les buffles à la distance de quelques pas seulement, et j'eus bien juste le temps de me jeter de côté pour éviter d'être atteint par ses cornes. Je fus pourtant assez heureux pour m'ôter de son chemin, et il passa, sans m'atteindre, avec la rapidité d'un éclair. Je sentis le sol trembler sous mes pieds.

Un instant après il se retourna, et revint sur moi la tête baissée et les cornes en avant. Je compris que si je me laissais atteindre par ses terribles cornes, j'étais un homme perdu. Je me précipitai donc vers le buffalo mort, et me fis un rempart de son corps.

Ce moyen de défense me réussit ; le taureau s'embarrassa dans les jambes du cadavre sans pouvoir m'atteindre. Sa fureur parut s'en augmenter encore ; ses yeux étaient injectés de sang, et en le voyant se retourner je compris qu'il ne se reculait que pour me charger une troisième fois.

Près du lieu de la lutte se trouvait un arbre, je l'avais vu du premier coup d'œil, mais je craignais de n'avoir pas le temps d'y arriver. Heureusement la manœuvre que j'avais opérée m'en avait un peu rapproché, et désespérant de continuer à terre la lutte avec avantage, je me précipitai du côté de l'arbre avec l'intention de monter dessus. Je vous laisse à penser si je fus leste à courir ; et bien m'en prit, car le taureau revenait sur moi à fond de train, mais trop tard heureusement, car j'avais déjà gagné le pied de l'arbre. J'avais d'abord l'intention de me mettre à l'abri derrière quelques grosses racines que j'avais remarquées ; mais m'étant aperçu de la présence de quelques branches assez rapprochées de terre pour que je pusse les saisir, je profitai de la circonstance et m'enlevai à la force des poignets.

Le taureau passa sous moi juste au moment où j'effectuais cette opération gymnastique. Il toucha presque mes pieds ; mais je m'en moquais, car l'instant d'après je fus commodément installé sur une branche fourchue et hors de toute atteinte. Une fois sur ce perchoir, ma première pensée fut d'envoyer une nouvelle balle au taureau. Dans cette intention, je me mis à recharger ma carabine.

Je n'avais pas à craindre que le taureau me m'enlevât par la fuite l'occasion de le mettre à mort, car l'animal, plus acharné que jamais à ma poursuite, tournait tout autour du tronc de l'arbre, et y donnait des coups de corne furieux comme s'il eût voulu le percer ou l'abattre.

Le fait est que l'arbre était de petite dimension, et que je commençai à trembler qu'il ne cédât aux efforts du terrible animal. Cette circonstance me détermina à me hâter davantage encore, et à préparer au plus vite ma carabine pour faire cesser ces dangereuses attaques.

La balle fut bientôt dans le canon, et je me disposais à poser la capsule sur la cheminée quand je vins à me rappeler que la boîte à capsules était demeurée sur le gazon, à la place même où je l'avais laissée tomber; l'attaque imprévue du taureau m'avait empêché de la ramasser. Cette boîte contenait toutes mes capsules, et, à mon grand désappointement, je reconnus que ma carabine ne m'était pas plus utile dans ce moment qu'un bâton ou une baguette de fer. Aller chercher mes capsules, c'eût été folie; il n'y avait pas à songer à mettre pied à terre, car l'animal, de plus en plus exalté, courait comme un fou autour de l'arbre, le frappant avec ses cornes, et me fixait de temps à autre avec des yeux enflammés de colère.

Ma position n'était pas des plus rassurantes, et je commençais à craindre sérieusement de ne pouvoir m'échapper de ce mauvais pas. Le taureau semblait être d'un caractère aussi rancunier que violent; il persistait à se venger, et continuait à demeurer si près de la branche où j'étais perché, que si j'eusse eu seulement une capsule, j'aurais pu le tirer à mon aise en choisissant la place de ma balle, car l'animal n'était pas à plus de trois pieds de la gueule de ma carabine. Je pensai d'abord à allumer un morceau de papier et à m'en servir comme d'une mèche pour faire partir ma carabine; mais j'abandonnai bientôt ce projet pour un autre que la circonstance me suggéra et qui me parut de beaucoup préférable.

Pendant que je fouillais dans ma poche pour y prendre mon fusil et ma pierre à feu, ma main rencontra le lasso que j'avais roulé autour de mes épaules. Ce fut cette circonstance qui me suggéra mon nouveau plan, lequel consistait tout simplement à prendre le bison au lasso et à l'amarrer au pied de l'arbre.

Aussitôt, et sans perdre de temps, je mis la chose à exécution. Je déroulai ma longue courroie, dont j'attachai solidement une des extrémités au tronc de l'arbre, puis à l'autre extrémité, et avec l'aide de l'anneau de fer dont je vous ai parlé, je pratiquai un bon nœud coulant.

Ces préparatifs terminés, je pris mon lasso de la main droite et j'attendis l'occasion favorable. Elle ne tarda pas à s'offrir : le taureau continuait ses évolutions et tournait toujours autour de l'arbre. Vous savez que je ne suis pas novice dans l'art de lancer le lasso, et j'eus bientôt la satisfaction de voir mon nœud coulant solidement enroulé autour du cou de l'animal. Alors je raccourcis le lasso et donnai une forte secousse.

Le coup fut rude, je vous l'assure, car j'y avais mis toutes mes forces.

Le taureau, sentant l'étrange cravate qui lui serrait la gorge, fit bonds sur bonds, et tenta de s'échapper, mais inutilement, le lasso le retenait. Il se mit alors à tourner avec rapidité autour de l'arbre; mais cet exercice ne dura pas longtemps, car il fut bientôt au bout de son rouleau, et se trouva pressé si vivement contre l'arbre par suite de ses propres efforts, qu'il tomba par terre à moitié étranglé.

Il l'eût été sans doute entièrement sans son épaisse crinière qui le protégea, et amortit si bien l'action du licou, qu'il trouva encore la force de se débattre à l'extrémité de la corde. Ses efforts convulsifs étaient si puissants, que l'arbre en était agité comme un roseau battu par le vent, et que je craignis d'être jeté par terre. Pour éviter cette chute, je pris le parti de descendre.

Sitôt que je touchai le sol, je courus ramasser mes capsules, et j'en mis une en toute hâte sur la cheminée de ma carabine. Alors je m'approchai doucement du bison, et lui envoyai à bout portant une balle dans les reins.

Ce coup de feu suffit pour mettre fin à ses efforts et à son existence...

Tout cela m'avait pris fort longtemps, et la nuit tombait au moment où j'achevais mon second bison. Je n'avais le temps ni de les écorcher ni de les préparer ; je savais que vous m'attendiez, et que vous deviez être très-inquiets de mon absence ; aussi je me contentai de prendre les langues pour les joindre aux faisans que j'avais tués précédemment.

Je n'ai pas quitté les bisons morts sans mettre dessus de quoi épouvanter les loups, et j'espère que, grâce à cette précaution, nous retrouverons demain notre gibier en bon état.

Basile avait fini de raconter ses aventures de la journée. On ramassa quelques brassées de bois qu'on jeta sur le feu, de manière qu'il durât jusqu'au lendemain matin. Cette précaution était d'autant plus nécessaire, que l'on se rappelle que les couvertures et les manteaux étaient restés dans la rivière; Basile et Norman n'avaient plus que leur chemise sur le dos, et dans cette circonstance il fallait un bon feu pour entretenir la chaleur de leur corps et leur permettre de dormir. Grâce à ces précautions, ils y parvinrent cependant, et bientôt chacun d'eux fut en train de demander au sommeil l'oubli et la réparation de ses fatigues passées.

CHAPITRE XI

TROIS ARBRES CURIEUX.

Le lendemain, nos voyageurs étaient debout de très-grand matin. Le reste des langues de buffalo, un faisan et quelques côtelettes d'antilope suffirent à leur déjeuner. Ce premier soin accompli, ils partirent tous quatre pour aller chercher la viande des deux bisons tués la veille par Basile et la rapporter au camp. Ce transport nécessita plusieurs voyages.

Leur dessein était de faire sécher cette viande au feu, afin qu'elle pût se conserver et servir à leur alimentation future; ils enlevèrent toute la viande de dessus les os, la coupèrent par tranches et par lanières, et l'étalèrent sur des perches à quelque distance du feu. Ces précautions prises, il n'y avait plus qu'à attendre que la chaleur eût fait son effet.

Pendant que la dessiccation s'accomplissait, les jeunes voyageurs, assis autour du feu, se consultèrent sur ce qu'ils avaient à faire.

Il fut d'abord question de retourner jusqu'à l'établissement de la rivière Rouge, et de s'y procurer un autre canot, ainsi que les aliments et les ustensiles indispensables. Mais ils réfléchirent bientôt que cette marche rétrograde ne pourrait s'accomplir sans de grandes difficultés, la route se trouvant coupée de lacs et de marais qu'il était impossible de traverser sans canot; à pied, il n'y avait pas d'autre moyen que de les tourner, et alors ce trajet devenait un long voyage qui prendrait nécessairement beaucoup de temps. D'ailleurs il n'y a rien d'aussi désespérant en route que d'être forcé de retourner sur ses pas. Chacun d'eux savait cela parfaitement; mais le moyen de faire autrement ?

Il existait bien un poste de la compagnie de la baie d'Hudson à l'extrémité nord du lac Winnipeg; mais comment gagner à pied le fort de Norway ? C'est le nom de ce poste d'échange.

Le tour du lac qu'il fallait faire n'était pas un trajet de mince importance : c'était une course de quatre cents milles au moins, et encore quelle route ! Des forêts impraticables, des marais et des rivières à traverser. Il fallait au moins un grand mois pour ce voyage; et puis, la singulière avance ! quand on serait à l'établissement de Norway, on n'aurait pas encore fait un pas vers le but qu'on se proposait d'atteindre. Tout au contraire, Norway-House se trouvait à l'opposite de leur chemin.

Il y avait bien encore le poste de Cumberland. Cumberland-House, sur les bords de la Saskatchewan, était le point où ils avaient eu dès l'abord l'intention de se rendre après avoir quitté les établissements de la rivière Rouge; mais c'était toujours la même difficulté pour y arriver. Ce dernier poste était, comme le premier, situé à des centaines de milles, et il fallait pour y arriver traverser des lacs, des rivières, des marais et des forêts immenses.

On ne pouvait pourtant pas rester là à perpétuité; mais où aller ?

— En tout cas, il ne faut pas retourner en arrière, dit François, qui était toujours le premier à donner son avis. Qui nous empêche de faire un bateau et de reprendre notre route ?

— Ah! François, répondit Basile, un bateau ! cela est facile à dire, mais à faire c'est autre chose. Je voudrais bien savoir comment tu t'y prendrais.

— De la façon la plus simple, répondit François, qui ne doutait jamais de rien, j'abattrais un arbre, et je ferais un *Dug-out*. La chose me paraît d'autant plus faisable, que nous avons sauvé du naufrage une hache et deux hachettes.

— Je voudrais bien savoir avant tout, demanda Norman, ce que c'est qu'un Dug-out, car le mot est nouveau pour moi.

— C'est, lui répondit aussitôt François, un canot que l'on creuse dans un tronc d'arbre. Les canots de cette espèce sont ainsi désignés sur les bords du Mississipi, où l'on en fait un grand usage, et je crois que nous pourrions en construire un de taille à nous tenir tous les quatre. Qu'en penses-tu, Lucien ?

— Je pense, répondit le jeune savant, qu'un canot serait en effet une très-bonne chose, mais le difficile est de se le procurer, et je crains bien que nous ne trouvions pas ici d'arbres assez gros pour cet usage. Nous ne sommes plus sur les bords du Mississipi, ne l'oublions pas.

— Quelle dimension doit avoir l'arbre dont vous avez besoin ? demanda Norman, qui était fort mal renseigné sur la forme des canots en question.

— Il faudrait, répondit Lucien, qu'il eût au moins trois pieds de diamètre sur une longueur de vingt pieds. Un canot moins grand que cela ne pourrait pas nous contenir tous les quatre.

— Alors je crains bien, répondit Norman, que nous ne trouvions pas ici d'arbres convenables. Dans mes pérégrinations d'hier et de ce matin je n'en ai vu aucun de cette dimension.

— Ni moi, ajouta Basile.

— Je ne crois pas, en effet, que nous puissions en trouver, dit Lucien à son tour.

— Si nous étions dans la Louisiane, repartit François, je me ferais fort de ne pas faire cent pas sans trouver au moins cinquante arbres propres à faire des pirogues. Mais on n'a jamais vu d'arbres aussi insignifiants que ceux qui nous entourent.

— Ah ! cousin François, vous n'êtes pas au bout, et ces arbres, dont la petitesse vous étonne, sont des géants auprès de ceux que vous rencontrerez plus loin.

Cette dernière observation partait de Norman, qui, habitué aux régions septentrionales, savait que les arbres vont toujours en décroissant au fur et à mesure qu'on s'avance vers le nord, jusqu'à n'avoir plus guère que la taille des groseilliers de nos jardins.

— Mais, continua-t-il, s'il est impossible de trouver un arbre assez gros pour y creuser un canot, ne pourrait-on arriver à la même fin en en prenant trois ?

— Comment trois ? répéta François. Trois arbres pour faire un canot ! Vous n'y pensez pas, cousin Norman, c'est un radeau que vous voulez dire.

— Non pas, non pas, répondit l'autre, je parle d'un canot et encore d'un canot qui pourra nous servir pendant tout notre voyage.

Les yeux des trois frères se tournèrent en même temps vers Norman, il était évident qu'on attendait l'explication de ses paroles.

Norman reprit la parole :

— Vous ne me paraissez pas très-curieux, dit-il, de remonter la rivière ?

— Non, répondit Basile en son nom et en celui de ses frères. Nous ne demandons qu'à aller en avant.

— Très-bien, très-bien ! répondit le jeune marchand de fourrures, et je suis sur ce point tout à fait de votre avis. C'est pourquoi je vous propose de construire avec trois arbres un bateau capable de nous porter tous quatre. Ce travail nous prendra quelques jours, peut-être aussi serons-nous forcés de perdre un peu de temps à la recherche du bois nécessaire, mais nous finirons par en trouver, car je crois pouvoir vous certifier qu'il y en a dans cette forêt. Pour faire cet ouvrage convenablement, j'ai besoin de trois espèces de bois différents d'ici ; j'en vois déjà deux, il ne me manque donc plus que le troisième, et j'espère le trouver sur les coteaux que nous avons aperçus ce matin.

En parlant ainsi, Norman montrait du doigt deux arbres qui croissaient avec plusieurs autres à quelques pas de là. Ces arbres étaient d'espèces différentes, comme il était facile de le reconnaître à la seule inspection des feuilles et de l'écorce.

Le plus rapproché de ces deux arbres excita aussitôt la curiosité de nos trois méridionaux. Lucien le reconnut tout d'abord d'après la description qu'il en avait lue dans les livres de science, mais il était tout à fait inconnu à Basile et François, qui, n'étudiant l'histoire naturelle que dans les prairies et dans les bois, n'avaient pas eu occasion d'examiner cet arbre dans les forêts de la Louisiane, où il ne se rencontre jamais.

C'était le fameux bouleau à canot ou bouleau papier (*betula papyracea*), ainsi que Lucien l'appela. C'est avec l'écorce de cet arbre que l'on construit les magnifiques canots qui portent des milliers d'Indiens sur les lacs de l'intérieur et les rivières de l'Amérique du Nord. L'écorce de ce bouleau ne sert pas qu'à ce seul usage. On l'emploie également pour faire des tasses, des seaux et des paniers. On en recouvre les tentes, on en fait des chaudrons et des vases pour faire bouillir l'eau, en un mot cet arbre est un véritable bienfait de la Providence pour les pauvres Indiens qui habitent les froides régions où il pousse de préférence.

Nos jeunes habitants du Sud considéraient donc cet arbre avec une sorte d'étonnement curieux. Ce bouleau avait environ soixante pieds de haut sur un pied de diamètre. Ses feuilles étaient d'un vert sombre, taillées en forme de cœur; mais ce qui le rendait surtout remarquable, c'était son écorce blanche et brillante comme de l'argent poli, et la multitude de ses petites branches. L'écorce de cet arbre n'est blanche qu'en dehors, et si l'on enlève la surface extérieure, on rencontre une substance solide et flexible d'un rouge foncé, et assez épaisse pour être divisée en plusieurs couches. Son bois donne un excellent feu, et s'emploie beaucoup pour cet usage. Il est d'un grain assez dur et susceptible de poli, et propre à beaucoup de choses; mais il demande à être employé à l'intérieur, car l'eau le détériore très-promptement. Le bouleau à canot n'est pas le seul arbre du même genre que possède le nord de l'Amérique. Le genre *betula* (nom donné probablement à ces arbres du mot celtique *batu*, qui signifie écorce) possède au moins une demi-douzaine de variétés toutes renfermées dans cette partie du monde.

Il y a d'abord le bouleau blanc (*betula populifolia*), petit arbre de vingt pieds de haut sur six pouces de diamètre. L'écorce de cette espèce est sans emploi; son bois, poreux et léger, n'est propre à rien, pas même à faire du feu.

La troisième espèce est connue sous le nom de bouleau-cerise (*betula lenta*), sans doute à cause de son écorce, qui ressemble beaucoup à celle du cerisier commun; on le nomme aussi bouleau-baumier, parce que ses jeunes pousses, lorsqu'on les écrase, répandent une odeur aromatique assez agréable; cette espèce est encore parfois désignée sous le nom de bouleau noir. Cet arbre atteint cinquante ou soixante pieds d'élévation; son bois est très-recherché en ébénisterie, car il est dur, d'une belle couleur rouge, et susceptible d'un très-beau poli.

La quatrième espèce est le bouleau jaune. C'est un arbre de la même taille que le précédent, il tire son nom de la couleur de son écorce. Son bois, très-propre aux travaux d'ébénisterie, n'est cependant pas aussi recherché que celui du bouleau-cerise. Ses feuilles et ses pousses donnent aussi, lorsqu'elles sont écrasées, une odeur aromatique, mais moins forte que celle de l'espèce précédente. Il fournit aussi un excellent bois de chauffage dont on fait une grande consommation dans la plupart des villes de l'Amérique. Son écorce donne un excellent tan, presque égal en qualité à celui qu'on tire de l'écorce du chêne.

La cinquième espèce de bouleau est celle qu'on désigne sous le nom de bouleau rouge, également encore à cause de la couleur de son écorce. Cet arbre égale en grosseur le bouleau à canot. Il atteint même quelquefois soixante-dix pieds de hauteur, et l'on a vu des troncs de cette espèce mesurer jusqu'à trois pieds de diamètre. Ses branches sont longues, grêles et flexibles : c'est avec ces branches qu'on fait la plupart des balais de bouleau dont on se sert en Amérique.

L'Amérique possède encore une autre espèce de bouleau, c'est le bouleau nain (*betula nana*), ainsi nommé en raison de sa petite taille. Ce bouleau n'est plus un arbre, mais seulement un arbuste dont la hauteur ne dépasse guère deux pieds. Cette espèce, qui est la plus petite de toute la famille si intéressante des bouleaux, ne se rencontre que dans les pays très-froids et surtout dans les régions montagneuses.

Ces détails sur les bouleaux d'Amérique furent donnés par Lucien à ses compagnons non pas sur-le-champ, mais quelque temps après et pendant qu'on était occupé à abattre un des arbres choisis par Norman.

On passa ensuite à un second arbre, toujours sur les indications de Norman.

Cet arbre, d'un genre tout différent du premier, n'avait dès l'abord attiré que superficiellement l'attention de ses cousins; il valait cependant la peine qu'on le considérât de plus près. Il appartenait à la famille des conifères, famille nombreuse et facile à connaître entre toutes, tant à ses fruits en forme de cône qu'à l'aspect toujours vert de ses feuilles en aiguilles.

La famille des conifères d'Amérique est divisée par les naturalistes en trois espèces différentes. Les pins, les cyprès et les ifs. Chacune de ces espèces renferme différents genres.

L'espèce pin comprend tous les arbres désignés généralement sous les noms de pins, sapins et mélèzes.

La famille des cyprès, désignée par la science sous le nom

de *Cupressinœ*, comprend les cyprès, les cèdres et les geniévres.

Les ifs proprement dits sont peu nombreux; cependant en Amérique cette famille compte un grand nombre de variétés, parce que l'on fait rentrer dans son sein toutes les grandes ciguës.

La famille des pins compte un grand nombre de variétés répandues sur le continent de l'Amérique septentrionale. Les dernières explorations faites par les savants sur le versant occidental des montagnes Rocheuses et dans les pays qui bordent le Pacifique, ont fait découvrir une vingtaine de nouvelles espèces inconnues jusque-là aux naturalistes.

Plusieurs de ces variétés sont aussi précieuses que remarquables.

C'est dans les montagnes du nord du Mexique qu'on a découvert la plupart de ces nouvelles espèces. Elles poussent dans des régions désertes dont elles sont à peu près l'unique végétation, et fournissent en abondance un fruit farineux, qui sert de nourriture pendant plusieurs mois de l'année à un grand nombre de tribus indiennes. Ces conifères sont désignés par les Indiens sous le nom général d'arbre à pignon ou tout simplement piñon. Il en existe un certain nombre d'espèces réparties dans plusieurs districts. Les Indiens ont plusieurs manières de préparer le fruit du piñon, soit en le faisant rôtir, soit en le broyant en une sorte de grosse farine dont ils font un pain agréable au goût. Pour donner à ce pain plus de saveur, ils y mêlent quelques insectes réduits en poudre. Ces insectes connus sous le nom de grillons de la prairie, sont des coléoptères à ailes pleines, très-communs dans les déserts fréquentés par ces Indiens. Quelques voyageurs assurent qu'il n'y a pas de pâtisserie préférable à ce pain d'insectes.

Le pin Lambert, ainsi désigné du nom d'un botaniste célèbre, se trouve dans l'Orégon et la Californie. Cet arbre peut être à bon droit considéré comme une des merveilles de la nature. Son élévation, qui atteint communément de deux cent cinquante à huit cents pieds, en fait le géant des forêts. Son fruit est en rapport avec son élévation; car les cônes qu'il produit n'ont pas moins de huit pouces de long, et pendent à ses branches comme autant de pains de sucre.

Le *palo-colorado* de Californie est encore un géant de la

même famille. Il n'est pas rare de rencontrer des arbres de cette espèce de trois cents pieds de haut et de seize pieds de diamètre.

On trouve encore dans les mêmes contrées le *pin rouge*, dont la hauteur n'excède guère quatre-vingts pieds. Son bois, très-apprécié, est surtout recherché pour les constructions maritimes, à la confection des ponts et des mâts de navire.

Le sapin résineux (*pinus rigida*) est aussi au nombre des plus précieux de la famille. Cet arbre, plus petit que tous les précédents, est excellent pour le feu, et fournit au chauffage de la plus grande partie de l'Amérique. C'est de cet arbre qu'on tire les nœuds résineux d'un usage si commode pour entretenir et surtout pour allumer le feu.

Nommons encore le pin blanc (*pinus strobus*), estimé à cause de son bois : c'est une des plus grandes variétés, elle est aujourd'hui très-connue. Ce pin atteint ordinairement cent cinquante pieds de hauteur. Sa grosseur est en rapport avec son élévation. C'est le tronc de cet arbre qui fournit les planches de pin si communément employées par les charpentiers. Dans le seul État de New-York la fabrication de ces planches produit sept cents millions de pieds carrés, ce qui suppose l'exploitation de soixante-dix mille ares de terrain. Si cette fabrication imprévoyante se continue dans les mêmes proportions, il est à craindre qu'avant qu'il soit longtemps l'État de New-York ne soit entièrement dépeuplé de ces arbres utiles.

Il faut encore ranger dans cette famille le *pin jaune*, dont le bois est très-recherché pour les travaux d'intérieur, et employé surtout pour la confection des parquets ; le charmant arbre connu sous le nom de *sapin à baume*, qui fait l'ornement des jardins tant en Europe qu'en Amérique ; c'est de ce dernier arbre qu'on tire la préparation si connue en médecine sous le nom de baume du Canada. Dans des conditions favorables, le pin à baume atteint jusqu'à cinquante ou soixante pieds de hauteur, tandis que sur le sommet des montagnes froides, il s'élève tout au plus à quelques pouces de la terre.

Nous n'en finirions pas si nous voulions compléter cette longue nomenclature, et force nous est d'omettre un grand nombre d'arbres.

Disons pourtant un mot du *sapin-ciguë* (*pinus-canadensis*), qui donne une écorce fort estimée en tannerie, et qui pour cet usage ne le cède guère qu'à l'écorce de chêne.

Le sapin noir (*pinus nigra*) mérite aussi d'être mentionné ; c'est avec ses bourgeons qu'on fabrique la boisson connue sous le nom de bière de sapin.

Ici nous nous arrêterons, quoiqu'à regret, car si le temps et l'espace ne nous manquaient, nous aurions encore à parler d'une douzaine d'espèces, récemment découvertes dans l'intérieur des montagnes du Mexique, et qui toutes ont leur utilité et leurs propriétés particulières.

Les pins ne peuvent point être considérés comme des arbres tropicaux, bien qu'on en rencontre jusque sous les latitudes les plus chaudes. Dans les Carolines, le goudron et la térébenthine qu'on tire de cet arbre forment deux objets d'exportation qui ne sont pas sans importance, et l'on trouve jusque sous l'équateur de hautes montagnes couvertes de forêts de pin. Malgré cela, cet arbre appartient plutôt au nord qu'au midi, et plus on approche des cercles polaires, plus son espèce domine dans les forêts. Le dernier arbre qu'on rencontre en s'avançant dans le nord est une espèce de pin, qui forme l'extrême limite de la végétation et de l'entière stérilité dans ces contrées glacées.

L'arbre indiqué par Norman à ses compagnons de voyage appartenait précisément à cette espèce désignée en botanique sous le nom de pin blanc (*pinus alba*).

L'arbre en question n'avait pas plus de trente à quarante pieds de haut; son tronc de couleur sombre n'avait guère qu'un pied de diamètre; ses feuilles en aiguilles, très-déliées et très-acérées, d'environ un pouce de long, étaient d'un vert tirant sur le bleu; ses fruits, loin d'être encore à maturité, étaient alors d'un vert pâle; en vieillissant, ils prennent une couleur plus sombre et atteignent en grosseur à peu près deux pouces de diamètre.

Ni Basile ni François ne soupçonnaient le rôle que cet arbre devait jouer dans la construction du bateau ; Lucien seul s'en doutait.

François entama la question.

— Cousin, dit-il, c'est avec ce bois, je suppose, que tu feras es cintres de notre canot.

— Non, dit Norman, je compte employer pour cet usage une

troisième espèce de bois. Si je ne la rencontre pas, il faudra bien m'en passer, mon canot en sera moins parfait.

— Et quel est ce troisième arbre ? demanda François.

— C'est le cèdre, répondit l'autre.

— On ne peut mieux choisir, en effet, répondit François, c'est un bois doux et liant, et très-propre à l'usage auquel tu le destines. Es-tu bien sûr d'en avoir vu ce matin sur les collines ?

— Je le crois ; du moins les arbres que j'ai aperçus ont une apparence toute semblable.

— Je suis de l'avis de Norman, dit Lucien à son tour ; j'ai remarqué ce matin certains arbres au noir feuillage qui m'ont produit tout l'effet d'être des cèdres, et je crois, comme notre cousin, que s'il y en a dans le pays, c'est sur les coteaux que nous devons les trouver. Cette position est d'ailleurs conforme aux habitudes des cèdres, qui poussent de préférence dans les lieux escarpés.

— La question, dit Basile, doit être bientôt tranchée. Nous voulons faire un canot, n'est-ce pas ? Eh bien, ne perdons pas de temps, et rassemblons au plus vite les matériaux nécessaires. On dit qu'il doit y avoir des arbres sur la colline, allons-y donc voir sans perdre de temps.

— Bien dit, firent les autres tout d'une voix.

Et, ce disant, chacun se leva et jeta son fusil sur son épaule. On prit aussi la hache, et l'on s'achemina gaiement vers la colline. Ce voyage d'exploration ne demeura pas longtemps infructueux ; les collines voisines, composées principalement de roches et de craie, étaient couvertes de bouquets de cèdres rouges (*juniperus virginiana*).

Ces arbres sont faciles à distinguer au premier abord. Leurs branches horizontales, couvertes d'une multitude d'aiguilles, leur donnent un aspect sombre qui frappe au premier coup d'œil.

Le cèdre rouge est la demeure favorite des hiboux de toute espèce. Son bois de couleur rougeâtre est connu de tout le monde, et tous ceux de vous, mes jeunes amis, qui ont manié un pinceau ou un crayon, ont eu entre leurs doigts un morceau de cèdre. Dans les parties de l'Amérique où ce bois croît en abondance, on s'en sert pour toute espèce de construction et principalement à l'extérieur, car c'est un bois solide et d'une nature très-durable. C'est aussi un excellent bois de chauffage; il prend feu avec une grande facilité, et sert à allumer les bois plus difficiles à embraser, tels que le chêne, par exemple, et les pins non résineux.

Le cèdre rouge atteint ordinairement la hauteur de trente à quarante pieds; mais dans des situations favorables, il s'élève beaucoup plus haut. Il affectionne les lieux pierreux, et l'on voit les collines les plus stériles et les plus desséchées couvertes de cèdres magnifiques, tandis qu'on ne rencontre pas un seul de ces arbres dans les vallées les plus fertiles.

Il existe une espèce de cèdre dont les branches poussent contre terre, moins semblable à un arbre qu'aux tiges d'une plante grimpante. Ce cèdre est de l'espèce des multipliants, dont les branches s'enfoncent dans la terre et forment de nouvelles racines. C'est moins, à vrai dire, un arbre qu'un buisson qui croît sur les rochers et sur les pics les plus inaccessibles. Il est connu en botanique sous le nom de *juniperus prostrata*.

Après avoir examiné quelques pieds de cèdre, Norman s'arrêta.

— Nous avons maintenant, dit-il, tout ce qu'il faut pour faire notre canot, mettons-nous donc tous à l'ouvrage et sans perdre de temps.

— Très-bien, répondirent ses trois cousins, nous sommes prêts à t'obéir, dis-nous seulement ce qu'il faut que nous fassions.

— La première chose à faire, dit Norman, c'est, je crois, de changer notre camp de place et de l'établir ici, où nous trouverons les différentes espèces d'arbres dont j'ai besoin, et tous de meilleure qualité que sur les bords de la rivière. Voici, en effet, continua-t-il en indiquant du geste une petite vallée bien boisée, de magnifiques bouleaux et de superbes épinettes. (C'est ainsi que les voyageurs canadiens appellent le sapin blanc).

— Tu as raison, répondit Basile, allons chercher notre viande sèche, et établissons-nous ici pour travailler à notre grande opération.

Il fut arrêté séance tenante qu'on retournerait au camp et qu'on en rapporterait tout ce qui y restait encore.

Ce qui avait été dit fut bientôt exécuté. Nos jeunes gens dressèrent leur petit camp au pied d'un grand cèdre, aux branches duquel ils suspendirent leurs provisions de bouche et leurs munitions. Les fusils furent appuyés contre le tronc de l'arbre, on alluma le feu, et le nouveau campement se trouva au complet.

Il eût été plus confortable sans doute s'ils eussent pu dresser une tente, mais leur toile avait fait naufrage comme le reste, et nos héros durent s'en passer. C'était dur, mais après tout ils n'étaient pas les premiers qui campassent ainsi à la belle étoile, car dans les solitudes de l'Amérique, cela arrive tous les jours aux chasseurs et aux voyageurs.

CHAPITRE XII

EN CANOT.

Norman comptait qu'il leur faudrait environ huit jours pour finir leur canot; mais comme le plus tôt était le meilleur, ils se mirent de suite à l'œuvre.

La membrure du canot fut la première chose dont ils s'occupèrent. Ils coupèrent, à cet effet, sur les prescriptions de Norman, un certain nombre de branches de cèdre, en ayant soin de choisir les plus souples et les plus droites. Ces branches furent élaguées et taillées de manière à rendre les deux extrémités d'égale grosseur. Cette première opération se fit à l'aide du couteau, après quoi on mit ces branches vertes sur un lit de cendres chaudes, et l'on put alors les courber avec facilité, de manière à leur donner la forme des jougs dont on se sert communément pour les bœufs en Amérique. Ainsi préparées ces membrures offraient assez l'aspect d'un grand U.

Ces membrures n'étaient pas toutes d'égale dimension. Celles destinées à être placées au milieu du canot furent ouvertes d'environ deux pieds, tandis qu'on diminua graduellement l'ouverture de celles qui devaient être placées aux extrémités tant à l'arrière qu'à l'avant. Quand toutes ces membrures furent confectionnées, on les plaça l'une sur l'autre comme une meule de cercles, on les attacha solidement ensemble et on les laissa sécher. Il devait suffire de quelques jours pour qu'elles fussent à point et susceptibles d'être mises en place.

Ce fut Norman qui, en sa qualité d'ingénieur en chef, se chargea de la confection de cette partie importante du canot. Pendant ce temps ses compagnons étaient loin de demeurer inactifs.

Basile abattit plusieurs bouleaux de grosse dimension dont Lucien se mit aussitôt en devoir d'enlever l'écorce, en ayant soin de l'aplanir et d'en égaliser les nœuds. L'écorce enlevée fut ensuite suspendue à la fumée d'un grand feu, dans le but de la faire sécher et de lui donner la solidité et l'élasticité désirables.

François eut aussi son emploi particulier : ce fut à lui qu'incomba le soin de recueillir la résine, en pratiquant des incisions aux troncs des sapins ou épinettes. Cette résine est une espèce de poix qui forme un des matériaux les plus indispensables dans la construction des canots d'écorce; on s'en sert pour calfater toutes les coutures et pour boucher les trous qui se trouvent naturellement dans l'écorce; sans l'emploi de cette substance grasse ou de toute autre analogue, il serait impossible de faire un bateau qui ne prît pas l'eau.

Ce n'est pas seulement pour la poix qu'elle fournit que l'épinette est recherchée pour la construction des canots. Cet arbre donne encore une autre matière indispensable. Ses longues racines filandreuses fournissent le fil et les cordes à l'aide desquels on réunit les morceaux d'écorce entre eux et on les fixe sur les membrures. Les ligaments qu'on tire de cette racine sont aussi forts et aussi durables que les meilleures cordes de chanvre. Les Indiens qui s'en servent pour toutes sortes d'usages, les désignent dans leur langue sous le nom de *watap*.

On conçoit que dans un pays où le chanvre et le lin sont inconnus, ces racines doivent être d'un très-grand prix. On objectera peut-être que ces contrées sont très-riches en daims, et qu'on peut se servir du cuir et des boyaux de cet animal pour remplacer les cordes avec avantage dans la construction des canots; cela peut paraître vrai au premier abord, mais ce serait pourtant une erreur que de le croire. Le cuir ne saurait servir dans cette circonstance. En effet, le cuir trempé dans l'eau acquiert une grande facilité d'extension ; et si les écorces étaient liées avec des courroies, elles se relâcheraient dès la première heure, et le bateau ferait eau de tous côtés. Les cordes de watap, comme celles de lin et de chanvre, ont au contraire la propriété de se resserrer dans l'eau; grâce à cette circonstance, l'écorce attachée avec cette substance devient d'autant plus imperméable que les cordes qui l'attachent sont plus mouillées.

Pour avoir tous les matériaux nécessaires à la confection du canot, il ne restait plus qu'à se procurer les plats-bords et la quille du navire.

Les premiers furent chose facile à trouver ; deux longues perches de vingt pieds firent l'affaire. Elles furent légèrement arquées et placées l'une sur l'autre par leur côté convexe et solidement attachées par leurs extrémités, de manière qu'elles conservassent leur courbe en séchant.

Le fond ou quille du bateau était ce qu'il y avait de plus difficile à se procurer, car il fallait un madrier solide, et nos travailleurs n'avaient pas de scie. Ils y remédièrent pourtant de leur mieux. La hache et les deux hachettes furent mises en réquisition, un arbre fut abattu et équarri dans les dimensions voulues. On l'amincit à ses extrémités, et on le ploya de manière que l'arrière et l'avant formaient un angle avec le corps même de la quille. Cette pièce donna beaucoup de peine et prit beaucoup de temps ; mais aussi, lorsqu'elle fut terminée, nos constructeurs considérèrent à bon droit que le plus difficile de leur besogne était accompli. D'autres perches furent aplaties en forme de latte. Elles étaient destinées à être placées longitudinalement entre les membrures o·· côtes du bateau, pour consolider l'écorce et l'empêcher de céder sous le poids de la charge intérieure.

Tous les matériaux étaient prêts, quelques jours devaient suffire pour les fumer et les sécher, après quoi on pourrait s'occuper de les assembler.

Pendant que tous ces bois séchaient, on confectionna les avirons. Norman s'occupa également, avec l'aide de ses compagnons, de faire ce qu'il nommait plaisamment son dock de construction. Ce nom était d'autant plus singulièrement appliqué, que le prétendu dock consistait en un amas de terre représentant assez bien une fosse nouvellement fermée, mais qui au lieu de la dimension ordinaire n'aurait pas eu moins de vingt pieds de long. Le sommet de cette espèce de tumulus fut aplani et battu, de manière à présenter une surface unie et exempte de toute inégalité.

Cette dernière opération avait pris à elle seule plus de deux jours. Pendant ces temps les matériaux avaient séché à point, et Norman, après les avoir examinés avec soin, jugea qu'on pouvait sans inconvénient passer à l'assemblage.

Le premier travail fut de délier les membrures et de les séparer les unes des autres. Elles avaient heureusement conservé exactement la forme qu'on leur avait donnée, elles étaient suffisamment sèches et susceptibles d'être mises en place. En conséquence on les établit sur la quille, chacune à la place qu'elle devait conserver, c'est-à-dire les plus larges au milieu et les plus étroites aux extrémités. Lorsqu'elles furent ainsi disposées, on les assujettit solidement avec de fortes cordes de watap, qu'on fit passer dans des trous pratiqués à cet effet dans la quille. Lucien se trouvait être par bonheur possesseur d'un couteau de poche auquel attenait une vrille. Ce fut avec cet instrument qu'on pratiqua les trous en question. Sans cela l'opération eût été très-difficile et peut-être même impossible, car nos constructeurs n'avaient en leur possession ni tarière ni aucune autre chose qui pût leur servir à pratiquer des trous dans le bois.

L'ajustage des membrures sur la quille prit beaucoup de temps à Norman, qui tenait à le faire solidement. Pendant toute cette opération il eut dans François un être fort intelligent, qui manœuvrait la vrille et les cordes avec beaucoup de diligence.

Après avoir construit la carcasse de son canot, Norman le transporta avec l'aide de ses cousins sur la plate-forme du monticule préparé pour le recevoir. On l'enleva de terre à l'aide de plusieurs grosses pierres, de manière que le jeune constructeur pût travailler à son aise et debout sans être obligé de s'accroupir ni de se tenir à genoux.

Les extrémités supérieures des membrures furent réunies entre elles par les plats-bords, auxquels on les assujettit avec soin. Les perches qui servirent à cet usage furent aussi soigneusement attachées entre elles par chacune de leurs extrémités. Dans l'intérieur du canot on plaça de fortes pièces de bois transversales, destinées tant à soutenir les membrures et à les empêcher de se contracter, qu'à servir de bancs pour les rameurs.

La pose des plats-bords compléta l'ouverture ou extrémité supérieure du canot, qui se trouva par suite de la disposition adoptée beaucoup plus long par le haut que par le bas, de manière que les extrémités supérieures surplombaient sur la quille. Aux deux extrémités on attacha deux pièces de bois destindes, celle de l'avant à faire le taille-mer et celle de l'arrière à faire le gouvernail. Les perches aplaties en forme de lattes furent ensuite entrelacées dans les membrures.

Après l'achèvement des dernières opérations que nous venons de mentionner, le squelette du canot se trouva complétement terminé, et il ne resta plus qu'à le couvrir d'écorce.

L'écorce était toute prête; elle était suffisamment sèche et coupée en morceaux de forme et de dimension appropriées à l'usage auquel on les destinait. Ces morceaux étaient de forme oblongue et formaient un parallélogramme régulier. On les appliqua longitudinalement sur les membrures, ainsi que sur la quille. Cette écorce avait été coupée sur les arbres en morceaux d'une dimension telle, que deux d'entre eux suffisaient pour couvrir un côté du navire; de la sorte il n'y avait besoin que d'une couture par côté, avantage énorme, car s'il en eût fallu plusieurs, outre que cela eût coûté plus de peine, il est probable aussi que la solidité en eût souffert. Mais grâce à l'intelligence avec laquelle l'écorce avait été choisie et taillée, nos constructeurs n'eurent pas grande difficulté à accomplir ce travail.

Le canot était fait, il ne restait plus qu'à le calfater. Cette opération ne devait pas prendre beaucoup de temps. On fit bouillir la résine dans laquelle on mêla un peu de graisse fondue, de manière à former une espèce de brai; le suif des buffalos servit à faire ce mélange. Le vase dont on se servit fut une petite tasse en fer qui au moment du naufrage se trouvait heureusement dans le sac de Basile, circonstance qui la préserva de périr avec le reste. Ce vase était sans doute beaucoup trop petit pour contenir tout le brai dont on avait besoin, mais on en fut quitte pour y revenir à plusieurs fois. Malgré cette petite difficulté, le travail ne prit pas grand temps, et tout le calfatage ne dura pas plus d'une heure.

Après cela le canot fut déclaré propre à être lancé; François prétendait même avec orgueil qu'il était en état de tenir la mer.

Au pied même de la colline se trouvait un petit étang. François l'aperçut le premier.

— Eh! mes amis, dit-il, voici de l'eau à mes pieds, lançons-y notre navire.

La proposition fut accueillie avec enthousiasme; Basile et Norman se placèrent chacun à l'une des extrémités du canot, qu'ils enlevèrent sur leurs épaules. Le dock, ainsi que l'appelait Norman, fut abandonné et l'on gagna l'étang. Quelques instants après le bâtiment fut mis à l'eau, il flottait comme un bouchon de liège. Un hourra partit de toutes les poitrines. Marengo crut devoir y joindre ses cris, et pour donner plus de retentissement à la cérémonie, on fit une décharge complète de mousqueterie. François, qui ne se possédait pas de joie, sauta même dans le canot et se mit à naviguer sur le petit étang.

Quand on se fut suffisamment amusé de ses manœuvres, le jeune garçon revint au rivage; le canot fut alors examiné avec soin, il n'y avait pas une goutte d'eau qui eût pénétré à l'intérieur. Ce fut une nouvelle occasion de remercier le constructeur. Modeste comme le vrai mérite, Norman reçut ces compliments en rougissant; il les avait cependant bien mérités.

L'essai avait été aussi satisfaisant que possible; le canot fut retiré de l'eau, et nos jeunes voyageurs retournèrent à leur camp, où les attendait un festin magnifique préparé à cette occasion solennelle par les soins de l'habile Lucien.

CHAPITRE XIII

LES LACS.

Nos jeunes voyageurs se disposèrent à reprendre leur voyage. Pendant que Norman mettait, avec l'aide de François, la dernière main au bateau, Lucien et Basile ne demeuraient pas oisifs. Basile était le chasseur de l'association. C'était à lui qu'incombait le soin des approvisionnements, il avait rempli sa tâche en conscience, et avait fourni le garde-manger de lièvres, d'oies, de faisans, et, ce qui valait mieux encore, de trois caribous de la grande race, connus sous le nom de caribou des bois.

Le caribou est une espèce de renne (*cervus tarandus*), dont j'aurai plus loin occasion de parler avec détail.

Lucien, de son côté, s'était occupé à sécher la viande et à rassembler les provisions que nos voyageurs considéraient maintenant comme étant assez considérables pour les conduire au fort de Cumberland, où ils devaient trouver moyen de se ravitailler de toutes les choses dont ils pourraient avoir besoin. Lucien avait aussi préparé les peaux de caribou, et en avait fait deux tuniques de chasse pour remplacer celles que Basile et Norman avaient été obligés de sacrifier au moment de leur naufrage.

Le lendemain du jour où le canot avait été essayé, on le plaça sur la rivière au-dessous des rapides, et on le chargea de la viande sèche ainsi que des quelques autres objets qui faisaient toute la richesse de nos aventuriers. Après quoi les voyageurs montèrent à leur tour, s'assirent à leurs places respectives, et saisirent leurs rames. L'instant d'après l'esquif était en mouvement, le voyage si malencontreusement interrompu était enfin repris.

A leur grande satisfaction, les jeunes voyageurs constatèrent que le petit navire se manœuvrait admirablement, fendant les flots comme une flèche, et ne tirant pas, au dire de François, assez d'eau pour y noyer un moucheron.

Chacun reprit dans le nouveau canot la place qu'il occupait dans l'ancien. Norman, en sa qualité de bowsman se tenait à l'avant, ce qui chez les voyageurs canadiens est regardé comme le poste d'honneur; aussi celui qui l'occupe est-il ordinairement désigné sous le titre honorifique de capitaine. C'est en effet le poste qui exige le plus d'adresse et d'habitude, surtout quand on navigue dans les rapides et au milieu des récifs. Le poste de l'arrière n'est pas non plus sans importance; aussi le steersman et le bowsman, ou rameurs des bouts, sont-ils plus payés ordinairement que les autres canotiers, qu'on désigne sous le nom de middlemen, hommes du milieu. Le steersman s'assied à l'arrière; ce poste fut confié à Lucien, qui avait déjà fait preuve de sa science nautique; Basile et François furent placés au milieu et chargés de ramer, tandis que la direction fut plus spécialement laissée au soin des deux autres.

Tel fut l'arrangement pris pour le premier jour, sauf à relayer François et Basile pendant les jours suivants. Norman connaissait mieux que ses cousins du Sud le mode de navigation en canot. Aussi ce fut à lui que d'un commun accord on décerna le titre de capitaine, dont François fut le premier à l'appeler en lui tirant humblement son chapeau. Lucien fut promu au grade de second, et sut se conduire dans ce poste de confiance à la satisfaction générale.

Marengo, qui n'avait rien à faire dans cette navigation, choisit son poste à son gré, et s'installa sur une peau de buffalo entre les jambes de Lucien, tantôt dormant, tantôt prêtant à la conversation de ses maîtres une oreille attentive, et échangeant avec eux des regards si pleins d'intelligence, qu'on eût dit volontiers qu'il ne lui manquait que la parole pour placer son mot à propos.

Il ne fallut que quelques heures à nos voyageurs pour descendre le cours de la rivière et arriver à son embouchure. Ce fut à ce point qu'ils virent s'ouvrir devant eux le lac Winnipeg, qui leur parut s'étendre bien loin au delà des limites de l'horizon.

Norman connaissait déjà ce lac pour l'avoir traversé; mais sa vue produisit un singulier effet sur les autres voyageurs. Ils en furent tout désappointés; ils s'attendaient à trouver un lac à l'eau profonde et transparente, et ne rencontrèrent au contraire qu'une masse d'eau bourbeuse ou plutôt de vase liquide d'un aspect fort peu agréable. Le pays qui entourait cette masse d'eau n'offrait pas non plus un coup d'œil bien réjouissant. C'étaient des rives basses et marécageuses d'un caractère uniforme, car nos voyageurs ne voyaient alors que la côte méridionale du lac Winnipeg. Le caractère des rives orientales et septentrionales est tout à fait différent; le sol de ces dernières est de formation primitive, consistant en granit et en roches basaltiques. Le pays est escarpé et montagneux, comme dans tous les lieux où l'on rencontre ces formations primitives. Quant aux côtes occidentales, elles sont de formation secondaire, c'est-à-dire de calcaire stratifié, de la même nature que celles qui forment le sous-sol d'une grande partie des prairies d'Amérique. Ainsi, le lac Winnipeg se trouve borné par des formations primitives et des formations secondaires. Le long de la rive occidentale s'étend une vaste contrée dont le sol calcaire est couvert partie de bois, partie de prairies. Après s'être prolongée de la sorte pendant plusieurs centaines de milles jusqu'au pied des montagnes Rocheuses, cette nature de terrain fait place à de nouvelles formations primitives. Les masses de rochers recommencent à paraître, et se prolongent jusque dans l'intérieur de ces hautes montagnes.

Le lac Winnipeg a presque trois cents milles de long, mais il est fort étroit ; il n'a pas dans ses parties les plus larges plus de cinquante milles, et on trouve beaucoup d'endroits où il est si resserré, qu'il n'y a guère qu'une quinzaine de milles d'une de ses rives à l'autre. Sa longueur est dans la direction nord et sud, un peu inclinée au nord-ouest et au sud-est. Il reçoit plusieurs grands cours d'eau, la rivière Rouge, le Saskatchewan et le Winnipeg. La masse d'eau contenue dans ce bassin s'écoule vers la mer par plusieurs rivières qui sortent du lac pour aller se jeter dans la baie d'Hudson.

D'après une croyance généralement répandue chez les chasseurs et les voyageurs, ce lac aurait ses marées comme la mer. C'est une erreur : il existe, il est vrai, certain mouvement dans ses eaux ; mais ces phénomènes ne se reproduisent point périodiquement, et sont attribués avec juste raison à l'action des vents, qui poussent les eaux soit sur une côte, soit sur l'autre.

Le lac Winnipeg peut être considéré comme le centre de l'Amérique septentrionale. C'est également le centre de la navigation intérieure, car de ce point on peut se rendre par eau au nord-est dans la baie d'Hudson, à l'est dans l'océan Atlantique, au sud dans le golfe du Mexique, à l'ouest dans le Pacifique, au nord et au nord-ouest dans les mers polaires. Si l'on considère que plusieurs de ces distances excèdent neuf et onze cents milles, on conviendra que le lac Winnipeg occupe dans le continent américain une position qui n'a d'analogue nulle part. La plupart des routes par eau que nous venons de mentionner sont susceptibles de porter de grands bateaux ; un autre avantage qu'il ne faut pas oublier, c'est que dans chaque direction il y a presque toujours plusieurs fleuves ou rivières qu'on peut suivre à son choix et qui conduisent au même but.

Ces détails géographiques, que nous abrégeons, étaient donnés par Norman à ses cousins pendant que la petite troupe naviguait près de la côte ; car Norman, quoique s'inquiétant en général fort peu de la cause et du but des choses, avait sur plusieurs points des connaissances pratiques fort étendues, et se trouvait surtout fort bien renseigné sur les voies de communication, sur la nature et les ressources du pays que traversaient alors nos voyageurs. Il devait ces connaissances à l'expérience, ayant parcouru avec son père la plus grande partie de ce pays, et ayant appris le surplus des voyageurs, marchands et trappeurs, avec lesquels son commerce le mettait en relations continuelles.

Ainsi Norman savait parfaitement que le lac Winnipeg était très-vaseux. Mais d'où provenait cette vase? C'était ce qu'il ignorait complétement et ce dont il ne s'était jamais inquiété. Il savait aussi qu'à l'est du lac se trouvait un pays couvert de collines, et que la côte occidentale était au contraire basse et marécageuse. Mais à quelle cause fallait-il attribuer cette différence? Ce n'était pas là son affaire.

Le naturaliste Lucien, au contraire, avait étudié les diverses opinions des savants à cet égard, et s'en était fait une à lui d'après ses propres observations. Il admettait que les rochers s'étaient usés successivement au point de jonction des stratifications avec les terrains primitifs, il en était résulté des excavations qui peu à peu s'étaient remplies d'eau et étaient devenues des lacs.

C'est à cette même cause qu'il attribuait l'existence de la longue suite de lacs qui s'étendent depuis les côtes de la mer Polaire jusqu'aux frontières du Canada et dont les plus connus sont les lacs Marteri, du Grand-Esclave, Atahbasca, Wollaston, Dydin, le lac Winnipeg et le lac des Bois.

Lucien apprit aussi à ses compagnons que dans les régions où dominent les roches primitives, le pays présentait l'aspect le plus varié et renfermait des lacs, des étangs, des collines, des vallées, des rivières et des courants rapides, tandis que celles où dominent au contraire les roches de formation secondaire ne présentent ordinairement qu'une série de plaines et de hauts plateaux, la plupart du temps desséchés et sans arbres, tels, par exemple, que les grandes plaines de l'Amérique.

Ces instructions scientifiques que je crois devoir abréger, n'empêchaient pas le canot de marcher. La proue était tournée vers l'ouest, car l'intention des voyageurs était de suivre la rive occidentale du lac jusqu'à l'embouchure du Saskatchewan.

Ils se tenaient à une petite distance de la terre, et se servaient pour se diriger des différents points de repère que leur présentaient les accidents de la rive. Cette manière de voyager les obligeait à des détours, et, sans aucun doute, il eût été beaucoup plus expéditif de tenir le milieu du lac et de gouverner directement sur le point où ils voulaient aller; mais cette méthode eût été plus dangereuse, et ils eurent la prudence d'y renoncer. Il s'élève parfois subitement sur le lac Winnipeg de grands vents qui soulèvent les eaux sinon à la hauteur des montagnes, du moins à la hauteur de certaines maisons. Le frêle esquif d'écorce n'était pas de force à affronter de pareils dangers, et nos voyageurs, pour ne pas s'exposer à chavirer, jugèrent à propos de suivre la côte afin d'être à même de se réfugier à terre si le temps devenait menaçant. D'ailleurs, il leur fallait aborder chaque soir pour faire du feu, cuire leur souper et faire sécher leur canot d'écorce qui, s'imbibant d'eau à la manière des éponges, fût bientôt devenu, sans cette précaution, trop lourd et difficile à manier.

Chaque soir, donc, un peu avant le coucher du soleil, nos voyageurs prenaient terre et établissaient leur camp sur la rive. On déchargeait le canot, on le tirait hors de l'eau et on le plaçait sur le sol, la quille en l'air, afin qu'il pût sécher plus rapidement, après quoi on allumait du feu, on faisait cuire quelques morceaux de viande sèche, on soupait et l'on s'endormait de ce profond sommeil que connaissent seuls les voyageurs harassés de fatigue.

CHAPITRE XIV

WAPITI, LOUPS ET WOLVERÈNES

Le lieu où nos voyageurs avaient pris terre se trouvait le fond d'une petite baie. Le pays était plat et dégarni de bois à l'exception de quelques bouquets de saules groupés çà et là sur la rive et formant comme autant de petites îles de verdure. C'était au pied d'un de ces bouquets d'arbres, à environ cent cinquante pas du lac, qu'on avait allumé le feu. La place ne pouvait être mieux choisie, car c'était une espèce de petit plateau d'où l'on découvrait toute la plaine jusqu'à plusieurs milles de là.

— Regardez donc là-bas, s'écria François, qui venait de se lever après avoir terminé son repas. Qu'est-ce que cela, capitaine?

En parlant ainsi, le jeune Landi indiquait du doigt quelques objets qu'on voyait sur la plaine, à une grande distance.

Le capitaine se leva à son tour, plaça ses mains au-dessus de ses yeux pour se garantir des rayons du soleil, regarda avec attention dans la direction indiquée par son cousin, et au bout de deux secondes répondit d'une manière positive à la question de son cousin :

— Ce sont des wapitis.

— Je ne suis pas plus avancé qu'auparavant, reprit François. Dis-moi maintenant ce que tu entends par des wapitis?

— J'entends par wapiti un daim rouge, une espèce de cerf, si tu aimes mieux.

— Des cerfs! à la bonne heure, me voilà fixé maintenant. J'avais bien cru reconnaître des animaux de cette espèce; mais à cette distance je n'osais pas me prononcer.

En entendant cette conversation, Lucien se leva et regarda dans une petite longue-vue qu'il portait toujours avec lui. Le résultat de ses observations ne se fit pas longtemps attendre. Le capitaine ne s'était pas trompé; c'était bien réellement un troupeau de cerfs.

— Puisque ce sont bien réellement des cerfs, reprit François, tu devrais bien nous dire, Lucien, ce que tu sais sur cet animal ; cela fera toujours passer le temps, car, d'après ce que prétend Norman, il ne faut pas songer à leur donner la chasse sur un terrain aussi découvert que celui qui est devant nous, ils prendraient l'alarme et s'enfuiraient bien avant que nous fussions à portée de fusil, et vous voyez qu'il n'y a ni un seul arbre ni un seul buisson de leur côté; le plus près d'eux se trouve au moins à un demi-mille.

— Le mieux que nous ayons à faire, dit Norman, c'est de les attendre sans bouger d'ici. Ou je me trompe fort, ou avant qu'il soit longtemps ils auront quitté la plaine ouverte et seront entrés dans ces bouquets de saules, car c'est de côté qu'ils paraissent se diriger, et d'ailleurs il est probable qu'ils viennent au lac pour y boire, et qu'ils y seront avant la nuit.

— Attendons donc, dit Basile à son tour, et que notre savant Lucien veuille bien charmer les ennuis de l'attente en nous racontant ce qu'il sait au sujet de ces animaux.

Lucien ne se fit pas prier.

— Je connais peu d'animaux, dit-il, qui aient autant de noms que ceux dont nous nous occupons en ce moment. Ces noms varient suivant les districts. On les trouve désignés chez les voyageurs sous le nom de cerf à cornes rondes, cerf américain, daim, daim rouge, élan gris, élan rouge, biche, wapiti et wewaskish ; les savants ne sont pas moins prodigues de noms envers cet animal, qui est appelé dans les livres d'histoire naturelle *cervus canadensis*, *cervus major*, *cervus alces*, *cervus strongylocerus*, etc., etc.

Pourquoi tant de noms? Je vais vous le dire. Le nom de cerf lui a été donné par les premiers colons, à cause de sa ressemblance avec le cerf d'Europe. Le nom d'élan gris lui vient des chasseurs, qui le distinguent ainsi du véritable élan qu'ils appellent par opposition élan noir. Ce sont encore ces mêmes chasseurs qui l'ont baptisé du nom de cerf à cornes rondes. *Wewaskish*, ou *waskebe*, est la dénomination indienne. Ce sont, au contraire, les Européens qui l'ont nommé *daim*, lui trouvant sans doute quelque ressemblance avec l'animal de leur pays qui porte ce nom. Daim rouge est l'expression usitée chez les marchands de fourrures de la baie d'Hudson. La biche est un nom d'origine française, et ce n'est guère que chez les écrivains de cette nation que cet animal est ainsi désigné.

Entre tous ces noms je choisirai celui de wapiti, donné par notre cousin; c'est à mon avis le meilleur. Les noms de cerf, de daim et autres, ayant le désavantage de faire confondre parfois l'animal dont nous nous occupons avec d'autres quadrupèdes qui, pour avoir avec lui quelques rapports, n'en sont pas moins d'une espèce toute différente. Le nom de wapiti, au contraire, tranche toute difficulté à cet égard, et je crois que pour cette raison il doit être employé par tous ceux qui s'occupent sérieusement d'histoire naturelle.

A mon avis, continua Lucien, le wapiti est l'animal le plus beau de toute la famille des daims; il possède toute la finesse et toute l'élégance du daim d'Europe, unies à des proportions qui sont presque doubles; ses jambes sont aussi fines que celles de son congénère de l'ancien monde, ses mouvements sont aussi rapides, et les cornes élevées qui ornent sa tête lui donnent un air de majesté qui manque peut-être à l'autre. Pendant l'été, son poil est de couleur rougeâtre; de là son nom de daim rouge. Cette nuance est plus foncée chez le wapiti que chez le daim d'Europe. Comme chez les autres daims, la femelle du wapiti met bas au printemps deux faons qui sont le plus souvent mâle et femelle. Dans cette espèce les mâles seuls portent des cornes, ils n'en ont pas dans leur enfance, et ce n'est qu'au bout de plusieurs années que ces appendices se développent et prennent toute leur extension. Ces cornes tombent chaque année à la fin de février ou au commencement de mars, et sont remplacées par de nouvelles qui mettent un mois ou six semaines à pousser.

Tant que dure l'été, ces cornes demeurent tendres et douces au toucher; elles sont alors couvertes d'une membrane assez semblable à du velours gris ! c'est pourquoi on dit en terme de chasse comme en terme d'histoire naturelle qu'elles sont alors dans le velours. Cette membrane renferme des nerfs et est sillonnée de veines; aussi un coup appliqué à cette époque sur cette partie de l'animal lui occasionne-t-il une grande douleur. A l'automne, le velours tombe et les cornes deviennent aussi dures que de l'os.

Il faut reconnaître dans cette progression la prévoyance habituelle de la nature. Elle n'a pas voulu qu'à la saison du rut les mâles pussent s'entre-tuer dans les querelles qu'ils ont continuellement au sujet de leurs amours, ce qui n'eût pas manqué d'arriver si elle n'eût pris soin de leur enlever à cette époque leurs armes les plus redoutables.

Les wapitis se battent cependant quelquefois encore après que leurs cornes sont poussées, et l'on a vu plus d'une fois deux wapitis en lutte embarrasser si bien leurs cornes branchues les unes dans les autres, qu'il leur devenait impossible de se dégager, et qu'ils demeuraient unis, dans cette mortelle étreinte, jusqu'à ce que la faim ou la dent des loups vînt terminer leur existence. Cela vous paraîtra peut-être extraordinaire, pourtant ce n'est pas un fait particulier aux wapitis, pareille chose arrive au renne, à l'élan et à toutes les autres espèces de daims. On a trouvé dans les forêts des milliers de cornes ainsi entrelacées, et il n'est guère de chasseur qui n'ait surpris quelques-uns de ces animaux dans cette singulière et incommode position.

Le cri du wapiti consiste dans une espèce de sifflement qui s'entend de fort loin, et qui, très-souvent, sert à mettre le chasseur sur les traces de cet animal. Pendant la saison, du reste, il a plusieurs autres cris, dont l'un est assez semblable au braiment de l'âne et n'est pas moins désagréable.

Les wapitis marchent ordinairement en petites troupes. Les bandes les plus nombreuses sont au plus de cinquante individus, mais on les rencontre le plus ordinairement par groupes de sept ou huit.

Lorsque ces animaux n'ont pas été trop chassés ils se laissent approcher assez facilement. Dans le cas contraire, ils deviennent fort soupçonneux, et prennent la fuite au premier éveil. Lorsque les mâles sont blessés et se voient la retraite coupée, ils deviennent furieux et attaquent les hommes et les chiens. Ainsi font aussi les daims ordinaires, mais la force supérieure des wapitis les rend beaucoup plus dangereux. On pourrait citer un grand nombre de chasseurs qui n'ont échappé qu'avec peine à leurs coups de cornes et à leurs coups de pieds, car ils frappent également avec les unes et les autres.

On chasse le wapiti comme le daim et le cerf. Les Indiens ont une manière particulière de le prendre et préfèrent l'attaquer lorsqu'il est dans l'eau, ce qui se présente assez fréquemment, car cet animal est excellent nageur, et n'hésite point à se jeter à la nage soit dans les lacs, soit dans les plus grandes rivières.

L'herbe est sa nourriture habituelle. Il mange aussi les jeunes pousses du saule et du peuplier, et se montre surtout friand d'une espèce de rose sauvage (*rosa blanda*), particulière aux régions qu'il fréquente.

Le wapiti était autrefois répandu sur une très-grande partie de l'Amérique septentrionale. Il a été depuis considérablement refoulé vers le nord par les nouveaux défrichements. On ne le trouve plus aux États-Unis que dans des districts septentrionaux, encore faut-il l'aller chercher au milieu des montagnes. Là, même, il est encore fort rare. Il est plus commun au Canada et se rencontre à partir de ce point jusqu'aux côtes de l'océan Pacifique. Cet animal paraît affectionner de préférence les pays froids; c'est ce qui fait qu'on n'en rencontre point au Mexique, dont le climat est sans doute trop chaud pour lui. Du côté opposé il ne va pas plus loin que le 57° degré de latitude.

A cet endroit de sa leçon d'histoire naturelle, Lucien fut interrompu par une exclamation de Basile. Tous les yeux se portèrent alors sur l'aîné des trois frères ; il était en train d'observer les wapitis.

— Qu'y a-t-il? lui cria-t-on.

— Regardez, répondit Basile en indiquant du doigt le troupeau. On dirait que quelque chose vient de jeter le trouble dans la bande. Prête-moi ta longue-vue, Lucien.

Lucien tendit aussitôt la lorgnette; Basile s'en empara et la pointa immédiatement sur les wapitis; les autres attendirent en silence le résultat de ses observations.

Il était évident, comme l'avait dit Basile, qu'il se passait dans le troupeau quelque chose d'extraordinaire. Il y avait en tout sept animaux, tous mâles, ainsi que nos jeunes voyageurs pouvaient le distinguer même à cette distance.

Cette circonstance n'avait rien d'extraordinaire, car on se trouvait alors à l'époque où les femelles se retirent au fond des bois pour y mettre bas. Les wapitis, qu'on avait en vue, couraient çà et là sur la prairie comme s'ils eussent joué entre eux, ou plutôt comme si quelqu'un leur eût donné la chasse. Cependant, à l'œil nu, on ne distinguait rien autre chose que les grands daims eux-mêmes, c'est pourquoi l'on attendait que Basile donnât le résultat des observations que la longue-vue lui avait permis de faire.

— Ce sont des loups, dit celui-ci après quelques secondes d'examen.

— Cela me paraît fort extraordinaire, reprit alors Norman, car le wapiti est un animal que les loups n'attaquent guère en rase campagne, à moins qu'il ne soit blessé ou estropié. Il faut que ces loups-là soient bien affamés. De quelle espèce sont-ils?

Vous allez peut-être, jeunes lecteurs, trouver cette dernière question singulière. Pour vous un loup est un loup, et vous ne connaissez sans doute qu'une seule espèce de ces animaux. Il y en a plus d'une, cependant. Ainsi, en Amérique seulement on en compte deux espèces bien distinctes, lesquelles renferment elles-mêmes plusieurs variétés. Quelques-unes de ces variétés diffèrent tellement entre elles par la couleur, la taille et d'autres caractères distinctifs, que certains auteurs se sont obstinés à en faire des espèces à part. Qu'ils aient tort ou raison, peu nous importe. Ce qu'il y a de très-positif, c'est qu'il existe, comme je vous l'ai dit, deux espèces très-bien définies, et qui se distinguent par la taille, la forme, la couleur et les habitudes. L'une est le gros loup ou loup commun (*canis lupus*) ; l'autre est le loup hurleur ou loup des prairies (*canis latrans*).

De ces deux espèces, la première est celle qui ressemble le plus au loup commun d'Europe. Ses habitudes et ses mœurs sont à peu près les mêmes, mais il en diffère cependant beaucoup par la forme et par l'apparence. C'est à tort que certains naturalistes ont prétendu n'en faire qu'une seule espèce. Ce loup est répandu sur toutes les parties du continent américain en plus ou moins grand nombre. Mais c'est surtout dans les régions septentrionales qu'on le rencontre. Cette espèce ne comprend pas moins de cinq variétés : la noire, la rayée, la blanche, la foncée et la grise. La variété grise est la plus répandue ; mais comme j'aurai plus loin l'occasion de vous entretenir longuement des loups de la première espèce, je ne fais que la mentionner ici, et je passe immédiatement à la seconde, celle des loups de prairie, sur laquelle j'appelle votre attention.

Les loups de prairie sont presque un tiers moins grands que leurs congénères de la grande espèce. Ils sont plus légers à la course et vivent en bandes plus nombreuses. Les femelles se creusent des terriers dans la plaine pour y mettre bas leur petits, contrairement aux habitudes des autres louves, qui ne se terrent point et choisissent pour faire leurs petits les fourrés les plus épais.

De tous les animaux de l'Amérique ce sont sans contredit les plus rusés, sans en excepter même maître renard, leur cousin germain. Non-seulement ils savent flairer et éviter tous les piéges, mais ils ont encore des stratagèmes à eux pour tromper les antilopes. Les coups de fusil qu'on tire dans la prairie ne les effrayent pas, au contraire, ils savent très-bien que ce n'est point à eux qu'on veut le chasseur, et que leur inutilité les met à l'abri de ses coups ; aussi voient-ils dans un coup de feu l'espoir d'une bonne fortune pour eux ; l'animal tiré par le chasseur, daim, antilope ou buffalo, peut n'avoir été que blessé, échapper à l'homme et tomber sous leurs griffes. Si l'animal a été blessé à mort, ils se mettent à sa piste et le suivent jusqu'à ce qu'il soit abattu ; si la blessure n'est que légère, ils ne se donnent pas la peine de se déranger. Ils ont une sagacité si merveilleuse pour reconnaître cette différence, que les chasseurs s'en servent quelquefois comme d'un indice et se mettent à la poursuite du gibier blessé sur la piste duquel ils voient les loups se précipiter. Il est rare cependant que cela leur bénéficie, car les loups arrivent toujours les premiers, et les chasseurs ne trouvent plus que les os. Ces animaux sont si affamés et si voraces, qu'il suffit de quelques minutes à douze d'entre eux pour dévorer un daim sans qu'il en reste de vestige.

Les loups de prairie se mettent, comme les grands loups, à la suite des troupeaux de buffalos et se jettent sur les vaches pleines et sur les veaux que la fatigue force à se séparer du troupeau. Ils attaquent souvent aussi les taureaux vieux ou blessés, mais cette témérité leur coûte ordinairement fort cher, et ce n'est qu'au prix de la mort de plusieurs d'entre eux qu'ils parviennent à s'emparer de cette proie.

Ce loup ressemble par la couleur au loup gris commun; cependant cette teinte n'est pas uniforme, quoiqu'il y ait sous ce rapport moins de variétés chez eux que chez les loups de la grande espèce. Son cri diffère entièrement de celui des autres loups; il consiste en trois jappements suivis d'un hurlement prolongé; de là cette dénomination de loup hurleur (*canis latrans*), par laquelle on le désigne ordinairement. On trouve ces loups dans toutes les prairies occidentales à l'ouest du Pacifique. Ils ne dépassent pas au nord le 55° degré de latitude, mais ils vont bien plus avant au sud, et sont très-répandus dans le Mexique, où on les connaît sous le nom de coyote.

Leur peau forme un article de commerce exploité par la compagnie de la baie d'Hudson. Cette fourrure est d'une qualité analogue à celle des autres espèces de loups. Dans le commerce on désigne ces peaux sous le nom de loups roulés, par suite de la manière employée pour conserver et expédier ces peaux; car au lieu de les étendre et de les empiler comme celles des autres loups, on les dispose en rouleau avec le poil en dedans.

Mais en voilà assez, je pense, sur cette espèce d'animaux.

— Ce sont des loups de prairie, dit Basile en réponse à la question que lui avait adressée son cousin.

— Alors, reprit Norman, il faut qu'il soit arrivé quelque accident à l'un des wapiti, ou que les loups soient très-nombreux et qu'ils espèrent forcer quelqu'un de ces animaux. En tout cas, je suppose que la chasse ne saurait manquer de prendre cette direction.

— Tu ne t'étais pas trompé, répondit Basile en regardant de nouveau dans la longue-vue, la bande des loups est nombreuse, j'en vois au moins cinquante. Tiens! ils sont parvenus à séparer un des wapitis du reste du troupeau, et voici toute la chasse qui vient de notre côté.

Ce disant, Basile saisit sa carabine, son exemple fut aussitôt imité par ses trois compagnons.

Le wapiti venait en effet tout droit à eux suivi de toute la bande des loups, qu'on pouvait maintenant parfaitement distinguer à l'œil nu, et qui ressemblait à une meute de chiens courants.

En moins de quelques minutes le wapiti, emporté par la rapidité de sa course, ne se trouva plus qu'à quelque distance de nos chasseurs.

C'était un magnifique animal.

Ses cornes, longues et fourchues, étaient encore dans le velours; et comme il courait le nez au vent, ses andouillers, rejetés en arrière, couvraient son cou et touchaient presque ses épaules.

Il continua sa course en droite ligne, et arriva de la sorte à cent pas du camp tout au plus. Ce fut alors seulement qu'il distingua la fumée, et aperçut les chasseurs debout auprès du foyer. A cette vue il tourna brusquement, et gagna avec tant de rapidité les massifs de saules, qu'en un clin d'œil il fut hors de la vue des chasseurs.

Les loups, au nombre de cinquante au moins, l'avaient suivi jusque-là, et au moment où il entrait dans la saulaie, quelques-uns d'entre eux étaient littéralement sur ses talons. Les jeunes gens s'attendaient à voir toute la bande pénétrer sous les arbres à la suite du gibier qu'elle chassait. Rien ne semblait en effet devoir les en empêcher. A leur grand étonnement, les loups qui tenaient la tête s'arrêtèrent à l'entrée du fourré, et l'instant d'après on vit toute la troupe retourner en arrière, quelques-uns même fuyaient avec rapidité en donnant tous les signes de la plus grande terreur.

Les chasseurs attribuèrent d'abord cette fuite tant à leur présence qu'à la vue de la fumée du camp; mais un moment de réflexion suffit pour leur faire abandonner cette idée, car ils connaissaient depuis longtemps les loups de prairie, et ne les avaient jamais vus dans aucune circonstance prendre l'alarme devant eux.

Peu leur importait au surplus la cause de la panique des loups, ils n'avaient pas le temps de s'occuper de ces animaux, le wapiti réclamait tous leurs soins, et sans plus tarder ils s'avancèrent vers les saules, chacun dans une direction différente pour être plus sûrs de ne pas le manquer. En peu de temps le bouquet de saules fut entouré par nos chasseurs, qui attendirent avec leurs armes toutes prêtes le moment favorable de faire feu sur le wapiti, qui ne devait pas tarder à reparaître soit d'un côté, soit de l'autre.

Les saules couvraient environ un acre de terrain, mais leurs branches étaient si épaisses et leur feuillage si touffu, qu'il était impossible d'apercevoir l'animal. Cependant nos chasseurs étaient sûrs qu'il s'y trouvait encore, et comme on n'entendait aucun bruit et qu'on ne voyait rien remuer, ils supposaient qu'il devait être tapi quelque part. Marengo fut envoyé à la découverte dans l'espoir qu'il ferait bientôt lever le wapiti, et les chasseurs continuèrent à faire le guet avec leur fusil en main.

Le chien n'avait pas fait quatre pas, qu'on entendit souffler et marcher fortement. Ce bruit fut bientôt suivi de la présence du wapiti, qui traversait le fourré. Un premier coup de feu fut tiré sur lui, il partait du fusil de Lucien. Il parut que la balle ne porta pas, car le wapiti passa outre sans qu'on s'aperçût qu'il eût été blessé. Tous les chasseurs se précipitèrent de ce côté, et l'on vit alors en plein le noble animal qui bondissait sur la prairie. Cependant sa course était loin d'être aussi rapide qu'auparavant, il penchait la tête en avant et paraissait trébucher à chaque pas. Nos chasseurs, que cette allure surprenait, s'aperçurent, en y regardant de plus près, qu'il portait un autre animal sur son dos.

Ils pouvaient à peine en croire leurs yeux ; rien n'était plus vrai cependant : le pauvre wapiti avait sur le dos un animal vorace qui s'était accroché à ses chairs à l'aide de ses griffes longues et tranchantes.

François prétendait que c'était une panthère, Basile voulait au contraire que ce fût un ours : erreur à laquelle les proportions trop minimes de l'animal ne lui permirent pas de croire longtemps. Norman, qui connaissait mieux les hôtes de ces contrées que ses cousins, ne s'y trompa pas, et reconnut du premier coup d'œil le terrible wolverène. Il ne pouvait pas distinguer sa tête cachée derrière l'une des épaules du wapiti, mais ce qu'il en voyait lui suffisait pour être sûr qu'il ne se trompait pas. C'étaient des pattes courtes, de larges griffes, une queue touffue, une fourrure à longs poils hérissés, marquée sur le dos de lignes de couleur plus foncée que le reste du corps. Tous ces signes étaient trop familiers au jeune marchand de fourrures pour qu'il pût s'y tromper un seul instant; aussi prononça-t-il hardiment que c'était un wolverène.

Le groupe formé par le wapiti et l'animal qu'il portait sur ses épaules était déjà hors de portée. Les chasseurs, surpris par ce spectacle inattendu, s'étaient tout à coup arrêtés. Basile et François furent prompts à se remettre de leur étonnement, et se disposaient à continuer leur poursuite; mais ils furent retenus par Norman, qui leur conseilla d'attendre, en les assurant que le wapiti allait bientôt se jeter à l'eau.

Le pauvre wapiti, en sortant de la saulaie, avait pris au hasard la première direction qui s'était présentée à lui, et suivait, sans s'en rendre compte, une ligne parallèle à la rive du lac. Bientôt pourtant il découvrit l'eau, et soudain on le vit changer de direction et courir du côté du lac avec l'intention évidente de s'y précipiter. Il avait sans doute l'espoir qu'en se plongeant dans l'élément liquide il parviendrait à se débarrasser du terrible fardeau qui pesait sur ses épaules et lui déchirait la poitrine.

En quelques bonds il eut gagné la rive, qui de ce côté était escarpée et coupée à pic. C'était une sorte de petite falaise de douze à quinze pieds de haut. Au-dessous s'étendait le lac, dont les eaux avaient à cette place plusieurs brasses de profondeur. Le wapiti n'hésita pas un seul instant, et sans rien calculer se précipita du haut de la rive. On entendit un grand bruit, puis wapiti et wolverène disparurent ensemble sous l'eau. Ils reparurent pourtant bientôt à la surface et à la vue des jeunes chasseurs, qui arrivaient à ce moment même sur le bord du lac. Les deux adversaires étaient séparés; le plongeon n'avait pas été sans doute du goût du wolverène; et tandis que le wapiti s'escrimait pour gagner le large, la bête féroce, qui se sentait hors de son élément habituel, faisait tous ses efforts pour revenir à terre. Les chasseurs, du point élevé où ils se trouvalent placés, dominaient le lac, et il leur eût été difficile de trouver une plus belle occasion de tirer un wolverène ; aussi ne s'en firent-ils pas faute. Basile et Norman lui envoyèrent leurs balles dans le dos ; François fit comme eux, et déchargea les deux coups de son fusil sur le corps de cette bête féroce. Le wolverène était blessé à mort, et au bout de quelques instants il disparut au fond de l'eau.

Ce qu'il y eut de plus singulier dans tout ceci, c'est que l'idée ne vint à aucun des chasseurs de tirer sur le wapiti. Les persécutions dont le pauvre animal avait été l'objet, tant de la part des loups que de celle du wolverène, avaient excité leur sympathie, et sans doute ils l'auraient laissé rejoindre ses compagnons sans nouvelle encontre, si la faim et le désir d'avoir de la viande fraîche n'avaient étouffé en eux tout sentiment de pitié. Après un moment d'hésitation, ils rechargèrent leurs armes et se préparèrent à bien recevoir le daim, supposant que cet animal ne tarderait pas à se fatiguer, et qu'il chercherait bientôt à regagner la rive. Cependant le wapiti ne paraissait point encore penser au retour, et, persuadé que la mort était derrière lui, il ne s'occupait que de nager vigoureusement pour échapper à tous ses ennemis.

Cela ne pouvait pourtant pas durer longtemps ; la rive opposée était hors de vue, trop éloignée par conséquent pour que le wapiti pût nager jusque-là, et le pauvre animal n'avait d'autre alternative, du moins nos chasseurs le pensaient ainsi, que de revenir en arrière pour recevoir leurs coups de feu ou de se noyer en s'obstinant à aller en avant. Néanmoins, pour le moment, la seule chose qu'il y avait à faire c'était d'attendre.

Lorsque le wapiti eut nagé pendant un demi-mille à peu près, les jeunes gens furent tout surpris de le voir s'élever graduellement au-dessus de l'eau, jusqu'à ce qu'il eût plus de la moitié du corps à sec. Le wapiti avait rencontré un haut-fond, et, jugeant la position bonne, s'y était installé, et semblait décidé à y rester. Basile et Norman coururent à leur canot, le mirent à l'eau en un clin d'œil et sautèrent dedans. Le wapiti ne tarda pas à s'apercevoir qu'on se dirigeait de son côté ; mais, au lieu de se remettre à la nage, comme les chasseurs s'y attendaient, il s'affermit sur ses pieds et se posta la tête en avant dans une attitude belliqueuse.

Les chasseurs ne lui donnèrent pas l'occasion de montrer sa

bravoure ; car, sitôt que le canot ne fut plus qu'à une cinquantaine de pas, Norman, qui tenait les rames, suspendit ses mouvements et arrêta la marche. Au même instant une détonation fit retentir au loin les échos du lac : c'était Basile qui venait de faire feu. Le wapiti, atteint en pleine poitrine par la balle de l'adroit chasseur, se débattit un instant, puis s'affaissa et tomba dans l'eau. Le pauvre animal avait échappé à la dent des loups et à la griffe du wolverène ; mais il n'avait pu éviter les coups plus meurtriers de l'homme.

À l'aide du canot, le corps de l'animal fut repêché, attaché à l'arrière du canot par ses grandes cornes, et traîné de la sorte à la remorque jusqu'à la rive, puis de là jusqu'au camp.

En l'examinant de plus près, nos voyageurs découvrirent, à leur grand étonnement, que le wapiti, indépendamment des morsures des loups, du wolverène et de leurs propres coups de feu, portait encore les traces d'une autre blessure. Une tête de flèche avec un morceau du bois était resté dans une de ses cuisses ; les Indiens avaient dû lui donner la chasse, et cela quelques jours auparavant, ainsi que le prouvait l'aspect de la plaie. Cette blessure n'eût point été mortelle si on eût pu enlever la flèche ; mais, telle qu'elle était, elle devait infailliblement entraîner la mort un peu plus tôt ou un peu plus tard. Cette circonstance expliqua la conduite des loups, qui sans cela n'eussent jamais osé s'attaquer à un animal de la taille du wapiti. Le wolverène lui-même s'attaque rarement à ces grands animaux ; mais le wapiti poursuivi par les loups avait passé trop près du repaire de la bête carnassière pour que celle-ci négligeât de s'assurer une aussi riche proie. Au moment d'entrer dans le fourré, les loups avaient aperçu le wolverène et avaient pris la fuite, car ces animaux sont aussi lâches que cruels, et le wolverène leur fait autant de peur qu'ils en inspirent eux-mêmes aux pauvres daims blessés.

CHAPITRE XV

DEUX PLONGEURS.

Le wapiti fut dépouillé avec soin, et la peau fut étendue pour sécher.

Depuis leur mésaventure, nos voyageurs étaient fort à court de vêtements. Les trois peaux de caribou étant insuffisantes pour de grandes blouses de chasse, on avait dû se contenter d'en faire deux jaquettes, encore les vêtements étaient-ils fort étriqués. Les lits et les couvertures leur manquaient également. Ils avaient bien pour cet usage les peaux de buffalo ; mais il n'y en avait que deux, et nos voyageurs étaient au nombre de quatre. L'une de ces peaux servait à Lucien, qu'on avait forcé à la prendre comme étant le plus délicat de la troupe ; l'autre revenait à François, comme au plus jeune. Quant à Basile et Norman, ils étaient obligés de coucher toutes les nuits sur la terre nue, et ils auraient souffert considérablement du froid s'ils n'eussent eu soin d'entretenir constamment un grand feu de bivouac. Encore, malgré ces précautions, avaient-ils eu beaucoup à se plaindre de la température, car le feu ne peut chauffer qu'une partie du corps, et celle qui se trouve du côté opposé se trouve exposée à toute la froidure. Les voyageurs qui parcourent les grands déserts de l'Ouest ont l'habitude de se coucher les pieds au feu. Cette méthode est généralement considérée comme la meilleure, car tant qu'on a les pieds chauds, le reste du corps ne souffre pas beaucoup du froid, tandis que quand les pieds sont froids, on ne peut parvenir à dormir à l'aise. Nos jeunes voyageurs ne dérogeaient point en ces circonstances aux habitudes reçues, et se couchaient tous les soirs autour du feu, les pieds du côté de la flamme, de manière que leurs personnes se trouvaient disposées comme quatre rayons partant du même centre.

Marengo dormait ordinairement auprès de Basile, qu'il regardait plus particulièrement comme son maître.

Malgré le soin que nos jeunes gens avaient chaque soir de se faire un lit d'herbes et de feuillages, ils n'en ressentaient pas moins vivement l'absence de leurs couvertures; aussi comptaient-ils beaucoup sur les services que devait leur rendre la peau du wapiti; et comme un certain temps était nécessaire pour préparer et sécher cette peau, ils résolurent de ne lever leur camp que le surlendemain, et de s'occuper également pendant le temps de halte de faire sécher la viande du wapiti.

La chair de cet animal est d'une qualité inférieure, et l'on ne la mange qu'à défaut d'autre. C'était précisément le cas de nos voyageurs. Cette viande n'est cependant pas désagréable au goût, mais elle est dure, peu savoureuse, et ressemble bien plus à de la viande de bœuf sèche qu'à de la venaison fraîche. Elle est considérée par les chasseurs blancs et par les Indiens comme étant de beaucoup inférieure à la chair du buffalo, de l'élan et du caribou. Une des particularités qui contribue à la rendre peu agréable à manger, c'est que la graisse se fige aussitôt qu'elle est retirée du feu. Elle prend aux lèvres et aux dents comme du suif, différant en cela des autres viandes de daim, qui n'ont pas le même inconvénient.

Tout au contraire de la chair, la peau du wapiti est fort prisée des Indiens; moins épaisse que celle de l'élan, elle donne un cuir plus estimé. Lorsque cette peau a été convenablement préparée à la mode indienne, c'est-à-dire bien frottée avec une composition faite avec la cervelle et la graisse de l'animal lui-même, lavée, séchée; râclée et fumée, elle devient douce et souple comme un gant, et partage avec la peau de chamois la propriété de pouvoir se mouiller et se sécher ensuite sans se durcir. C'est cette dernière qualité qui lui donne aux yeux des Indiens l'avantage sur le cuir des autres espèces de daims, de l'élan et du caribou qui se durcit beaucoup à l'eau, et a besoin d'être longtemps frotté avec une substance grasse avant de reprendre sa première souplesse.

Lucien savait préparer la peau du daim, et connaissait aussi bien que la plus habile ménagère indienne, l'art de faire avec cette peau un cuir parfait. Mais cette opération aurait pris trop de temps à nos voyageurs, qui durent se contenter d'une préparation moins belle sans doute, mais plus expéditive.

La peau du wapiti fut tendue sur des branches de saule et mise à sécher devant le feu. On la retirait de temps à autre pour la frotter avec une substance grasse et la débarrasser des différents insectes qui eussent pu l'endommager.

Pendant que Lucien s'occupait à la tannerie, Basile et Norman faisaient de la boucherie, et coupaient la viande en tranches pour les faire sécher au feu. Cet ouvrage les retint moins longtemps que celui de Lucien, et ils s'étaient tranquillement assis auprès du feu, quand une réflexion de François vint les tirer de ce doux *far niente*.

— Il faut avouer, mes chers amis, disait le jeune garçon, que nous sommes de grands niais. Nous négligeons une peau magnifique, celle du wolverène.

— C'est, ma foi, vrai, répliqua Norman, je l'avais complétement oublié; mais la bête est au fond de l'eau. Comment la retirer?

— Il faut la pêcher, répondit François, et voici ce que je propose : nous allons aiguiser une de ces branches de saule et l'attacher à la poignée de ma rame, de manière qu'elle fasse comme la barbe d'une flèche; j'enfoncerai cette pointe dans le corps du wolverène, et, grâce au crochet qui l'empêchera de s'échapper, j'espère l'amener hors de l'eau.

— Alors, dit Norman, il faut mettre le bateau à l'eau, car dans l'endroit où se trouve le wolverène la rive est trop élevée pour qu'on puisse atteindre le fond de l'eau.

— Eh bien, reprit François en se dirigeant du côté des saules, mettez le canot à flot ; pendant ce temps je m'en vais couper une branche de saule.

— Demeure, dit Basile, je crois avoir trouvé un moyen plus sûr. Ici, Marengo!

Tout en parlant ainsi, Basile, qui s'était levé, se dirigeait sur la rive vis-à-vis la place où le wolverène avait disparu. Ses frères et son cousin le suivirent avec Marengo, qui bondissait de joie et paraissait tout fier d'être appelé à prendre part à cette entreprise importante.

— Est-ce que tu crois, dit Norman, que ce chien va tirer le wolverène de l'eau?

— Non, mais il y aidera beaucoup.

— Comment cela?

— Attends un moment, et tu vas voir.

Sur ce, Basile jeta de côté son bonnet de peau de racoon, quitta sa jaquette de caribou, sa chemise de coton rayé et son gilet de peau en cuir de daim; il se défit de même de ses culottes, de ses guêtres et de ses mocassins, de manière qu'en moins de rien il se trouva dans le costume d'Adam avant son premier péché.

— Maintenant, mon cousin, dit-il en s'adressant à Norman, je vais te faire voir comment les nageurs du Mississipi savent se conduire dans l'eau.

Après avoir prononcé ces paroles, il s'avança jusque sur le bord du lac, chercha des yeux la place où le wolverène avait disparu, et après l'avoir suffisamment examinée il se tourna du côté du chien :

— A moi ! Marengo, lui dit-il simplement.

L'intelligent animal répondit à son maître par un hurlement, et par un regard qui indiquait suffisamment qu'il avait compris ses ordres.

Basile alors regarda de nouveau le lac, éleva le bras autour de sa tête, plaça la paume de ses deux mains l'une contre l'autre, s'élança et tomba la tête la première dans l'eau. Marengo poussa un petit cri, et s'élança si rapidement à la suite de son maître, que les deux plongeons n'en firent qu'un.

Pendant un instant l'homme et le chien disparurent aux yeux des spectateurs ; le chien revint le premier à la surface de l'eau ; quant à Basile, il demeurait si longtemps sans reparaître, que Norman et les autres commencaient à s'inquiéter, et regardaient en tremblant la place où il s'était enfoncé. A la fin pourtant on vit des bulles d'air s'élever à un endroit fort éloigné de celui où le jeune homme avait plongé, puis la chevelure noire de Basile parut au-dessus de l'eau. Le jeune homme tenait quelque chose entre ses dents, et poussait devant lui un gros corps qu'on reconnut aussitôt pour être celui du wolverène.

Marengo, qui nageait près de là, n'eut pas plus tôt aperçu son maître, qu'il poussa de son côté, engueula le wolverène et se mit à le tirer en nageant vers un point de la rive que Basile lui indiqua du doigt, et où l'abordage était facile.

Basile allait devant le chien en éclaireur, il fut bientôt à terre et prêt à aider Marengo, qui y arriva quelques instants après. Le corps du wolverène fut tiré de l'eau et porté par François et Norman vers le lieu du campement. Lucien les suivit en portant les habits de Basile, et bientôt nos quatre jeunes gens se retrouvèrent tranquillement assis devant un feu qui flambait avec une nouvelle vigueur.

Je ne crois pas qu'il existe en Amérique un animal plus

hideux que le wolverène. Son corps ramassé, ses jambes courtes et torses, son poil hérissé, sa queue touffue, et par dessus tout ses griffes recourbées et ses énormes mâchoires en font un animal d'un aspect aussi terrible que peu attrayant. Sa marche est lourde et presque rampante, ses yeux sont durs et féroces, son allure ressemble assez à celle de l'ours, et les traces qu'il laisse derrière lui sont souvent prises pour celles de ce dernier animal. Les chasseurs et les Indiens ne s'y trompent pas cependant, et les reconnaissent à des signes certains. Ses pieds de derrière sont plantigrades, c'est-à-dire qu'ils portent sur le sol depuis le talon jusqu'à l'extrémité des doigts. Sa croupe est recourbée comme un segment de cercle.

Cet animal est à la fois féroce et vorace, et ressemble, sous ce rapport comme sous plusieurs autres, au glouton. On le désigne même parfois sous le nom de glouton d'Amérique. Il n'y a pas d'animal qui détruise plus de petit gibier. Il attaque et dévore aussi les grandes espèces lorsqu'elles se trouvent à sa portée; mais comme il est bas sur jambes et peu agile, il ne peut guère s'emparer de ces derniers que par stratagème.

On croit généralement qu'il se poste sur les arbres ou sur les rochers élevés pour guetter le daim, et s'élancer sur son dos au moment où il passe à sa portée. On va même jusqu'à prétendre qu'il pousse plus loin la précaution, et au dire de certaines gens il amasserait de la mousse, dont les rennes sont très-friands, et la placerait aux endroits où il veut les attirer. On a ajouté, chose plus extraordinaire encore, que les renards l'assistent dans ces circonstances, et que ces animaux chassent le gibier de manière à le faire passer à la place où le wolverène est en sentinelle.

Ces histoires, inventées pour le glouton d'Europe, ont été depuis appliquées à l'animal qui nous occupe. On n'en finirait pas si l'on voulait rapporter toutes les exagérations dont le glouton a été l'objet. Ainsi, il passe pour manger jusqu'à ce qu'il puisse à peine se remuer. Quand il s'est bien gorgé de nourriture, il se glisse entre deux arbres rapprochés de manière à ce que la pression le fasse évacuer, et lui laisse l'estomac libre pour faire un nouveau repas. Ces exagérations ont été adoptées par plusieurs auteurs, et entre autres par Buffon sur la foi d'un certain Olaüs Magnus, dont le nom danois doit signifier indubitablement Grand Menteur.

Il est certain toutefois que le glouton est un des animaux les plus ingénieux, et que le wolverène ne lui cède en rien sous ce rapport. Ce dernier a, dans mille circonstances, donné des preuves de sagacité.

En voici une, entre autres, qui fait honneur à son imaginative.

Sur le territoire de la baie d'Hudson, les trappeurs de martres tendent leurs piéges dans la neige, et couvrent de leurs trappes de longues lignes qui quelquefois n'ont pas moins de cinquante milles. Ces piéges ou trappes sont construits à l'aide de morceaux de bois qui soutiennent une planche au-dessus du sol ; c'est ce qu'on appelle aussi des *quatre de chiffres*, à cause de la disposition de ces bois, qui ressemble assez au chiffre 4. On appâte ces trappes avec des têtes de perdrix ou des morceaux de venaison dont la martre (*mustela martes*) se montre très-friande. Aussitôt que la martre saisit l'appât, les petits morceaux de bois basculent et font tomber une planche lourdement chargée qui écrase dans sa chute l'animal trop gourmand. Les martres se laissent prendre à ce piége, mais non pas les wolverènes. Ces rusés animaux attaquent le piége par derrière et font tomber la trappe avant de chercher à s'emparer de l'appât, qu'ils retirent ensuite de dessous à l'aide de leurs griffes acérées, et l'on a vu des wolverènes suivre ainsi pas à pas les chasseurs et détruire les unes après les autres toutes les trappes tendues par eux. Quand il arrive que le wolverène rencontre une martre prise sous la trappe, il ne la mange pas, car il est peu friand de cette chair, et se contente de retirer son cadavre de dessous la planche, et de manger l'appât s'il en reste encore.

Les renards, qui sont au fait des habitudes du wolverène, et qui sont moins dégoûtés que lui à l'endroit de la chair de martre, les suivent souvent dans le seul but de manger les martres que cet animal retire de dessous les trappes. Trop faibles eux-mêmes pour renverser ces lourdes planches, ils profitent du travail accompli par un autre, et se régalent des cadavres que le wolverène a jetés sur la neige.

On voit que dans ce cas, que je certifie plus véritable que le premier, les rôles sont changés, et que c'est le wolverène qui se trouve être le pourvoyeur des renards.

Les renards se laissent quelquefois eux-mêmes prendre dans les trappes, soit qu'ils se laissent écraser par les lourdes planches, soit qu'ils périssent percés par la balle des pistolets, à la détente desquels les chasseurs attachent quelquefois leurs appâts. Quand le wolverène rencontre ainsi des renards tués ou blessés, il ne les dédaigne pas comme les belettes, et s'en régale ordinairement avant que le chasseur ait eu le temps d'examiner ses trappes et ses canons.

Le wolverène est loin de vivre en entente cordiale avec le renard; il aime beaucoup la chair des jeunes animaux de cette espèce, et dévore tous ceux qui lui tombent sous la dent. Quand il a découvert le terrier d'un de ces animaux, ses redoutables griffes en ont bien vite raison, et il lui arrive souvent de dévorer ainsi toute une famille dans son propre nid.

Les jeunes loups eux-mêmes deviennent souvent la proie de cette bête vorace. En somme, le wolverène vit dans de fort mauvais termes avec les renards et les loups, et il lui est arrivé plus d'une fois de se régaler de quelques daims que ces derniers venaient d'abattre pour leur propre dîner.

Il y a bien peu de viande dédaignée par le wolverène. Cependant le castor est son mets de prédilection, et si ce dernier animal ne trouvait un refuge dans l'eau, élément pour lequel son ennemi a très-peu de goût, la race entière des castors aurait disparu sous sa dent meurtrière.

Sa force, jointe à la finesse de son odorat, le rendent un ennemi redoutable pour tous les sauvages habitants des forêts et des prairies. La ruse supplée chez lui aux qualités qui lui manquent d'un autre côté, et cet animal passe pour détruire autant que la panthère et l'ours noir.

Le wolverène vit dans les antres des rochers et dans le creux des arbres, il se plaît également dans les forêts et dans les prairies. On le trouve dans les pays habités aussi bien que dans les déserts les moins fréquentés. Son espèce est répandue sur la plus grande partie du continent américain. Cependant il affectionne de préférence les latitudes froides et les régions neigeuses. On ne le rencontre plus dans la partie méridionale des États-Unis, quoiqu'il soit positif qu'il ait infesté ces contrées à l'époque où les castors s'y trouvaient encore. Mais à partir du quarantième degré, on le trouve partout.

Il ne serait pas surprenant qu'il habitât jusque sous le pôle même; du moins, si avant que l'homme ait pénétré dans le nord, il a toujours rencontré cette bête féroce.

Le wolverène est un animal solitaire, et, comme la plupart des carnassiers, un grand rôdeur de nuit. La femelle fait ordinairement deux petits, quelquefois trois, rarement quatre. Ses petits, en venant au monde, sont de couleur claire ; ce n'est qu'en grandissant qu'ils prennent une teinte plus foncée. Dans le fort de l'hiver, les wolverènes adultes deviennent presque noirs. Leur fourrure, qui ressemble assez à celle de l'ours, a le poil moins long ; elle est aussi moins estimée que celle de cet animal. Cependant sa peau est très-recherchée, et fait un des objets les plus importants du commerce de la compagnie de la baie d'Hudson.

Les voyageurs canadiens désignent le wolverène sous le nom de carcajou, tandis que les Écossais au service de la compagnie l'appellent du nom assez extraordinaire de quickhatch. On suppose que ces deux derniers noms ont la même origine, et qu'ils proviennent l'un et l'autre du mot indien okee-coo-haw-gew, sous lequel la tribu des Cree désigne cet animal. Cette hypothèse est d'autant plus probable que ce n'est pas le seul mot que les voyageurs et les marchands de fourrures aient emprunté à la langue de ces sauvages.

Pendant qu'on préparait la peau du wolverène, Lucien donna à ses compagnons plusieurs détails scientifiques sur cet animal. Norman, qui le connaissait de longue date, se chargea, de son côté, de leur faire connaître ses mœurs et ses habitudes, et il ajouta même à ces renseignements certaines histoires et certaines particularités trop extraordinaires pour être vraies, et dignes à tous égards de figurer dans les ouvrages d'Olaüs Magnus et dans ceux de M. de Buffon[1].

1. Le capitaine Mayne Reid ne laisse jamais échapper l'occasion de critiquer le grand naturaliste français. Sans doute les œuvres de M. de Buffon ne sont pas exemptes d'erreur, et on peut lui reprocher d'avoir admis trop facilement des faits d'histoire naturelle au moins contestables. Mais avant de tourner en ridicule un homme si justement célèbre, ne serait-il pas bon de réfléchir que le fondateur du jardin des Plantes vivait à une époque où les renseignements exacts faisaient défaut sur plusieurs points, et qu'il est encore le seul qui ait eu le talent d'écrire sur l'histoire naturelle de gros et nombreux volumes que tout le monde lit avec plaisir?

En dépit des erreurs qu'un acerbe critique peut se donner aujourd'hui le facile plaisir de relever dans les œuvres de cet aimable savant, Buffon a beaucoup fait pour la science, qu'il a popularisée par la magie de son style. Malgré ses défauts, il sera toujours un de nos premiers écrivains, et si le spirituel auteur des *Grands*

CHAPITRE XVI

UN GRAND DÎNER.

Nos jeunes chasseurs reprirent leur voyage le lendemain de cette double expédition. Ils suivaient la direction de la rive du lac, et marchaient par conséquent un peu à l'ouest du nord. Leur manière de naviguer était bien simple. Ils côtoyaient la rive tant que celle-ci ne déviait pas trop de la ligne droite, mais ils évitaient d'allonger leur chemin en en suivant tous les replis. Cependant ils avaient soin aussi de ne pas trop s'éloigner de la terre, pour ne pas exposer leur frêle esquif, surtout quand le vent était fort.

Ils prenaient terre chaque jour pour passer la nuit, et descendaient soit sur un petit cap, soit sur quelque île. Quand ils avaient vent debout, ils ne faisaient que peu de milles dans leur journée; mais lorsqu'au contraire ils avaient vent arrière, ils se faisaient une voile avec la peau du wapiti et avançaient assez rapidement. Il y eut tel jour où ils firent plus de quarante milles.

Nos jeunes voyageurs étaient bons chrétiens; aussi avaient-ils l'habitude de se reposer tous les dimanches. Cet usage n'était pas pour eux une nouveauté, et ceux d'entre nos jeunes lecteurs qui ont lu les *Forêts Vierges* doivent se rappeler qu'ils n'en avaient point agi autrement dans leurs précédentes excursions. C'était une coutume dont le corps ne se trouvait pas moins bien que l'âme; et ce n'est pas sans de puissantes raisons que le divin législateur a ordonné à l'homme de se reposer un jour sur sept.

Le dimanche était pour eux non-seulement un jour de repos, mais encore un jour de fête. Ils avaient plus de temps à consacrer à leurs opérations culinaires, aussi la cuisine de ce jour était-elle plus soignée que celle des jours ordinaires, et l'on

Lacs était Français, et qu'il fût à même d'apprécier les magnificences de notre langue, je suis certain qu'il eût préféré de beaucoup employer à lire, relire et admirer les pages éloquentes écrites par Buffon, le temps qu'il a peut-être perdu à essayer d'obscurcir sa gloire. (*Note du traducteur.*)

avait l'habitude de réserver pour cette solennité les morceaux les plus délicats des gibiers tués pendant la semaine.

Au premier dimanche de la traversée du lac Winnipeg, le camp fut établi sur une petite île de quelques acres seulement de superficie. Cette île, située près de la côte, était fraîche et presque entièrement couverte d'arbres de différentes espèces. Les îles qui se trouvent dans les grands lacs possèdent en général une grande variété d'arbres. La cause en est facile à expliquer : d'un côté les eaux y déposent en masse les graines de tous les arbres qui bordent le lac, et d'un autre côté les oiseaux aquatiques qui fréquentent ces îles y apportent aussi des semences de toute espèce. L'île en question devait être d'autant mieux fournie d'arbres qu'elle était située près d'une côte très-boisée.

Dans les parties basses de cette île croissaient les saules et les cotonniers (*populus angulata*), les deux arbres les plus communs de la prairie. Près d'eux on trouvait encore le bouleau et l'érable à sucre (*acer saccharinum*). Sur les parties les plus élevées, vers le centre, se trouvaient d'autres espèces qui rappelaient davantage la végétation particulière aux terrains de formation primitive qui bordaient le lac à l'est. Là, poussaient les pins, les sapins, les genièvres et les tamaracks ou mélèzes d'Amérique (*laryx americana*). Parmi ces grands arbres se distinguait également le sommet conique des cèdres rouges; au-dessous d'eux croissaient des buissons et des arbustes, au nombre desquels on voyait figurer le rosier et le framboisier sauvages, le pommier, le prunier et la pembina (*viburnum oxycoccos*) si facile à reconnaître à son apparence touffue.

Il n'y a peut-être pas au monde un lieu qui offre aux voyageurs une plus grande variété de fruits sauvages que les rives de la rivière Rouge du Nord, et l'île où nos voyageurs avaient momentanément établi leur domicile se trouvait, sous ce rapport, aussi favorisée que la rive elle-même.

Ils avaient choisi, pour camper, une place dont le sol uni se trouvait protégé contre le soleil et la pluie par l'épais feuillage d'un tacamahac ou peuplier-baumier (*populus balsamifera*). Cet arbre, qui est sans contredit un des plus beaux d'Amérique, est aussi un de ceux qu'on rencontre le plus avant dans le nord. Placé dans des conditions favorables, sa hauteur atteint cent cinquante pieds, sa grosseur est en proportion; mais ces dimensions sont exceptionnelles, et cet arbre ne dépasse pas ordinairement en hauteur soixante-dix à quatre-vingts pieds. Ses feuilles, de forme ovale, ont une teinte jaune lorsqu'elles sont nouvellement poussées. Dans la saison plus avancée, elles deviennent d'un vert foncé et brillant. Les bourgeons de cet arbre sont gros, de couleur jaune, et recouverts d'une espèce de vernis odorant qui lui a fait donner le nom de baumier.

On était au samedi soir; le soleil était près de se coucher. Nos voyageurs venaient de terminer leur repas, et étaient tranquillement assis auprès d'un feu de cèdre rouge, dont la fumée bleuâtre s'élevait en légères spirales au-dessus des feuilles vertes des grands peupliers. Le parfum de cette fumée odorante, mêlé à l'arome des baumiers, remplissait l'air des plus suaves senteurs qui influaient sur les sens de nos voyageurs, et les préparaient aux émotions les plus douces. Les bois de la petite île n'étaient ni sans vie ni sans voix. Le geai bleu gazouillait dans la feuillée et sautillait de branche en branche en laissant apercevoir de temps à autre l'azur de ses ailes brillantes. Le cardinal ou gros bec, au plumage écarlate, voltigeait sous les arbres, semblable à un feu follet en mouvement ; et le pic à bec d'ivoire faisait retentir tout le bois de son cri sonore et répété. Une orfraie décrivait dans l'air des cercles concentriques, les yeux constamment fixés sur les eaux du lac, et prête à s'élancer sur la proie qu'elle convoitait. Une paire d'aigles à tête chauve (*halietus leucocephalus*) planait dans les hautes régions de l'air, tandis que plusieurs vautours-dindons (*cathartes atratus*) volaient au-dessus d'un point de la rive où les attirait sans doute quelque charogne, chair ou poisson, jetée là par les eaux du lac.

Pendant assez longtemps, les jeunes voyageurs demeurèrent silencieux. Ils contemplaient avec recueillement le magnifique paysage qui se déroulait sous leurs yeux.

François, fidèle à ses habitudes, rompit le premier le silence.

— Maître queux, dit-il, peut-on savoir ce qu'il y a pour le dîner de demain?

C'était à Lucien que s'adressait cette question; car le jeune savant cumulait, et joignait à ses fonctions de naturaliste de la petite troupe celle de son chef de cuisine.

— Rôti ou bouilli, à votre choix. Parlez, messieurs, faites-vous servir! répondit Lucien en riant.

— Ah! ah! reprit gaiement François, un bon morceau de

bouilli ferait assez bien mon affaire, le bouillon surtout m'irait à merveille, et je ne te cache pas que j'aspire après une grande assiétée de soupe, car du rôti, toujours du rôti, je commence à en être un peu las.

— Eh bien, je vous servirai l'un et l'autre pour votre dîner de demain. Entendez-vous, vous êtes invités à venir manger le pot-au-feu.

François se mit à rire de plus belle.

— Dans quoi feras-tu cette soupe, frère Lucien, dans ton soulier apparemment ?

— Non pas dans mon soulier, mais bien dans cela.

En parlant ainsi, Lucien indiquait du geste une espèce de seau qu'il avait confectionné la veille avec de l'écorce de bouleau.

— C'est bon, reprit François, tu as un seau excellent et qui tient parfaitement l'eau, je ne dis pas non ; mais c'est de l'eau froide, et on ne fait pas de soupe avec cela. Le difficile, c'est de faire bouillir de l'eau dans ton seau d'écorce, et si tu y parviens, je te tiens pour sorcier. Oh ! je n'ignore pas que tu fais des choses merveilleuses avec tes préparations chimiques ; mais ta science ne va pas jusqu'à faire bouillir l'eau dans une marmite d'écorce. L'eau ne serait seulement pas dégourdie, que ton seau n'aurait plus de fond. Ah ! de la soupe ! ma foi, je trouve la prétention plaisante !

— Mon cher François, répondit Lucien, il ne faut jurer de rien, et te voilà, comme le reste des hommes, très-porté à l'incrédulité pour les choses que tu ne comprends pas ; mais tu verras, et si tu veux te charger de me prendre quelques poissons à la ligne, je me fais fort de vous offrir demain un dîner complet où rien ne manquera : soupe, bouilli, rôti, poisson et dessert, tout y sera, et soyez sûrs, messieurs, dit Lucien en se tournant vers ses frères, que notre cuisinier fera tout son possible pour justifier votre confiance.

— Parbleu, mon cher Lucien, tu aurais dû être cuisinier chez Lucullus. Mais je vais toujours pêcher ton poisson.

Tout en parlant ainsi, François tirait une ligne de son sac. Il garnit l'hameçon d'une sauterelle, s'approcha du lac et jeta sa ligne dans l'eau. Il eut bientôt la satisfaction de voir le flotteur s'agiter. Il tira à lui par un coup sec, et ramena un joli petit poisson aux écailles argentées. Ce poisson, dont les eaux du lac pullulaient, fut déclaré par Lucien appartenir au genre hyodon.

Le jeune naturaliste dit à son frère qu'il croyait possible de prendre des poissons d'une plus grosse espèce, et il l'engagea à mettre un gros ver au bout de sa ligne et à laisser tomber l'hameçon jusqu'au fond de l'eau, l'assurant que de cette manière il ne pouvait manquer de prendre quelque esturgeon.

— Et comment sais-tu, dit François, qu'il y a des esturgeons dans le lac?

— J'en suis à peu près sûr, répondit le jeune naturaliste. Ce poisson, désigné par la science sous le nom d'*acipenser*, se trouve sous les zones tempérées dans toutes les parties du monde. Il fréquente également la mer et l'eau douce. Ce n'est guère que dans les climats chauds qu'on ne le rencontre pas. J'ai toute raison de croire qu'il s'en trouve dans les eaux de ce lac, et plutôt deux espèces qu'une. En tout cas, il ne t'en coûte pas beaucoup d'essayer. Aie soin seulement de laisser tomber ta ligne jusqu'au fond, car l'esturgeon est un poisson dépourvu de dents qui cherche toujours sa nourriture dans la vase.

François suivit de point en point les indications de son frère. Au bout de quelques minutes il sentit une violente secousse, et tira à terre un très-gros poisson qui n'avait pas moins de trois pieds de long.

Après examen, Lucien déclara que c'était un esturgeon, mais un esturgeon tel qu'il n'avait point encore eu occasion d'en voir. Il était en effet d'une espèce particulière aux eaux de ces contrées, et désignée sous le nom d'*acipenser carbonarius*. L'aspect de ce poisson n'étant pas des plus engageants, François se remit à pêcher des poissons argentés, qui, quoique beaucoup plus petits, lui semblaient devoir fournir un meilleur plat.

— Je dois aussi, dit alors Basile, fournir ma quote-part à ce fameux dîner ; c'est moi que le gibier regarde, et je vais visiter cette île pour m'assurer des ressources qu'elle nous offre à cet égard.

Tout en parlant ainsi il jeta son fusil sur son épaule, et disparut bientôt au milieu des arbres.

— Et moi? dit Norman; est-ce que vous croyez que je vais dévorer le produit du travail des autres sans y mettre un peu du mien? Oh! que non pas, s'il vous plaît!

Sur ce, le jeune marchand prit aussi son fusil et s'enfonça dans les arbres, mais dans une direction opposée à celle choisie par Basile.

— D'après ce que je vois, dit Lucien, la viande ne nous manquera pas, mais il faut que je m'occupe des légumes.

Et Lucien, prenant en main le seau d'écorce, se mit à suivre le bord de l'eau.

François resta seul au camp et continua sa pêche.

Laissons-le là pour quelques instants, et suivons le chercheur de légumes pour prendre avec lui une leçon pratique de botanique.

Lucien avait à peine fait quelques pas qu'il aperçut certaines grandes tiges de plantes aquatiques dont les pieds trempaient dans l'eau. Ces espèces de joncs n'avaient pas moins de huit pieds de haut; leurs feuilles, en forme de glaive, étaient unies comme une glace; larges d'un pouce et longues de trois pieds environ. A l'extrémité de chaque tige, se balançait une panicule de graines, assez semblable à un épi d'avoine. Cette plante n'était autre que le fameux riz sauvage (*zizania aquatica*), si prisé des Indiens, auxquels il fournit une partie considérable de leur alimentation. Les graines du zizania n'étaient point encore arrivées à maturité; mais Lucien jugea apparemment qu'elles étaient assez avancées pour servir à l'usage auquel il les destinait, car il en cueillit une assez bonne provision qu'il mit dans le seau qu'il portait à la main.

— Me voilà toujours sûr, se dit-il, de pouvoir offrir à mes convives tout au moins du potage au riz, mais j'espère bien trouver mieux encore.

Tout en faisant ce petit aparté, le jeune naturaliste continuait à suivre la rive; il atteignit bientôt un bouquet de bois qui couvrait un terrain humide et de l'apparence la plus riche. Après quelques pas faits sous ce couvert, il se baissa pour examiner le sol.

— J'espère, se dit-il encore à lui-même, que c'est là que je trouverai ce que je cherche. Le sol me parait des plus favorables, et il doit y en avoir ici même ou dans les environs. Justement, je crois que le voici.

L'objet qui venait d'attirer l'attention de Lucien était une plante, mais une plante d'assez triste apparence, dont les fleurs étaient flétries et presque entièrement desséchées. Mais ce n'était pas ces feuilles dont s'inquiétait notre jeune homme; il n'en voulait qu'à la racine bulbeuse dont on voyait les extrémités poindre un peu au-dessus du sol. Cette racine était tout simplement le poireau sauvage (*allium tricoccum*).

Les feuilles de cette plante ont ordinairement six pouces de long sur trois pouces de large, et ressemblent assez à celles du poireau de nos jardins. Une singularité qui les distingue, c'est qu'elles se sèchent et meurent très-peu de temps après avoir acquis leur développement. Quand la plante entre en floraison, elle n'a déjà plus de feuilles, cette circonstance la rend assez difficile à trouver. Lucien avait heureusement des yeux fort experts en pareille matière; quelques minutes lui suffiront pour découvrir et arracher plusieurs oignons de la grosseur d'un œuf de pigeon, qu'il mit dans le seau d'écorce à côté des épis de riz.

Satisfait de sa double récolte, et sûr d'avoir de quoi faire une excellente soupe, il retourna au camp avec l'intention de préparer les légumes qu'il venait si heureusement de découvrir.

Comme il traversait un espace marécageux, ses regards furent attirés sur une plante d'un aspect remarquable, dont les tiges s'élevaient de beaucoup au-dessus des autres herbes. Ces tiges n'avaient pas moins de huit pieds de haut, et portaient à leur sommet une ombelle de grandes fleurs blanches. Les feuilles de cette plante étaient grandes, lobées et dentelées, d'un pouce de large, avec des sillons disposés longitudinalement.

Lucien n'avait jamais vu cette plante, mais il en avait beaucoup entendu parler et la reconnut facilement aux descriptions qu'il en avait lues dans les ouvrages de botanique; c'était l'herbe connue des chasseurs sous le nom de *cow parsnip*, l'*heracleum lanatum* des botanistes. Les tiges de cette plante sont à nœuds et creuses comme celles des roseaux. Lucien se rappela à cette occasion que les sauvages l'appellent tiges à flûte, parce qu'ils se servent ordinairement de ces tuyaux tant pour composer les instruments de leur grossière musique que des appeaux avec lesquels ils imitent le cri des daims et de plusieurs autres animaux. Ces plantes ont encore une autre propriété que notre jeune naturaliste ignorait.

Norman, qui passait par là en ce moment, vit Lucien occupé à examiner ces plantes, et poussa une exclamation de plaisir.

— Qu'as-tu donc à te réjouir, mon cher cousin? demanda Lucien.

— Je me réjouis de la découverte de ces tiges à flûte. Tu parlais de faire une bonne soupe, je crois que cela n'y nuira pas.

— Comment cela? demanda Lucien.

— Ignores-tu donc que les jeunes tiges de cette plante sont bonnes à manger? Il en est de même des racines. Mais les jeunes pousses sont sans contredit la partie la plus délicate. Les voyageurs, aussi bien que les Indiens, les mettent dans la soupe et s'en montrent très-friands, et ils ont raison, car c'est une excellente chose.

— Puisque ces pousses sont un mets si délicat, je ne vois pas, répondit Lucien, qui nous empêcherait d'en récolter quelques-unes.

Et ce disant, il se mit à en cueillir avec l'aide de Norman. Quand ils jugèrent qu'il y en avait assez, ils retournèrent ensemble au camp.

Basile y arriva presque en même temps qu'eux. La chasse lui avait été favorable; il rapportait une superbe poule de prairie (*tetrao cupido*).

Norman avait aussi fait chasse, il avait tué un écureuil. François, de son côté, avait pêché un bon nombre de poissons, de telle sorte que Lucien se trouvait complétement en mesure de tenir la promesse qu'il avait faite au sujet du dîner.

Cependant François était toujours à se rendre compte de la manière dont son frère parviendrait à faire bouillir la soupe dans le seau d'écorce. Basile, qui n'en savait pas plus que François, se perdait en conjectures. Quant à Norman, qui avait voyagé dans le pays des Assinoboils, il était parfaitement au courant de ce mode de cuisson. Ces Indiens, qui tirent leur nom précisément de la manière dont ils font cuire leurs aliments, ne sont pas les seuls qui usent de ce moyen, et le jeune marchand avait vu la même méthode employée avec succès par les Crees, les Chippewas et même par les voyageurs blancs, qui ont recours à ce moyen toutes les fois qu'ils manquent de vases de métal ou de terre.

Le lendemain, ce grand mystère devait être expliqué à Basile et à François. Lucien ramassa plusieurs pierres de la grosseur d'un pavé ordinaire, en ayant soin de choisir les plus dures et les plus unies. Puis il les plaça dans le feu, où elles ne tardèrent pas à s'échauffer jusqu'à devenir rouges et incandescentes.

Pendant ce temps, l'eau et la viande avaient été placées dans le pot d'écorce. Une première pierre brûlante fut retirée du feu et jetée dans le pot; puis une seconde, puis une troisième, en un mot Lucien retirait chaque pierre aussitôt qu'elle commençait à refroidir, et la remplaçait par une autre plus brûlante. Au bout de quelque temps, l'eau du vase entrait en complète ébullition. Le jeune maître queux mit dans son pot successivement le riz et les autres ingrédients qu'il avait rassemblés, et obtint ainsi en peu de temps un excellent potage.

On employa pour faire cuire les légumes le même moyen que pour la soupe. Quant au rôti, Lucien suivait la méthode habituelle aux chasseurs, et le fit cuire devant le feu embroché dans une baguette de bois vert.

Le poisson fut grillé sur les cendres chaudes et mangé après la soupe, comme dans tout dîner bien ordonné.

On ne servit à ce dîner ni pudding ni tarte, quoique la chose eût été des plus faciles à Lucien si ses convives y avaient tenu. Il leur offrit à la place de ces pâtisseries un dessert composé d'excellents fruits. On servit des fraises et des framboises cueillies dans les bois, mais d'un parfum délicieux et d'un goût exquis. Les groseilles et les cassis n'y firent pas non plus défaut. Mais ce qui flatta le plus le palais de François fut un petit fruit de couleur bleue très-parfumé et très-doux au goût. Cette espèce de baie est produite par un arbuste bas qui pousse en touffes comme les buissons et porte des feuilles ovales.

Cet arbuste se couvre tellement de grandes fleurs blanches à une certaine époque de l'année, qu'il devient impossible de distinguer les feuilles et les branches. Cet arbuste a quatre variétés, dont deux occupent au moins vingt pieds de haut. Les Français du Canada l'appellent le poire. Il est généralement connu dans l'Amérique anglaise sous le nom de sorbier domestique, quoiqu'il possède encore plusieurs autres noms qui varient suivant les districts.

Pendant qu'on dégustait ces fruits et qu'on faisait l'éloge de leur saveur, Lucien apprit à ses compagnons qu'en botanique l'arbre qui les porte s'appelle *amelanchier*.

— Ma foi, fit alors observer François, si nous avions une tasse de café et un verre de vin, nous aurions tout à fait dîné dans le grand style.

— Je crois qu'il vaut mieux, répondit Lucien, que nous n'ayons pas de vin, car c'est un liquide traître dont il faut savoir se défier. Il n'est pas en mon pouvoir, ajouta-t-il, de vous offrir du café, mais si vous voulez bien m'accorder quelques minutes, je vous préparerai une tasse de thé.

— Du thé ! s'écria François, la bonne plaisanterie ! La feuille de thé qui est la plus rapprochée de nous est en Chine, et quant au sucre, il nous faudrait faire plusieurs centaines de milles avant d'en trouver gros comme une noisette.

— Allons donc, François, tu calomnies la nature ! Elle est bien plus généreuse que tu ne crois. Elle n'a pas voulu qu'il manquât rien à ce pays, pas même le sucre et le thé. Regarde de ce côté, je te prie ; vois-tu ces gros arbres aux troncs noirs ?

— Oui.

— Pourrais-tu me dire leur nom ?

— Sans doute, répondit François, ce sont des érables à sucre.

— Eh bien, dit Lucien, j'espère que, quoique la saison soit peu favorable, nous viendrons bien à bout de leur tirer assez de sève pour en sucrer une tasse de thé. Charge-toi de ce soin, pendant que je vais aller à la recherche du thé.

— Sur ma parole, Lucien, tu es aussi précieux qu'une boutique d'épicerie. Allons, Basile, viens avec moi visiter ces érables pendant que le capitaine ira avec Lucien.

Sur ces mots de François, les jeunes gens se groupèrent en deux couples qui prirent chacun une direction opposée.

Lucien et son compagnon eurent bientôt trouvé ce qu'ils cherchaient dans le même terrain humide où le premier avait déjà trouvé l'héracleum. C'était un arbuste touffu, haut de deux pieds environ, couvert de petites feuilles d'un vert foncé avec des taches blanchâtres. Cet arbuste est très-connu dans tout le territoire de la baie d'Hudson sous le nom d'*arbre à thé du Labrador*, nom qui lui a été donné par les voyageurs canadiens, qui boivent souvent l'infusion de ses feuilles en guise de thé. Il fait partie des éricacées, famille des bruyères, genre *ledum*, bien qu'à vrai dire, ce ne soit pas une véritable bruyère, car le continent américain, chose extraordinaire, ne produit aucun arbuste de cette espèce.

Les deux variétés les plus connues sont le thé à petites feuilles et le thé à grandes feuilles. Le premier fournit la boisson la plus estimée. On se sert pour cet usage des fleurs de préférence aux feuilles, aussi Lucien et Norman, qui connaissaient ce détail, en firent-ils une ample moisson. Ces fleurs veulent être séchées avant d'être employées ; mais cette préparation n'est pas longue, et Norman en vint promptement à bout à l'aide de quelques pierres qu'il fit chauffer et sur lesquelles il les étendit.

Pendant ce temps Basile et François avaient obtenu une certaine quantité de sève sucrée. Lucien nettoya soigneusement son seau d'écorce, et prépara le breuvage avec de l'eau qu'il fit bouillir à l'aide de quelques nouvelles pierres chaudes.

Il fut servi dans la petite coupe d'étain que vous savez, chacun y but à la ronde et à son tour.

Norman, qui était habitué au thé du Labrador, trouva cette boisson délicieuse. Il n'en fut pas de même de ses cousins du Sud, François surtout trouva fort peu de son goût la saveur de rhubarbe particulière à cette préparation. Quoi qu'il en fût, on convint pourtant que cette boisson tenait l'esprit dans une disposition favorable, car chacun après l'avoir bue se trouva dans un état de quiétude aussi agréable que s'il eût véritablement savouré une tasse du *bohea* le plus parfait.

CHAPITRE XVII

LES MARMOTTES D'AMÉRIQUE.

D'après le menu du dîner qui précède, vous allez peut-être croire que nos voyageurs vivaient comme des princes. Ne vous y trompez pas, il n'en était pas toujours ainsi, et si leur cuisine avait de bons jours, elle avait aussi ses jours néfastes. Il leur arrivait de passer plusieurs jours de suite sans autres vivres que de la viande de wapiti séchée au feu. Ils n'avaient ni pain, ni bière, ni café, rien absolument que de l'eau et de la viande sèche. Cette nourriture suffit pour ne pas mourir de faim, mais elle est loin de constituer un ordinaire de Lucullus. Tous les jours n'étaient pas cependant aussi mauvais. De temps à autre on tuait un canard ou une oie sauvage; quelquefois aussi, mais plus rarement, un jeune cygne; on prenait bien aussi quelques poissons, mais de temps en temps seulement, car ces animaux défiants et capricieux ne mordaient pas toujours à l'hameçon tentateur que leur offrait maître François.

En somme, nos héros mangeaient toujours tant bien que mal, et c'était là l'important.

Après trois semaines employées à naviguer en côtoyant le lac on atteignit le Saskatchewan ; à partir de ce moment, on changea de direction et l'on porta droit à l'est. Près de l'embouchure de cette rivière, nos voyageurs se virent contraints par la force des rapides de sortir leur canot de l'eau et de le porter pendant l'espace de trois milles. Ce fut un travail pénible, sans doute ; mais compensé, jusqu'à un certain point du moins, par la vue du magnifique spectacle que ces rapides présentèrent à leurs yeux.

Le Saskatchewan est l'une des plus grandes rivières d'Amérique, et compte seize cents milles de long depuis sa source dans les montagnes Rocheuses jusqu'à son embouchure dans la baie d'Hudson, où elle prend le nom de fleuve Nelson. Un peu au-dessus du lac Winnipeg les rives de ce fleuve sont bien boisées ; mais en remontant plus haut on trouve des terrains plats et sablonneux qui s'étendent à l'ouest jusqu'au pied des montagnes Rocheuses. Ces terrains ou prairies peuvent être à juste titre appelés *déserts*. On y rencontre des lacs remplis d'eau aussi salée que celle de l'Océan lui-même, ainsi que d'immenses espaces où l'on peut parcourir des centaines de milles sans y trouver une goutte d'eau. Au surplus, je ne fais que mentionner ici ces prairies, car nos voyageurs ne devaient point les traverser, leur intention étant de tourner directement au nord aussitôt qu'ils auraient dépassé le poste de Cumberland.

Ils campèrent un soir sur les bords du Saskatchewan, à peu près à deux journées de marche du fort. La place qu'ils avaient choisie était des plus agréables. C'était une petite vallée entourée de toutes parts de vertes collines, et semée çà et là de massifs d'amelanchiers et de rosa blanda dont les fleurs d'un rouge tendre tranchaient par leur doux éclat sur la verdure du gazon. Si l'aspect du paysage était des plus agréables, celui de la table était moins réjouissant. Nos voyageurs n'avaient réussi à tuer aucun gibier dans le cours de la journée, et leur dîner se composait seulement de quelques tranches de viande sèche rôtie sur des charbons ardents. Comme ils avaient eu à lutter pendant toute la matinée contre l'action d'un courant rapide, ils s'étaient vus obligés de ramer avec force, et se trouvaient par suite si fatigués, qu'aucun d'entre eux ne se sentait disposé à se mettre en quête de gibier. Ils s'assirent donc autour du feu, et attendirent en silence que leur dîner fût cuit à point.

Le camp se trouvait établi au pied d'une colline assez élevée, à une très-petite distance de la rivière. En face de cette première colline, il en existait une seconde plus haute et dont les voyageurs pouvaient voir, du lieu où ils étaient assis, et le sommet et le versant. Ce versant était hérissé d'une multitude de petites éminences ou buttes de terre hautes à peu près d'un pied chacune, en forme de cône tronqué, comme un pain de sucre dont on aurait enlevé la partie supérieure.

— Qu'est-ce que cela, demanda François?

— Je suppose, répondit Lucien, que ce sont des habitations de marmottes.

— Et tu as raison, lui dit Norman, tout le pays en est plein.

— Des marmottes! répondit François, tu veux dire probablement des chiens de prairie, comme ceux que nous avons rencontrés dans les prairies du Sud.

— Je ne crois pas, répondit Norman, et je pense au contraire que les chiens de prairie sont d'une espèce toute différente. Qu'en pense Lucien?

— Je pense, dit le naturaliste, que Norman a raison. Ce sont deux espèces tout à fait distinctes, et il y a ici trop peu de buttes pour qu'elles aient été construites par des chiens de prairie. Ces derniers animaux vivent toujours en effet en réunion très-nombreuse, par centaines et même par milliers. D'un autre côté, ces constructions ne sont pas non plus exactement semblables. Les demeures des chiens de prairie ont toutes un trou pratiqué au sommet, et tout au moins sur un des côtés du cône, tandis que les buttes que nous avons devant nous ne me paraissent point avoir les trous disposés de la même manière. La porte des demeures que vous avez devant vous est pratiquée dans le sol même à côté de l'élévation, et entourée de la terre qu'on a tirée pour la creuser. Ces voies souterraines sont faites à la manière des terriers de lapins, aussi je persiste dans l'opinion émise par Norman, les buttes que nous avons devant nous sont habitées par des marmottes, et non pas par des chiens de prairie.

— Il me semble avoir entendu dire, fit François, qu'on compte en Amérique plusieurs espèces de marmottes?

Cette question s'adressait à Lucien, il s'empressa d'y répondre.

— Tu es parfaitement informé, dit-il à son jeune frère. La

faune de l'Amérique septentrionale renferme en effet plusieurs espèces de ces singuliers animaux. Les naturalistes n'en comptent pas moins de treize, dont quelques-unes renferment des variétés assez caractérisées pour qu'on en puisse faire de nouvelles espèces. Malgré cette catégorie déjà si nombreuse, je serais porté à croire qu'il existe plusieurs autres espèces encore inconnues, et qu'en somme, on peut compter vingt différentes espèces de marmottes dans le seul continent de l'Amérique du Nord. Le territoire des États-Unis ne renferme qu'une ou deux de ces espèces; on a cru pendant longtemps qu'il n'en existait pas d'autre; mais les recherches des naturalistes qui ont exploré le Nord, ont prouvé qu'on se trompait beaucoup, et l'on peut dire qu'aucune espèce d'animaux n'a pu récompenser leurs travaux si ce n'est pourtant les écureuils. Il ne se passe guère d'années en effet sans qu'on découvre quelques nouvelles espèces de ces deux sortes d'animaux, principalement dans le vaste territoire situé entre le Mississipi et l'océan Pacifique.

Les naturalistes de cabinet, fidèles à leur système d'embrouiller les choses, ont tellement compliqué l'histoire naturelle des marmottes qu'il est presque impossible de s'y reconnaître. Ils les ont divisées en une multitude de genres sur les motifs les plus futiles. Un peu plus ou moins de longueur dans les dents, un peu plus de courbure dans les ongles, un peu plus de longueur dans la queue ont été pour eux des causes déterminantes de divisions et de subdivisions. Il faut convenir que sur les treize espèces connues, il en est plusieurs qui diffèrent entre elles par la taille et la couleur; mais, malgré ces différences, il existe entre toutes ces espèces tant de rapports de goût, de caractère, d'habitudes et de manières de vivre, qu'à mon avis il était aussi absurde qu'inutile de charger l'histoire naturelle de ces animaux d'une nomenclature aussi nombreuse. C'est un embarras et rien de plus. Tous ces animaux sont en définitive des marmottes, et il était au moins inutile de les diviser en spermophiles, arctomys, et autres noms aussi pédantesques que difficiles à retenir.

— Ah! je suis bien de ton avis, Lucien, dit Basile, qui, sans être un grand naturaliste, aimait cependant l'histoire naturelle comme tous les chasseurs en général, et je déteste d'instinct ces savants de cabinet qui vous classent les races d'animaux à la seule inspection des dents, sans se préoccuper de leurs mœurs et de leurs habitudes.

Lorsqu'une famille d'animaux, continua Lucien, renferme un grand nombre d'espèces, et que ces espèces diffèrent entre elles par des caractères essentiels, je reconnais volontiers l'utilité de les classer en genres, et même sous-genres; mais lorsque ces espèces n'ont entre elles que des différences insignifiantes et se touchent par tous les points importants, je ne sais rien de plus ridicule que de les diviser et de les subdiviser à l'infini, et de leur donner des noms impossibles à prononcer. Cela ne fait que rendre l'étude plus difficile et charger la mémoire de phrases vides de sens pour la plupart.

Je prends un exemple dans le sujet même :

Il est un animal désigné par les savants de cabinet sous le nom de *arctomys, spermophilus, Richardsonii;* cet animal, qui a environ deux pieds et demi de long, est tout simplement la marmotte fauve. N'était-il donc pas plus naturel de l'appeler tout bonnement marmotte fauve ?

Ne croyez pas cependant que je m'oppose à ce qu'on se serve des mots grecs et latins, non. Je comprends qu'il faut accepter en pareille matière une langue universelle susceptible d'être comprise par tous; mais je voudrais que ces dénominations eussent un sens et indiquassent une des qualités principales de l'animal désigné. Les choses malheureusement sont loin de se passer ainsi, et le plus souvent on néglige le nom vulgaire pour baptiser les animaux et les plantes de quelque nom russe et allemand difficile à prononcer, plus difficile à retenir, et dont le seul mérite est d'appartenir à quelque obscur ami de l'auteur ou à quelque grand seigneur dont le naturaliste de cabinet cherche par cette flatterie à se concilier les bonnes grâces. C'est une impertinence sans nom, continua Lucien avec l'enthousiasme d'un véritable naturaliste, que de prendre à la nature ses plus magnifiques créations, fleurs, oiseaux ou quadrupèdes, pour les accoupler avec les noms de rois, de princes, de lords et de gentillâtres, qui n'ont d'autre mérite que celui que veut bien leur accorder quelque savant adulateur.

Il y a parmi les faiseurs de catalogues d'histoire naturelle des gens qui multiplient tellement les synonymes, qu'ils rendent la science tout à fait inintelligible. Assis tranquillement dans leur fauteuil, et complétement ignorants des habitudes et des mœurs des animaux sur lesquels ils écrivent, ils trouvent fort commode, pour faire de la nouveauté, de multiplier les noms et les divisions à l'infini ; c'est ce qu'ils appellent faire de la science. Je ne comprends pas dans la caste de ces faux savants Richardson, dont je viens plus haut de citer le nom. Celui-ci était un vrai naturaliste qui avait acquis son savoir dans des voyages longs et pénibles, et par des observations sérieuses. Son nom est célèbre ; mais il est du petit nombre de ceux qui n'ont point usurpé leur réputation.

— Mon cher Lucien, dit Basile, toi d'ordinaire si tranquille, voilà que tu t'échauffes singulièrement à ce sujet. Je suis bien loin de t'en blâmer cependant, et je partage entièrement ton avis. Dans ces derniers temps, j'ai lu à la maison plusieurs ouvrages d'histoire naturelle. C'étaient des livres écrits par des naturalistes de cabinet fort en réputation ; eh bien, je découvris que ce n'était pas la première fois que je lisais les détails donnés par ces ouvrages sur les animaux des régions septentrionales, et, à force d'interroger mes souvenirs, je finis par me rappeler où je les avais vus antérieurement. C'était dans les pages écrites par le voyageur Hearne, un homme que les hauts et puissants seigneurs de la science considèrent cependant comme un voyageur ignorant et indigne du nom de naturaliste. Ce voyageur poussa jusqu'à l'océan Arctique en l'année 1771. Ce fut le premier explorateur de ces contrées, et c'est à lui que le monde est redevable des premiers détails exacts sur des contrées et des mers demeurées jusqu'alors inconnues.

— Tout cela est vrai, répondit Lucien, ce voyageur fut envoyé dans ces rudes contrées par la compagnie de la baie d'Hudson. Jamais peut-être on ne mit moins de moyens à la disposition d'un homme chargé d'une entreprise aussi difficile. Il eut à surmonter mille obstacles, à affronter mille dangers, ce qui ne l'empêcha pas de réussir, tant il était habile et courageux. Il a laissé sur le compte des habitants et sur l'histoire naturelle des pays qu'il a parcourus des renseignements si exacts et si complets, que les savants de cabinet qui l'ont suivi ont dû se contenter de le copier sans y rien ajouter. C'était ce qu'ils avaient de mieux à faire, car ils ne connaissaient de ces contrées que ce que Hearne leur en avait appris. Quelques-uns de ces prétendus savants ont poussé le plagiat jusqu'à copier textuellement les ouvrages de Hearne et à les donner comme leurs.

D'autres ont cru se les approprier plus légitimement en les paraphrasant et en revêtant ses idées de recherches de langage aussi futiles que superflues.

Voilà de ces choses qui se répètent souvent, et qui m'indignent toujours.

— Mais, mon cher Lucien, dit Norman, ces voleurs de réputation n'ont pas fait autant de tort à Hearne que tu parais le croire, et tous ceux qui comme moi habitent le Nord connaissent leur Hearne sur le bout du doigt, et n'ont jamais entendu parler de tous ces paraphraseurs.

— Tant mieux, dit Lucien calmé par les paroles de son cousin ; mais revenons à nos marmottes.

Ces petits animaux forment un anneau intermédiaire entre les écureuils et les lapins. Plusieurs naturalistes même n'ont pas cru devoir les distinguer des écureuils, et il est certain que la plupart des marmottes ont les mêmes mœurs et les mêmes habitudes que ceux-ci, et qu'on pourrait les appeler écureuils terrestres. D'autres espèces se rapprochent davantage du lapin que de l'écureuil. Quelques-unes même tiennent un peu du rat. Ainsi, certaines espèces particulières aux États-Unis sont aussi grosses que des lapins, tandis que les marmottes-léopards ne sont guère plus grosses que des rats ordinaires. Quelques marmottes ont des abajoues dans lesquelles elles peuvent cacher une grande quantité de nourriture, noix ou racines qu'elles désirent emporter et conserver pour s'en servir plus tard. Les spermophiles sont parmi les espèces qui ont les plus grandes abajoues. Toutes les marmottes ne se nourrissent pas de la même manière, différence qui provient peut-être de la variété des climats qu'elles habitent. Partout, cependant, leur nourriture se compose exclusivement de végétaux. Quelques espèces, telles que les chiens de prairie, vivent uniquement d'herbes, tandis que les autres préfèrent les graines, les fruits et les feuilles. On a longtemps cru que les marmottes faisaient, comme les écureuils, leurs provisions d'hiver. Mais cette opinion est moins généralement admise depuis qu'on sait d'une manière positive que ces animaux passent la saison froide dans un état complet d'engourdissement, qui les exempte du besoin de nourriture. Cette circonstance est une preuve de plus de la sage prévoyance de la nature. Dans les contrées où vivent la plupart des marmottes, les hivers sont si rigoureux et le sol si aride, qu'il serait impossible à ces animaux de se procurer un seul brin d'herbe pendant les longs mois de froidure. La nature y a pourvu avec sa sagesse habituelle, et, pour leur épargner les rigueurs de la faim, les a plongés dans un sommeil qui dure autant que la mauvaise saison. C'est en effet seulement à l'époque de la fonte des neiges, quand le soleil de printemps brille de tout son éclat et que la terre se couvre d'herbes et de fleurs, que les marmottes sortent de leur torpeur pour reparaître de nouveau au grand jour. L'air plus chaud, en pénétrant dans leurs demeures souterraines, les avertit qu'il est temps de s'éveiller et de renaître à la vie pour jouir des bienfaits et des plaisirs de l'été. Ces animaux n'ont donc point d'hiver, et bien qu'ils habitent pour la plupart dans les pays froids, ils passent toute leur vie au soleil.

Quelques espèces de marmottes, continua Lucien, vivent en communauté, et forment des réunions très-nombreuses; tels sont les chiens de prairie. D'autres se réunissant encore forment cependant des sociétés moins nombreuses, d'autres enfin ne vivent que par couples ou tout au plus par familles.

Presque toutes les marmottes se creusent des terriers. On en connaît pourtant deux espèces qui se contentent d'un trou de rocher ou même de l'abri de quelques pierres pour s'y gîter et y faire leur nid. Ces animaux sont aussi pour la plupart des grimpeurs, mais ils ne montent aux arbres que pour y chercher leur nourriture, et n'y font point, comme les écureuils, leur résidence habituelle.

Les marmottes sont en général très-prolifiques. Les femelles font ordinairement huit et même dix petits à la fois.

Tous les animaux de cette famille sont extrêmement timides et prudents. Avant de partir pour aller à la recherche de leur nourriture, ils ont coutume de reconnaître le terrain du haut du toit qui domine leur petit monticule. Ils ont également soin de placer sur quelque point élevé des sentinelles, qui avertissent du danger par un cri particulier. Chez la plupart des marmottes, ce cri ressemble aux syllabes : *Sik! sik!* répétées plusieurs fois avec sifflement; d'autres aboient comme ces chiens de carton dont on se sert pour amuser les enfants; d'autres aussi poussent des sifflements aigus, d'où les marchands de fourrures les ont nommées *whistler* : c'est pour la même raison que les voyageurs canadiens les nomment siffleurs, traduction exacte du mot anglais *whistler*.

Le coup de sifflet de la sentinelle s'entend à une grande distance, et chaque marmotte le répète jusqu'à la fin de la ligne ; grâce à ces précautions, toute la troupe ne peut manquer d'être avertie.

La chair des marmottes est fort du goût des Indiens et même des chasseurs blancs. Il y a plusieurs manières de les prendre ; nous citerons, entre autres, celle qui consiste à emplir leur terrier d'eau. Mais cette méthode n'est bonne qu'au commencement du printemps, lorsque les animaux sont déjà sortis de leur engourdissement, et que le terrain de leur demeure est encore assez humide pour ne pas laisser échapper l'eau. On les tue quelquefois à coups de fusil, mais alors il faut les tuer sur place, sans quoi, toutes blessées qu'elles sont, elles se retirent dans leur terrier et sont perdues pour le chasseur.

CHAPITRE XVIII

LE BLAIREAU ET LES MARMOTTES.

Lucien allait sans doute continuer sa dissertation sur les marmottes, car il était loin d'avoir épuisé ce sujet important, quand il fut interrompu par les marmottes elles-mêmes. Plusieurs de ces animaux se montraient à l'ouverture de leur terrier. Après avoir regardé de tous côtés et bien reconnu les alentours, elles devinrent plus hardies, montèrent sur le toit de leurs demeures, puis s'éparpillèrent dans les petits sentiers qui conduisaient de l'une à l'autre. Au bout de quelques instants on put en compter au moins une douzaine, trottant menu, remuant la queue et poussant de temps en temps les notes aiguës de leur cri habituel. Nos voyageurs reconnurent au premier aspect qu'il y en avait deux espèces entièrement différentes par la couleur et par la grosseur. Les plus grosses avaient le poil fauve en dessus avec une teinte orangée à la poitrine et sous le ventre. C'étaient les marmottes *fauves*, désignées aussi sous le nom d'*écureuil terrestre*, et connues des voyageurs sous le nom de *siffleurs* ou *whistlers*. La seconde espèce était sans contredit la plus belle. Il n'existe pas d'autres marmottes qu'on puisse lui comparer sous ce rapport. Ces animaux, plus petits que les premiers, avaient la queue plus longue et mieux fournie, ce qui leur donnait plus d'élégance, mais leur beauté principale consistait dans la richesse de leur fourrure. Ces marmottes étaient rayées depuis le museau jusqu'à la naissance de la queue, de bandes jaunes et brunes alternant les unes avec les autres. Les bandes brunes n'étaient pas uniformes, c'était plutôt une chaîne d'anneaux noirs et jaunes disposés régulièrement. Cette disposition de couleurs, particulière à la peau des léopards, a fait donner à ces petits animaux le nom de *marmotte-léopard*.

Ce n'était point le hasard qui avait réuni ces deux espèces de marmottes ; Norman, familiarisé depuis longtemps avec les habitudes de ces animaux, apprit à ses cousins que ces deux espèces se trouvaient toujours ensemble, et que, sans habiter les mêmes terriers, elles vivaient constamment près les unes des autres et dans les meilleures relations de voisinage. Les demeures de chacune de ces deux espèces ont des caractères particuliers auxquels on les reconnaît facilement. Celles des marmottes-léopards sont percées de trous beaucoup plus petits, et diffèrent encore des autres en ce que cette entrée souterraine s'enfonce dans la terre à une profondeur perpendiculaire plus grande avant de faire un angle, et de prendre la direction horizontale. La profondeur ordinaire de ces conduits n'est pas moindre de cinq pieds. Les trous des marmottes fauves font un coude beaucoup plus près de la surface du sol, et ne s'étendent point aussi profondément sous terre. Ces différences de construction donnent l'explication d'un fait assez singulier. On a remarqué que les marmottes fauves sortaient de leur engourdissement et reparaissaient au grand jour environ trois semaines avant les marmottes-léopards. Cela tient, sans aucun doute, à ce que celles-ci étant enfoncées plus profondément dans le sol, il faut plus de temps à la chaleur du soleil pour pénétrer jusqu'à elles et les tirer de leur sommeil léthargique.

Pendant que Norman donnait ces explications, les marmottes, au nombre maintenant d'une vingtaine, trottaient et s'ébattaient sur le versant de la colline. La distance qui les séparait de nos voyageurs les empêchait de s'effrayer de leurs mouvements. D'ailleurs il y avait entre eux une vallée profonde, et elles se regardaient comme tout à fait en sûreté. Elles n'étaient cependant pas assez éloignées pour que les jeunes gens ne pussent apercevoir la plupart de leurs mouvements, et distinguer parfaitement qu'il y avait une bataille engagée entre le plus grand nombre d'entre elles.

Ce n'étaient pas les marmottes *fauves* qui se battaient contre les marmottes-*léopards*, c'étaient au contraire les mâles de chaque espèce qui se combattaient entre eux. Les combattants bondissaient comme de jeunes chats, et montraient un courage et une fureur extraordinaires ; les marmottes-léopards surtout faisaient preuve d'une adresse et d'une agilité supérieures. Lucien, qui, à l'aide de sa longue-vue suivait tous les détails du combat, voyait les marmottes rayées se saisir fréquemment par la queue, et presque toujours l'animal qui avait été pris par cette partie du corps paraissait, en s'éloignant, avoir la queue plus courte qu'auparavant. Norman, auquel son cousin fit part de cette observation, répondit que sans doute les queues étaient demeurées sur le champ de bataille. Il ajouta que cela n'était pas extraordinaire, et qu'il était très-rare au contraire de trouver des mâles de cette espèce avec la queue en bon état. Pendant que Lucien et ses compagnons faisaient leurs observations, il se passait, non loin des marmottes, un fait qui attira bientôt l'attention de nos voyageurs. C'était un animal qui s'avançait en rampant et tournait la colline. Ce nouveau venu paraissait de la grosseur d'un chien couchant ordinaire, mais plus ramassé dans ses formes, plus bas sur jambes et d'un poil plus rude et plus épais. Sa tête était aplatie, ses oreilles courtes et rondes, son poil long et rude, d'un gris mêlé sur le corps, mais d'un brun presque noir aux pattes et à la queue. Cette queue, recouverte de longs poils, était fort courte, et l'animal la portait en l'air. Ses pieds larges paraissaient armés de longues griffes recourbées ; son museau avait à peu près la forme de celui d'un chien courant, quoique moins délicat. De l'extrémité du museau partait une ligne blanche bordée de deux bandes noires, qui donnait à la physionomie de cet animal un aspect fort original. En somme, c'était une créature d'un aspect peu attrayant.

Norman reconnut du premier coup d'œil le blaireau d'Amérique. Quant à ses compagnons, c'était la première fois qu'ils avaient l'occasion de voir un animal de cette espèce. Le blaireau n'est point en effet un habitant du Sud ; on ne le trouve même dans aucune des parties habitées du territoire des États-Unis. Il existe bien, il est vrai, dans ces contrées un animal désigné sous le nom de blaireau (*badger*), mais c'est à tort qu'on désigne par cette appellation un quadrupède qui n'est autre que le cochon de terre ou marmotte du Maryland (*arctomys monax*). On a même cru pendant longtemps que le blaireau proprement dit n'habitait pas le continent américain. On est depuis revenu de cette erreur, et l'on sait aujourd'hui qu'il existe en Amérique un animal qui appartient à cette espèce, quoique différent sous plusieurs rapports du blaireau d'Europe. Il est moins gros que ce dernier, son poil est plus long, plus fin et de couleur moins foncée; en revanche il est plus vorace, et fait une grande destruction de souris, de marmottes et de plusieurs autres petits quadrupèdes. La chair morte ne lui répugne pas, et quand il rencontre quelque charogne il ne manque pas de s'en régaler.

Cet animal habite de préférence les contrées sablonneuses et stériles. C'est au milieu des plaines pierreuses qu'il creuse sa demeure. Son terrier, à fleur de terre, est si bien dissimulé, qu'il arrive souvent aux chevaux de ne pas l'apercevoir et d'enfoncer leurs pieds dedans. Le blaireau ne prend pas toujours la peine de se creuser un terrier, et quand il peut trouver une habitation de marmotte à sa guise, il en chasse le légitime propriétaire, élargit l'entrée de manière à pouvoir s'en servir facilement, et s'y établit sans plus de façon. Mais pendant l'hiver, les marmottes, terrées au fond de leurs trous et protégées par la gelée, qui durcit le sol et le rend invulnérable aux griffes du blaireau, échappent facilement à la voracité de cet animal, qui courrait grand risque de mourir de faim, si la nature n'y avait pourvu, et n'avait décidé avec sa sagesse habituelle que le blaireau passerait l'hiver, comme les marmottes elles-mêmes, dans le sommeil et dans l'engourdissement. Aussitôt que le soleil du printemps vient le rappeler à la vie, il recommence ses expéditions contre les marmottes, que le printemps a tirées comme lui de leur torpeur. Les deux espèces qu'il préfère sont précisément les marmottes fauves et les marmottes-léopards, aussi fait-il aux unes et aux autres la guerre la plus acharnée.

Le blaireau aperçu par nos voyageurs se glissait donc en rampant sur la pente de la colline, le ventre touchant presque par terre, et le museau tendu dans la direction du village des marmottes; il était évident qu'il cherchait à en surprendre les habitants. De temps à autre il s'arrêtait, comme un chien de chasse à l'arrêt sur une compagnie de perdrix; puis, après avoir reconnu les lieux, il continuait sa marche. Son dessein paraissait être de se glisser entre les marmottes et leurs terriers. C'était un moyen de leur couper la retraite et de s'en emparer sans coup férir. Il voulait ainsi s'épargner la peine de défoncer les terriers, quoique cependant ce travail ne lui fût pas bien pénible, car ses ongles sont assez forts pour bouleverser les demeures des marmottes avec autant de facilité que si c'étaient de simples taupinières.

Il s'avançait donc cautelousement, les pieds rentrés sous le ventre, le nez au vent et les yeux brillants d'espoir et de convoitise. Il n'était plus qu'à cinquante pas des marmottes, et il allait sans aucun doute couper la retraite à quelques-unes d'entre elles, quand un hibou de terrier (*strix cunicularia*), qui jusqu'alors s'était tenu perché sur un des monticules, s'éleva et se mit à voler en cercle autour de cet intrus. Cette manœuvre de l'oiseau attira l'attention des marmottes placées en sentinelle. L'alarme fut donnée; ce fut un sauve qui peut général, et toute la bande, marmottes fauves et marmottes-léopards, prit la fuite, chacun se dirigeant vers sa demeure.

Voyant que la ruse était désormais inutile, le blaireau se leva sur ses jambes et se mit à la poursuite des fuyards.

Il s'y prenait trop tard, les marmottes étaient toutes terrées, et l'on entendait leur sik! sik! qui sortait de tous côtés des entrailles du sol. Le blaireau ne s'arrêta que le temps nécessaire pour choisir un des terriers où les marmottes s'étaient retirées. Quand il fut bien sûr d'en avoir découvert un actuellement occupé, il se mit à l'ouvrage, et fit si bien de ses pattes et de son museau, que bientôt on ne vit plus que sa queue et son train de derrière, tout le reste était caché dans le trou qu'il creusait. Il eût sans doute bientôt disparu tout entier, si les jeunes gens, conduits par Norman, n'avaient escaladé la colline, et n'étaient arrivés sur le lieu même. Le blaireau fut saisi par la queue et tiré fortement par les jeunes gens, qui essayaient de lui faire lâcher prise; mais ce n'était pas une petite affaire. Ils s'y prirent les uns après les autres, et bien que Basile et Norman fussent deux gaillards vigoureux, ils ne purent parvenir à le retirer du trou. Norman leur recommanda pourtant de tenir bon s'ils ne voulaient voir le blaireau se glisser entre leurs jambes et se terrer en un clin d'œil dans quelque trou de marmottes. Conformément à ses conseils on continua de tenir ferme. Pendant ce temps, François, qui avait armé son fusil, fit feu sur l'animal.

Quoique le coup fût tiré à bout portant, l'animal ne fut pas tué sur place; en se sentant blessé, il fit un saut en arrière, et vint rouler entre les pattes de Marengo. Une lutte s'ensuivit; elle fut courte, mais terrible. En moins d'une minute le chien avait terrassé le blaireau, et l'avait étranglé en lui enfonçant ses crocs acérés dans la gorge.

La peau étant la seule partie du blaireau qui eût quelque valeur, on l'écorcha sur-le-champ, et l'on retourna au camp laissant sa carcasse dénudée devenir la proie des vautours, qui en quelques minutes arrivèrent de tous les points de l'horizon, et s'abattirent sur le cadavre sanglant. Il y en avait de deux sortes, les vautours busards et les vautours dindons.

Ce n'était pas la première fois que nos voyageurs voyaient des vautours, aussi ne s'arrêtèrent-ils point à considérer ces oiseaux gloutons; leur attention fut d'ailleurs attirée par un oiseau d'une autre espèce; c'était un grand faucon de l'espèce que Lucien reconnut aussitôt pour appartenir à l'espèce des busards (*buteo*). Ce faucon est fort répandu dans le nord de l'Amérique, et malgré la ressemblance de nom, le faucon busard n'est pas de la même espèce que le vautour busard. Ce dernier se nourrit le plus ordinairement de charogne, bien qu'il s'attaque parfois aux animaux vivants, tandis que le faucon busard, comme tous les autres oiseaux de l'espèce faucon, préfère de beaucoup la chair vive.

Une petite discussion s'éleva entre Lucien et son cousin à propos du faucon qu'on avait en vue. Lucien prétendait que c'était le faucon de marais, appelé aussi parfois busard-poule (*falco uliginosus*). Norman, au contraire, prétendait que c'était le faucon désigné par les Indiens de ces contrées sous le nom d'*oiseau-serpent*, parce qu'il fait sa nourriture principale de ces reptiles, et qu'il en détruit un grand nombre dans les plaines du Saskatschewan.

La discussion était sans objet, car les uns et les autres avaient raison. Nos voyageurs n'attendirent pas longtemps l'occasion de vérifier l'à-propos du nom donné à cet oiseau par les Indiens, qui ont en général l'habitude, comme tous les autres sauvages, de donner aux choses des noms qui indiquent leurs qualités les plus caractéristiques.

L'oiseau en question planait dans l'air, évidemment en quête de quelque gibier. Parfois il abaissait les cercles qu'il traçait jusqu'à toucher la terre de l'extrémité de ses grandes ailes ; son vol était si facile, qu'on voyait à peine remuer ses ailes, et qu'on eût volontiers pensé qu'il se mouvait par la seule force de sa volonté. Par deux ou trois fois il poussa sa reconnaissance jusqu'au-dessus du lieu où les chasseurs avaient établi leur camp. François voulut essayer de le tirer, mais l'oiseau, qui s'aperçut de ses mouvements, s'éleva directement comme un cerf-volant, et se mit bien vite hors de sa portée ; puis quand il se vit hors de danger, il se rabattit de nouveau vers la terre et continua à quêter de tous côtés comme un chien de chasse qui bat une prairie. Ces manœuvres durèrent une demi-heure environ. Au bout de ce temps, on le vit se retourner brusquement dans l'air et planer pendant quelques instants les yeux fixés sur la terre. Sa proie était sans doute trouvée, et on le vit bientôt après s'abattre en suivant une ligne diagonale, se poser un instant à terre, puis remonter rapidement avec un petit serpent gris qui se tordait entre ses serres. Quand il fut arrivé à une certaine hauteur, il changea la direction de son vol, et se mit à voler horizontalement vers un bouquet d'arbres au milieu desquels nos voyageurs le perdirent bientôt de vue.

Lucien fit observer à ses compagnons, à l'occasion de cet oiseau, un caractère particulier aux faucons busards, à l'aide duquel on peut toujours distinguer cet oiseau du faucon proprement dit. Cette particularité consiste dans la différente manière de saisir leur proie. Le faucon busard se dirige diagonalement sur l'objet qu'il convoite et le saisit en passant, tandis que les faucons proprement dits, tels que l'émérillon, le gerfaut et les grands faucons-aigles s'abattent perpendiculairement sur leur proie comme une flèche, ou plutôt comme un corps pesant tombant des hauteurs de l'espace.

Le jeune naturaliste expliqua aussi à ses auditeurs comment la structure et les organes de ces oiseaux, principalement les ailes et la queue, étaient adaptés merveilleusement à la manière dont chacun d'eux s'emparait de sa proie. Une discussion s'éleva entre eux sur le point de savoir si cette appropriation devait être considérée comme une cause ou comme un effet, et Lucien soutint que la structure de ces oiseaux était la conséquence et non la cause de leurs habitudes, car le jeune naturaliste était de ceux qui pensent que la nature n'est point immuable et qu'elle finit toujours par se modifier et s'approprier aux mœurs et aux habitudes des différents êtres. Cette opinion fut appuyée de si bonnes raisons, que ses frères et son cousin finirent par se ranger de son avis.

CHAPITRE XIX

SINGULIÈRE MANIÈRE DE TROMPER LES CANARDS.

Deux jours après la rencontre du blaireau nos voyageurs arrivèrent à Cumberland-House, l'un des postes les plus célèbres de la compagnie de la baie d'Hudson. Le facteur principal qui dirigeait cet établissement était ami du père de Norman, circonstance qui valut à nos jeunes gens une réception des plus cordiales. On mit à leur disposition tout ce que l'établissement pouvait fournir de mieux. Malgré cette bonne réception, et quoiqu'ils eussent besoin de se reposer de leurs fatigues, ils ne crurent pas devoir longtemps s'amollir dans les délices de cette nouvelle Capoue, car ils tenaient à avoir terminé leur voyage avant l'hiver, époque où la navigation en canot devient impraticable. Pendant cette saison de l'année, la glace envahit non-seulement les lacs, mais encore les rivières les plus rapides de ces régions septentrionales. Toutes ces eaux demeurent gelées pendant plusieurs mois; la couche épaisse de neige qui couvre le sol rend les voyages par terre presque aussi impraticables. On ne peut avancer qu'à l'aide de patins, à moins pourtant qu'on ne se serve de traîneaux tirés par des chiens. Ces moyens de locomotion sont employés non-seulement par les Indiens et les Esquimaux, mais encore par les quelques blancs, marchands ou trappeurs, qui sont forcés pendant cette saison rigoureuse de se rendre d'un point à un autre de cette terre désolée.

Dans de telles circonstances, les voyages ne sont pas seulement difficiles, ils sont aussi très-dangereux. Toutes les ressources manquent à la fois, et il est presque impossible de se procurer de quoi manger; la chasse est nulle, le gibier étant très-rare à cette époque par suite de l'émigration de la plupart des quadrupèdes et des oiseaux qui pour se soustraire aux rigueurs de l'hiver gagnent chaque année des régions plus méridionales. Aussi l'on a vu plus d'une fois des troupes entières de voyageurs périr de misère et de faim. Ces terribles accidents arrivent même aux Indiens, moins difficiles pourtant sur la nourriture, et pour lesquels tout est bon : les reptiles et les insectes, la viande crue et même les cadavres en putréfaction.

Nos voyageurs, qui connaissaient toutes ces particularités effrayantes, n'étaient pas désireux de se laisser surprendre par l'hiver ; aussi firent-ils tous leurs préparatifs en diligence. Ils trouvèrent au fort de quoi se composer un nouvel équipement, mais ils ne prirent que les articles qui leur étaient absolument indispensables : ils ne voulaient pas s'embarrasser, sachant très-bien qu'ils seraient obligés de porter plusieurs fois leur bateau avant d'avoir gagné les eaux de la rivière Mackenzie. Comme le transport du canot nécessitait l'emploi de deux personnes, il fallait n'avoir pas plus de bagage que n'en pouvaient porter les deux autres. Il fallait aussi proportionner ces fardeaux à la force de ceux destinés à le porter. Or François n'était qu'un enfant, et Lucien était loin d'être un jeune homme robuste. Ces considérations les engagèrent à se restreindre, et ils se contentèrent de compléter leurs vêtements et d'y ajouter une hache, des ustensiles de cuisine et quelques provisions de bouche. C'était en effet tout ce qu'on pouvait raisonnablement porter.

En quittant le fort, ils s'embarquèrent sur le Saskatschewan, et remontèrent cette rivière pendant plusieurs jours, au bout desquels ils l'abandonnèrent pour entrer dans un de ses affluents. Cette direction les conduisit au nord. Ils quittèrent peu après ce dernier cours d'eau, portèrent leur bateau pendant un certain espace de temps, et gagnèrent de la sorte une nouvelle rivière tributaire du Mississipi ou rivière Churchill. Cette dernière navigation les conduisait au nord-ouest. Ils la suivirent pendant quelques jours, portèrent leur bateau à plusieurs reprises, atteignirent enfin le lac la Crosse, et pénétrèrent de là successivement dans les lacs Clear, Buffalo et Methy. Au sortir de ce dernier lac, ils furent de nouveau contraints de porter leur bateau jusqu'aux sources d'un cours d'eau connu sous le nom de Clear-Water, sur lequel ils s'embarquèrent ; de là ils n'eurent plus qu'à descendre jusqu'à l'Elk, ou Athabasca, l'un des plus grands fleuves d'Amérique. A partir de ce point, ils se trouvèrent en réalité dans les eaux du Mackenzie même, car l'Elk, après avoir traversé le lac Athabasca, prend le nom de rivière de l'Esclave, conserve ce nom jusqu'au sortir du grand lac de l'Esclave, et prend alors celui de Mackenzie, qu'il continue à porter jusqu'à son embouchure dans l'océan Arctique.

Quand nos voyageurs se virent sur les eaux du fleuve qui devait les conduire jusqu'au lieu de leur destination, ils éprouvèrent une véritable joie, car, bien qu'ils eussent encore près de cinq cents milles à faire, ils étaient heureux de penser qu'ils n'auraient plus de terres à traverser, et de se voir désormais sûrs d'arriver au terme de leur voyage avant la fin des deux derniers mois d'été.

Le bassin de l'Elk qu'ils traversaient était charmant, et offrait à chaque pas les plus délicieux paysages. Rien n'est plus pittoresque, en effet, que les rives de ce fleuve immense. L'Elk embrasse aussi dans ses eaux de grandes îles boisées qui font ressembler son lit bien moins à une rivière qu'à une suite de lacs. La rame devenait désormais inutile, car la force du courant suffisait pour les emporter avec rapidité; et nos jeunes voyageurs, mollement balancés par les eaux et à moitié couchés dans leur canot d'écorce, s'abandonnaient au doux *far niente*, et faisaient retentir l'écho des rives du fleuve de la barcarolle connue des bateliers canadiens :

Row, brotter, row!

Le temps qu'ils passèrent à descendre le cours de ce fleuve aux rives pittoresques fut sans contredit la partie la plus agréable de leur long voyage.

Les rives du fleuve, aussi bien que ses eaux, leur fournissaient abondamment de quoi renouveler leurs provisions de bouche. Les saumons et les hyodons de l'espèce connue sous le nom de *poisson doré*, pullulaient dans les eaux de l'Elk. Ils en prirent un grand nombre. Ils tuèrent aussi sur ses rives une foule de canards et d'oies sauvages; aussi ne dînèrent-ils guère pendant tout ce temps sans avoir devant eux à la fois chair et poisson.

Les oies qu'ils rencontrèrent étaient de différentes espèces. Là se trouvaient l'*oie de neige*, ainsi nommée à cause de la blancheur de son plumage ; l'*oie rieuse*, dont le cri ressemble si fort au rire de l'homme que les Indiens, pour l'attirer, se contentent de placer leur main ouverte devant leur bouche en prononçant à plusieurs reprises la syllabe : Ah ! ah ! Ils virent aussi plusieurs oies de l'espèce des *barnaches*, et notamment celle connue sous le nom d'*oie du Canada*, l'oie sauvage par excellence.

Ils furent loin cependant de rencontrer toutes les espèces d'oies qui fréquentent les régions septentrionales de l'Amérique, et Lucien leur apprit qu'il existait encore plusieurs autres espèces du genre, toutes fort recherchées des Indiens, qui vivent de ce gibier pendant la plus grande partie de l'année.

Bien que les canards ne manquassent pas non plus aux abords du fleuve, nos voyageurs cherchaient en vain des yeux une espèce qui ne se montrait point encore. C'était celle si justement célèbre parmi les épicuriens d'Amérique sous le nom de *dos-de-toile*. Aucun de nos voyageurs n'avait eu occasion de goûter cet oiseau délicat, inconnu dans la Louisiane, et qui ne se trouve guère aux États-Unis que sur les côtes de l'Atlantique. Norman seul avait entendu parler de l'existence de cet oiseau dans les montagnes Rocheuses, où on prétend qu'il se rencontre ainsi que dans tout le pays des fourrures. Aussi se flattaient-ils tous quatre de l'espoir de le rencontrer aussitôt qu'ils seraient arrivés dans les eaux de l'Athabasca.

Lucien, qui dans ses lectures avait eu occasion de s'occuper de cet oiseau, se faisait fort de le reconnaître à première vue; il était d'ailleurs très au courant de ses mœurs et de ses habitudes, ainsi que de celles de tous ses autres congénères. Il offrit à ses compagnons de leur dire tout ce qu'il savait de ces oiseaux. Chacun ayant accepté avec joie la proposition, Lucien prit la parole.

Le canard *dos-de-toile*, dit-il, est le plus célèbre et le plus prisé de tous les oiseaux de sa famille en raison de la saveur exquise de sa chair, que quelques gourmets mettent au-dessus de celle de tous les autres oiseaux. C'est un des plus petits canards, son poids s'élevant rarement au-dessus de trois livres. Son plumage est loin d'égaler en beauté celui de la plupart de ses congénères. Sa tête est rougeâtre ou plutôt d'un brun châtain, sa poitrine d'un noir lustré, et tout le reste de son corps est grisâtre. En y regardant de près, on s'aperçoit cependant que cette teinte n'est pas uniforme, et qu'elle est au contraire mêlée d'une foule de petites lignes qui s'entre-coupent en zig-zags. Je suppose que cette disposition du plumage ayant quelque rapport avec la contexture d'une toile à voile, a été la cause première du nom sous lequel on désigne vulgairement cet oiseau. Cependant je ne voudrais pas répondre de l'authenticité de cette origine, sur laquelle il y a beaucoup d'obscurité. Quoi qu'il en soit à cet égard, ce canard ressemble tellement par le plumage au pochard, ou *tête rouge* d'Europe, et à son congénère le canard à tête rouge d'Amérique (*anas ferina*), qu'à une certaine distance on les confond très-facilement. Cette dernière espèce est d'autant plus facile à confondre avec le dos-de-toile, que les bandes de ces deux oiseaux vivent ordinairement de compagnie. Aussi sur les marchés de New-York et de Philadelphie ne se fait-on pas faute de vendre le *rouge-tête* sous le nom de *dos-de-toile*.

Si les acheteurs y sont trompés, le naturaliste cependant ne doit pas s'y laisser prendre, et l'examen du bec et des yeux doit lui suffire pour distinguer ces deux espèces. Le dos-de-toile a les yeux rouges avec le bec d'un vert sombre et presque droit, tandis que le rouge-tête a les yeux orangés, le bec bleuâtre, avec la partie supérieure légèrement concave.

Le dos-de-toile est appelé en histoire naturelle *anas valisneria*, du nom de la valisnière, plante aquatique des racines de laquelle il fait sa principale nourriture. La valisnière est une sorte d'herbe rubannée qui doit elle-même son nom au botaniste italien Antonio Valsneri. Cette plante de rivière pousse dans les eaux tranquilles; on la rencontre aussi parfois dans la mer, près des côtes, aux lieux où l'âcreté des eaux salées est un peu adoucie par le voisinage des rivières. Cette plante choisit ordinairement les endroits où l'eau n'a pas plus de trois à cinq pieds de profondeur. Sa tige s'élève au-dessus de l'eau à la hauteur de deux pieds, et même quelquefois plus. Elle est ornée de longues feuilles rubannées d'un vert sombre. Ses racines blanches et savoureuses ont quelque ressemblance avec le céleri, d'où le nom de céleri sauvage qui lui a été donné par les chasseurs de canards. Ce sont ces racines qui forment la principale nourriture du dos-de-toile et qui donnent à sa chair cette saveur particulière si appréciée des gourmets. Ce n'est guère que dans la baie de Chesapeake et dans quelques rivières telles que l'Hudson que la valisniere pousse en abondance, et ce n'est que là aussi qu'on rencontre le canard à dos-de-toile.

Cet oiseau ne mange pas les feuilles de la valisniere et ne s'attaque qu'aux racines qu'il va chercher sous l'eau en plongeant avec beaucoup de dextérité. Ces feuilles, lorsqu'elles sont séparées de leurs racines, sont assez légères pour continuer à flotter sur l'eau. Les canards détruisant un grand nombre de racines, on voit des masses de ces feuilles détachées de leur pied flotter sur l'eau et être rejetées par le vent sur les côtes, où elles sont généralement désignées sous le nom de varech.

Les prix élevés auxquels les canards se vendent ordinairement sur les marchés des grandes villes d'Amérique engagent un grand nombre d'individus à se livrer à cette chasse productive, et l'on en compte dans les environs de la baie de Chesapeake qui n'ont pas d'autres moyens d'existence. Cette chasse a même été l'objet de contestations assez vives. Chacun des États qui entourent la baie prétend s'en arroger seul le droit. Les choses en sont même venues au point qu'on a équipé de petites flottes et levé de petites armées. Mais le gouvernement des États-Unis est intervenu dans la question, et a heureusement réglé toutes choses à la satisfaction des parties.

Lucien en était là de ses explications, quand le canot tourna un angle de la rivière. Une nappe d'eau d'une grande étendue se découvrit aussitôt aux yeux de nos voyageurs. De chaque côté de la rive, le courant était des plus lents, et dans le milieu du fleuve se trouvait une masse d'herbes aquatiques aux feuilles longues comme celles du gazon, et qui faisait ressembler cette partie du fleuve à une longue prairie. Sur l'un des côtés de cette prairie flottante, on voyait une grande troupe d'animaux sauvages occupés à plonger et à prendre leur nourriture. On ne pouvait s'y tromper, c'étaient des canards. L'espèce à laquelle ils appartenaient était évidemment des plus petites. Mais quelle était cette espèce ? c'était ce que l'on ne pouvait distinguer à la distance où l'on se trouvait encore de la bande emplumée. Un oiseau d'un autre genre, un gros cygne trompette, voguait aussi sur l'eau entre la rive et les canards, vers lesquels il paraissait se diriger. François chargea aussitôt un des canons de son fusil avec du plomb à cygne, ou, pour mieux dire, des chevrotines. Basile, de son côté, prépara sa carabine. Ce n'était point aux canards qu'en voulaient nos chasseurs, mais bien au gros cygne trompette. Pendant ce temps, Lucien s'était armé de son télescope et observait la bande d'oiseaux.

Le canot voguait doucement et sans bruit, abandonné à l'action du courant, quand tout à coup une exclamation de Lucien attira l'attention des chasseurs et leur fit changer leur premier projet.

— Je crois que ce sont précisément là les canards dos-de-toile dont nous parlions à l'instant ! s'écria le jeune naturaliste en même temps qu'il arrêtait le bateau, et considérait avec plus d'attention la troupe de ces volatiles.

Bientôt le doute ne fut plus permis : la couleur, la grosseur et la forme, tout indiquait en effet les fameux dos-de-toile. Il n'en fallait pas plus pour exciter l'ardeur de nos chasseurs. Tous quatre désiraient vivement tuer des dos-de-toile, et encore plus s'assurer par eux-mêmes s'ils méritaient leur réputation. On résolut donc de laisser là le cygne pour donner la chasse aux canards; mais ce n'était pas chose facile que d'approcher ces oiseaux, qui passent à bon droit pour les plus prudents et les plus timides de tous les gibiers d'eau. Ils poussent, dit-on, la précaution jusqu'à établir des sentinelles chargées de veiller à tour de rôle à la sûreté générale. Peut-être y a-t-il dans l'allégation de ce fait quelque exagération, je n'en voudrais pas jurer; mais ce qu'il y a de certain, c'est qu'on ne voit jamais ces canards plonger tous à la fois, et qu'il en demeure toujours une partie sur l'eau, dont le rôle paraît consister en effet à veiller à la sûreté de ceux qui sont dessous.

Nos chasseurs n'ignoraient aucune de ces circonstances, et se trouvaient fort embarrassés, n'ayant à leur disposition aucun couvert qui pût leur servir à se cacher aux yeux des canards. On se réunit en conseil, et plusieurs plans furent proposés. On finit, après quelques minutes de délibération, par adopter celui proposé par Norman; il était bien simple. Il n'y avait pour l'exécuter qu'à couvrir le canot de branchages, de manière qu'il fût entièrement caché sous cette verdure avec tous ceux qui le montaient.

Sans plus de retard, le canot fut poussé sur une des rives, on descendit, on y coupa une certaine quantité de branchages qu'on arrangea convenablement sur le canot, puis on reprit le cours de l'eau et on se laissa glisser doucement dans la direction des canards. Les carabines à longue portée furent laissées de côté comme inutiles, et toute l'espérance de la chasse reposa désormais sur le fusil double de François et sur l'adresse de son propriétaire, qui se plaça à l'avant du bateau, pendant que les autres lui donnaient à la fois la direction et l'impulsion.

Le jeune chasseur eut soin d'enlever des canons de son fusil les chevrotines qu'il y avait glissées à l'intention du cygne, et les remplaça par du petit plomb, bien suffisant pour tuer un canard, et bien plus propre à tirer sur la masse compacte formée par la troupe de ces oiseaux.

Pendant un quart d'heure le canot longea les plantes aquatiques, qui n'étaient autres que des valisnières ou céleri sauvage, et arriva si près du lieu où stationnaient les canards, que les chasseurs purent à l'œil nu reconnaître parfaitement les oiseaux auxquels ils avaient affaire. A leur grande surprise ils reconnurent que la bande se composait de trois différentes espèces de canards mêlées les unes aux autres. Au premier rang figuraient les dos-de-toile; puis venait une autre espèce presque semblable, mais un peu plus petite; c'étaient les rouges-têtes ou pochards; la troisième espèce différait un peu plus des deux autres, elle avait aussi la tête rouge, mais d'un rouge plus brillant, avec une ligne blanche partant de la racine du bec et venant aboutir derrière la tête. A cette marque particulière Lucien reconnut les widgeons (*anas americana*). Ce qui étonna le plus nos voyageurs dans cette réunion, ce fut la manière singulière dont toutes ces espèces se comportaient les unes envers les autres. Ils remarquèrent que les widgeons n'obtenaient leur nourriture que par fraude, et qu'ils prélevaient un impôt forcé sur la communauté des dos-de-toile.

Comme l'avait dit précédemment Lucien, cette dernière espèce se nourrit presque exclusivement de racines de valisnière. Mais l'acquisition de cette précieuse substance exige de leur part un assez grand travail. Il leur faut plonger à la profondeur de quatre ou cinq pieds, et demeurer sous l'eau le temps nécessaire pour tirer cette racine de terre. Le widgeon est tout aussi friand de cette racine que le dos-de-toile; mais malheureusement il ne sait pas plonger, ou du moins s'il plonge, ce n'est que rarement, pour fuir ses ennemis ou pour jouer, mais jamais pour chercher sa nourriture. Il se verrait donc obligé de se priver des racines qu'il aime par-dessus tout, s'il n'y remédiait par une industrie fort habile sans doute, mais pourtant assez peu louable.

Voici comment il s'y prend pour obtenir l'objet de sa convoitise.

Il se porte aussi près que possible d'un canard plongeur, et attend le moment où celui-ci plonge et disparaît sous l'eau ; il s'approche alors de la place où celui-ci vient de s'enfoncer, et surveille les environs d'un œil attentif. Bientôt les feuilles de valisnière qui s'agitent avec force lui indiquent le lieu où le plongeur exécute son travail sous-marin. Quelques instants après ces mêmes feuilles sont emportées par le courant : c'est le moment. Le plongeur a accompli son œuvre, et on le voit en effet reparaître aussitôt tenant dans son bec la précieuse racine. C'est là que l'attendait le widgeon. L'adroit filou a calculé avec précision la place où l'autre doit reparaître ; et avant que ce dernier ait pu se secouer la tête et ouvrir ses yeux aveuglés par l'eau, il se précipite sur lui et lui enlève sa proie, avec laquelle il s'enfuit précipitamment. Cela amène quelquefois des disputes ; mais le widgeon, qui connaît sa faiblesse, accepte rarement le combat et préfère se confier à son agilité. De son côté, le dos-de-toile, qui sait que son voleur est plus leste que lui, cherche rarement à le poursuivre. Il se contente la plupart du temps de regarder avec un air chagrin sa chère racine qui s'éloigne, et finit, après avoir réfléchi sans doute que les regrets sont superflus, par plonger de nouveau et aller chercher au fond de l'eau des consolations à sa mésaventure.

Le rouge-tête se mêle rarement à ces contestations, car il se contente pour sa nourriture des tiges et des feuilles de la valisnière, et trouve à la surface de l'eau une pitance que personne ne songe à lui disputer.

Pendant que le canot continuait à s'approcher des canards, nos chasseurs observaient avec intérêt leurs manœuvres et leurs mouvements. Le cygne trompette se trouvait au milieu de la bande, qui ne paraissait en aucune façon s'occuper de sa présence.

Depuis un moment Lucien examinait le cygne avec attention et remarquait en lui quelque chose d'extraordinaire. Son plumage semblait hérissé, sa démarche plus roide et moins gracieuse qu'à l'ordinaire ; son cou, loin de se balancer mollement de côté et d'autre, était recourbé de telle sorte que son bec touchait presque l'eau ; en un mot, l'oiseau avait l'attitude qu'il prend ordinairement quand il veut saisir quelque chose à la surface de l'eau. Lucien, qui craignait en parlant d'effaroucher les canards, garda pour lui les observations qu'il venait de faire. Il pouvait d'autant mieux se dispenser de les communiquer à ses compagnons, que Basile et Norman avaient comme lui remarqué les mouvements et l'aspect singulier du cygne trompette. Quant à François, tout entier à ses canards, il ne s'était aperçu de rien.

En s'approchant davantage, Lucien, ainsi que Basile et Norman, furent témoins d'une nouvelle manœuvre qui ne laissa pas que de les étonner. A mesure que le cygne arrivait près des canards, on voyait ceux-ci plonger et disparaître sous l'eau. Les jeunes gens crurent d'abord qu'ils ne plongeaient ainsi que pour céder la place au cygne et s'ôter de son chemin, car leur manière de plonger dans cette circonstance n'était pas du tout la même que celle employée par ceux qui allaient à la recherche des racines. Ce qu'il y avait de plus singulier, c'est qu'aucun de ceux qui plongeaient dans le voisinage du cygne ne reparaissait à la surface.

Il y avait dans tout cela quelque chose de fort extraordinaire, et les trois jeunes gens allaient sans doute se communiquer leurs idées à cet égard, quand la double détonation du fusil de François vint appeler leur attention d'un autre côté. Ils regardèrent à travers les branchages qui les couvraient combien leur jeune compagnon avait tué de canards. Il y en avait un grand nombre qui flottaient sans vie à la surface de l'eau ; mais aucun d'eux n'eut l'idée de les compter, car quelque chose d'étrange, et l'on pourrait même dire d'effrayant, se montrait alors à leurs yeux et les remplissait d'étonnement. La conduite du cygne, qui leur avait paru singulière quelques instants auparavant, leur paraissait maintenant bien plus extraordinaire encore. Au lieu de s'envoler sur le coup, comme chacun s'y était attendu, l'oiseau s'agitait convulsivement sur l'eau et plongeait de temps à autre en poussant des cris affreux tout à fait semblables à ceux d'un homme en détresse; puis on le vit sortir à moitié de l'eau comme s'il voulait prendre son vol, mais retomber aussitôt sur le dos, tandis qu'à la place qu'il venait de quitter on voyait s'agiter un objet noir et de forme ronde qui cherchait à gagner la rive en continuant à pousser les cris affreux qui avaient dès l'abord épouvanté nos chasseurs.

Cet objet noir n'était autre chose que la tête d'un être humain.

La profondeur de l'eau diminuait en s'approchant de la rive, et progressivement on vit s'élever au-dessus de l'eau un cou et des épaules d'homme. C'était un Indien peau rouge. Tout fut alors expliqué : l'Indien était un chasseur de canards qui pour tromper ces oiseaux s'était caché sous une peau de cygne, et à l'aide de ce déguisement les avait facilement approchés. Le malheureux n'avait point aperçu le canot caché sous la verdure, et ne s'était aperçu de la présence des voyageurs qu'au moment où il avait entendu le coup de feu tiré par François. En somme, il avait eu plus de peur que de mal. Le bruit de l'arme à feu et la présence de quatre visages blancs, les premiers et les seuls qu'il eût jamais vus sans doute, lui avaient fait perdre la tête, de là ses cris et sa fuite précipitée. Il ne devait point avoir été blessé, mais qu'il le fût ou non, personne n'en sut jamais rien, car le pauvre sauvage n'eut pas plutôt touché la rive, qu'il prit sa course et disparut dans l'épaisseur des bois. On eût dit qu'il avait le diable à ses trousses, et de fait je suis sûr qu'il crut et croit encore avoir eu affaire à ce terrible ennemi du genre humain.

Les voyageurs ramassèrent la peau du cygne qu'ils examinèrent avec curiosité. La chasse de François fut encore plus productive qu'on ne s'y était attendu. Car, en outre des oiseaux tués par ses deux coups de fusil, on hérita d'une vingtaine de canards happés par le sauvage, et que le pauvre garçon avait abandonnés dans sa fuite. Ceux qui n'étaient que blessés furent pris également, et on leur tordit impitoyablement le cou. Quand tous les oiseaux eurent été repêchés et installés à bord, on débarrassa le canot des branchages qui l'encombraient ; on reprit les rames et les aviron, et le léger esquif, poussé par des bras vigoureux, partit comme une flèche dans la direction du courant.

CHAPITRE XX

LES CANARDS D'AMÉRIQUE.

Lucien reprit sa dissertation sur les canards d'Amérique.
— On connait, dit-il, plus de douze espèces de canards qui fréquentent les eaux de l'Amérique du Nord. Ces douze espèces

ont été divisées par les faiseurs de systèmes en dix-huit genres. Pour ma part, j'aimerais mieux être forcé de vous réciter tout ce qui a été dit depuis la création du monde sur les canards, que de nommer les dix-huit noms barbares dont il a plu à messieurs les savants de baptiser ces dix-huit catégories. Il y a dans cette classification pédantesque des espèces si semblables les unes aux autres par les mœurs et les habitudes, qu'il eût à mon avis beaucoup mieux valu ne pas surcharger la science de cette inutile classification. J'avouerai volontiers qu'il existe dans les habitudes des canards des différences qu'il est bon de citer. Ainsi certaines espèces sont plus aquatiques que les autres, quelques-unes se nourrissent entièrement de substances végétales, tandis que d'autres y ajoutent des poissons, des insectes et des crustacés; quelques espèces ne quittent pas la mer, d'autres ne sortent jamais des eaux douces; tandis que certaines espèces fréquentent indifféremment les eaux douces et les eaux salées. Il y a des canards qui ne veulent qu'une eau limpide et pure, et d'autres qui préfèrent au contraire les eaux bourbeuses encombrées de joncs et d'autres plantes aquatiques. Il est même certaines espèces qui habitent dans les creux des troncs d'arbres, et qui perchent sur leurs branches.

Mais en dépit de ces différences, assez légères après tout, il existe sous d'autres rapports tant de similitude entre les canards, tant pour l'aspect extérieur que pour les habitudes, que je persiste à croire que les naturalistes de cabinet n'ont point avancé la science en surchargeant de quelques noms les découvertes faites par les véritables savants.

Wilson, pauvre émigré écossais, qui parcourut une grande partie de l'Amérique avec une bourse vide et un fusil chargé, a recueilli dans ses excursions plus de documents sur les canards que tous ceux qui ont vécu avant ou après lui. Il a rangé tous les canards d'Amérique dans le seul genre Anas et les a décrits avec plus d'intelligence et de clarté que les naturalistes qui ont écrit depuis lui.

Le gibier d'eau, continua Lucien, et par là j'entends les cygnes, les oies et les canards, sont des objets d'une véritable importance dans toute la partie de l'Amérique que nous traversons maintenant. Ces oiseaux sont même pendant une certaine partie de l'année la seule nourriture que cette terre ingrate offre au petit nombre d'hommes qui l'habitent.

Les oiseaux aquatiques que je viens de nommer sont tous voyageurs, c'est-à-dire qu'à l'époque où la glace rend les rivières et les lacs inhabitables, ils émigrent vers le sud, pour retourner dans le nord aussitôt que revient la belle saison. La raison de cette émigration annuelle est un mystère dont la science n'a point encore trouvé l'explication. On a bien dit que ces oiseaux revenaient passer la belle saison dans les régions septentrionales parce qu'ils trouvent dans ces immenses déserts plus de sécurité pour la ponte et pour la mue. Cette raison ne me paraît pas entièrement satisfaisante, car si la solitude était ce qu'ils recherchent seulement, ils pourraient tout aussi bien rester sous les latitudes méridionales où se trouvent aussi de vastes déserts. Pourquoi, arrivant le printemps, quitter alors des déserts plus chauds pour retrouver des déserts plus froids?

« L'arrivée de ces oiseaux dans le pays des fourrures, écrit
« quelque part un naturaliste distingué, indique le commence-
« ment du printemps, et répand la joie chez tous les chasseurs,
« comme l'approche de la moisson et de la vendange sous des
« climats plus favorisés. »

Les Indiens et les chasseurs au service de la compagnie d'Hudson détruisent ces oiseaux par milliers. Leur chair est pour eux un aliment journalier, ils la mangent non-seulement quand elle est fraîche tuée, mais encore ils la fument et la salent, et la conservent pour la manger en hiver à l'époque où il devient impossible de s'en procurer de fraîche. La capture de ces oiseaux étant pour les habitants du Nord un objet du plus haut intérêt, les chasseurs, ainsi que les Indiens, emploient pour les tuer ou pour s'en emparer toute espèce de moyens et de ruses : appeaux, filets, fusils, flèches, tout est mis en réquisition ; mais si notre cousin Norman voulait prendre la parole, il serait bien plus à même que moi de vous donner des détails à ce sujet.

Le jeune marchand ne se fit pas prier.

— Les Indiens, dit-il, les prennent ordinairement par ruse. Le moyen qu'ils emploient le plus consiste à faire un certain nombre de haies ou palissades qui, partant de la rive du lac ou de la rivière, s'avancent dans l'eau à angle droit. Ces palissades sont séparées les unes des autres par un espace de douze ou quinze pieds, de manière que les oiseaux, poussés vers la rive, puissent se réfugier dans ces espèces d'anses factices. C'est là qu'on place les filets, en les attachant assez solidement pour que les gros oiseaux, tels que les oies ou les cygnes, ne puissent parvenir à les enlever. Ces filets sont faits de lanières de cuir cru coupées très-minces, et sont dissimulés avec soin sous une couche de gazon afin de tromper plus facilement les oiseaux. Les palissades sont la partie la plus difficile de l'opération, d'abord parce que le bois manque souvent et que d'ailleurs, quand on a des pieux à sa disposition, il est toujours très-difficile d'aller, sur un simple canot d'écorce fragile et vacillant, les enfoncer dans l'eau ; quand le courant est fort, l'opération est difficile. Lorsque les eaux sont basses, la chose devient beaucoup plus aisée, et j'ai vu des rivières barrées d'une rive à l'autre par des palissades de cette nature. Dans les grands lacs, ces barrages sont impossibles ; ils ne sont pas d'ailleurs indispensables, car les cygnes, les oies et tous les canards, excepté les plongeurs, viennent chercher leur nourriture sur la terre, près de laquelle ils se tiennent ordinairement de préférence. Aussi, dans ce cas, suffit-il de dresser des palissades sur le bord de l'eau.

Les Indiens prennent souvent les canards dans leur nid, à l'aide de lacets qu'ils établissent avec beaucoup d'adresse ; mais ils ont grand soin de se laver les mains avant de faire cette opération, car ils prétendent que, sans cette précaution, les canards éventeraient le piége et se donneraient bien garde d'aller plus avant. J'ignore jusqu'à quel point cette opinion est fondée. Ils prétendent aussi que les canards n'entrent jamais dans leur nid que par le même côté, et qu'ils sortent toujours par le côté opposé. Je le croirais assez volontiers, car les oiseaux de terre n'agissent jamais autrement. C'est d'après cette supposition que les Indiens établissent leurs lacs du côté par lequel l'animal entre dans son nid ; ils sont ainsi plus sûrs de leur proie, et c'est surtout un moyen de l'avoir plus tôt.

Les Indiens ont encore quelques autres manières de s'emparer des canards sur leurs nids. Ils les prennent aussi à la ligne, en mettant au bout de leur hameçon quelque appât qu'ils savent être du goût de ces oiseaux. Ils les chassent aussi comme les blancs, soit avec des flèches, soit avec des fusils, et ils emploient, pour les approcher à portée, toutes sortes de ruses. Tantôt ils placent sur l'eau des canards de bois, dont la présence attire les véritables canards près des lieux où les chasseurs sont embusqués, tantôt ils recouvrent leurs bateaux d'herbes et de branchages, et s'approchent ainsi des oiseaux trompés par ce stratagème. A l'époque de la mue, ils poursuivent les canards sur l'eau et les tuent à coups de bâton ; ils chassent les cygnes de la même manière ; mais ceux-ci leur échappent souvent, grâce à leurs grandes ailes et à leurs larges pattes, qui leur donnent à la nage un avantage et une rapidité que les canards n'atteignent jamais.

J'ai bien encore entendu parler de plusieurs autres méthodes employées par les Indiens pour la chasse aux canards, mais comme je ne les ai pas vues de mes yeux, je me dispenserai de vous en parler, et me bornerai à celles que je viens de vous décrire, et dont je vous ai parlé savamment, parce que je les ai toutes pratiquées moi-même.

Norman se tut alors, car c'était un homme pratique et positif, qui ne parlait jamais que des choses qu'il connaissait.

Lucien prit la parole après son cousin, pour donner à ses compagnons quelques renseignements nouveaux sur les différentes espèces de canards américains.

— Parmi les espèces les plus connues, dit-il, il faut citer le canard eider (*anas mollissima*), si estimé pour son duvet qui sert à faire des édredons et des oreillers. On prétend que trois livres de ce duvet peuvent être comprimées de manière à tenir dans la main d'un homme, et se dilater ensuite assez pour remplir un édredon de cinq pieds carrés. On obtient ce duvet sans tuer l'oiseau, car celui qu'on prend sur l'oiseau mort est de qualité fort inférieure et perd la majeure partie de son élasticité. La meilleure manière de se le procurer est de le prendre dans le nid même de l'oiseau. La femelle s'arrache les plumes de la poitrine pour en tapisser son nid, et quand ce duvet a été emporté par les chasseurs, elle recommence à se dépouiller de nouveau. Si la fraude se renouvelle, et que la femelle ne soit plus en état de fournir aux exigences de son habitation, c'est au tour du mâle à se sacrifier. Il s'exécute alors et s'arrache les plumes de la poitrine. Mais si à cette troisième fois le duvet a le même sort que les premières, les oiseaux, à bout de patience, abandonnent leur nid pour n'y plus revenir. La quantité de duvet qu'on trouve dans un seul nid suffit pour remplir un chapeau d'homme et pèse environ trois onces.

Le canard eider est de la taille du canard ordinaire. Il est noir en dessous et d'un blanc chamois sur le dos, le cou et les épaules. Sa tête est d'un bleu foncé. Il appartient à l'espèce des canards de mer désignés par les naturalistes sous le nom de *fuligulæ*. On ne le rencontre que rarement dans les eaux douces. Il se nourrit principalement des mollusques répandus dans les mers polaires. Sa chair, désagréable au goût, n'est recherchée que par les Groënlandais. Il ne se plaît que dans les hautes latitudes, et fréquente les extrémités septentrionales des deux continents, où il établit son nid dans les trous des rochers qui bordent la mer. Dans les hivers très-rigoureux, il quitte ses parages habituels pour s'avancer un peu vers le Sud. On le rencontre alors dans les États-Unis, sur les côtes de l'Atlantique, où il a reçu des chasseurs les noms d'habit blanc, d'habit noir, et figure sous ces diverses appellations dans les marchés des grandes villes d'Amérique. Quelques naturalistes prétendent que ce canard pourrait être facilement apprivoisé. Ce serait, sans contredit, un résultat aussi avantageux que curieux ; mais je le crois impossible, car j'ai entendu dire qu'on avait tenté vainement cette expérience.

La plume de cet oiseau forme un objet de commerce assez important pour les habitants de l'Europe septentrionale. Sur le continent américain, il n'est guère chassé que par les sauvages, et en quantité trop peu considérable pour faire un objet spécial d'échange.

Parmi les canards communs aux latitudes des deux continents, je citerai encore deux espèces : le *canard royal* et le *canard arlequin*.

Le premier doit son nom à la beauté de son plumage. Ses habitudes sont celles de l'Eider ; son duvet est tout aussi estimé, mais il en fournit moins, car c'est un oiseau beaucoup plus petit que le précédent.

Le canard arlequin est une espèce plus petite encore que la précédente, et remarquable par l'éclatante bigarrure de son plumage, à laquelle il doit son nom. Dans le pays, on l'appelle *lord*.

Le plus beau canard d'Amérique est sans contredit le canard de bois (*ana sponsa*). Le canard mandarin de la Chine peut seul lui disputer le palme de la beauté. Le nom donné à ce canard lui vient de l'habitude où il est de se percher sur les arbres et d'y faire son nid. C'est un oiseau d'eau douce particulier aux régions septentrionales et qu'on ne rencontre jamais dans les latitudes élevées. Cette espèce, très-facile à apprivoiser, se rencontre maintenant dans tous les jardins zoologiques. C'est un petit canard de la taille du widgeon, d'habitudes douces, et qu'on recherche presque autant pour la douceur de son chant que pour la magnificence de son plumage.

L'Amérique possède un grand nombre d'autres canards dont je ne veux point vous parler, dans la crainte d'être entraîné dans de trop longs détails; je me bornerai à vous citer les plus connus.

Le *siffleur* (*anas clangula*), qui doit son nom vulgaire au bruit produit par le battement de ses ailes.

La *spatule* ainsi nommée de la forme de son bec.

Le *sorcier* (*anas vulgaris*), ainsi nommé par les Indiens à cause de son adresse à plonger et à éviter ses ennemis.

La *vieille femme* ou *vieille squaw* (*anas glacialis*), dont le cri continu est comparé par les Indiens qui l'ont baptisé au caquet fatigant d'une vieille femme atteinte d'intempérance de langue. C'est en effet le plus bruyant de tous les canards : le bec ne lui ferme pas. Les voyageurs l'appellent caccawée, sans doute par imitation de son cri.

Il faut encore indiquer, continua Lucien, les sarcelles aux ailes bleues et grises, le fauque et le widgeon, qui diffère fort peu du widgeon d'Europe. Le canard rouge (*anas rubida*), remarquable par la couleur de ses plumes non moins que par sa queue relevée et son cou très-court, ce qui lui donne de loin l'apparence d'un canard à deux têtes.

Je cite encore plusieurs espèces bien connues : le *pintail*, le *vochard* ou rouge-tête, et le *mallard*, d'où provient le canard domestique, la macreuse.

CHAPITRE XXI

LA PIE-GRIÈCHE ET LE COLIBRI.

Les bords riants de l'Elk semblaient être le séjour de prédilection des oiseaux de toute espèce; nos voyageurs en virent un grand nombre tant de ceux qui émigrent dans le pays des fourrures pendant l'été que de ceux qui habitent ordinairement dans ces parages. Parmi les premiers, ils remarquèrent surtout l'oiseau bleu de Wilson (*sialia Wilsoni*), qui, à cause de sa grâce et de l'innocence de ses habitudes, est aussi aimé en Amérique que le robin l'est en Angleterre. Ils virent aussi un autre oiseau également cher aux fermiers, le martin pourpre. C'étaient là en général des oiseaux pêcheurs qui voltigeaient sans cesse au-dessus des eaux du fleuve; d'autres au contraire avaient établi leur demeure sur les arbres de la rive, et sautillaient de branche en branche. C'étaient le gros-bec cardinal (*pitylus cardinalis*) aux ailes écarlates, le geai bleu brillant et babillard, le bec en croix (*loxia*), oiseau rare et reconnaissable à la couleur cramoisie de son plumage. Les oiseaux que nous venons de nommer n'étaient pas les seuls habitants de la feuillée. Beaucoup d'autres, au contraire, égayaient le paysage soit par leur chant soit par leur brillant plumage.

L'oiseau qui intéressait le plus vivement nos jeunes voyageurs n'avait pourtant ni belle voix ni belles plumes; loin de là, sa voix, désagréable à entendre, ressemblait au bruit d'une porte qui crie plus qu'à toute autre chose. Cet oiseau, de la grosseur d'une grive, était de couleur grise, blanc sous le ventre avec le bout des ailes noir. Son bec était courbé comme celui des oiseaux de proie, tandis que ses pieds ressemblaient à ceux de la famille des pics. En somme, il paraissait tenir le milieu entre les deux espèces.

Ce n'était ni la couleur de cet oiseau, ni sa forme, ni sa voix qui avaient attiré l'attention de nos voyageurs. Ses singulières habitudes lui avaient seules valu cet honneur. Ce fut pendant une de leurs haltes méridiennes qu'ils eurent l'occasion favorable d'observer de près les manœuvres de ce petit acteur emplumé. Ils s'étaient arrêtés dans une île boisée pour y passer les heures chaudes de la journée, et avaient établi leur camp sous un grand arbre autour duquel s'enlaçaient les tiges nombreuses d'un chèvrefeuille dont les fleurs entièrement épanouies embaumaient l'air de leur douce senteur.

Ils y étaient à peine installés, que François, dont les yeux étaient toujours en mouvement, découvrit dans les touffes de chèvrefeuille la présence de plusieurs petits oiseaux. On ne fut pas longtemps indécis sur l'espèce à laquelle ils appartenaient; c'étaient des colibris de l'espèce connue sous le nom de gorge de rubis (*trochilus colubris*). Ce nom leur a été donné à cause de la plaque rouge que le mâle porte à la poitrine, plaque qui resplendit aux rayons du soleil et jette des feux semblables à ceux du rubis. Le dos de cet oiseau est d'un vert d'émeraude, dont l'opposition fait encore ressortir plus vivement l'écarlate de la poitrine. C'est de tous les oiseaux qui émigrent dans le pays des fourrures le plus mignon et le plus petit, si l'on en excepte toutefois son congénère le colibri cinnamon (*trochilus rufus*); encore ce dernier oiseau ne se rencontre-t-il guère dans les régions septentrionales que sur le versant occidental des montagnes Rocheuses, et on le trouve de ce côté jusque sur les côtes inhospitalières et glacées du détroit de Nootha. Le Mexique et les pays tropicaux de l'Amérique sont le séjour de prédilection de toutes les espèces de colibris, et l'on a longtemps cru que le gorge de rubis était le seul qui émigrât plus au nord que le territoire du Mexique. Des observations plus récentes ont modifié cette opinion, et l'on connaît maintenant, outre le cinnamon, deux ou trois autres espèces qui émigrent chaque année et se réfugient sous les latitudes les plus froides.

Les gorges de rubis non-seulement émigrent dans le pays des fourrures, mais il existe de grandes bandes de ces oiseaux qui ne quittent jamais les bords de l'Elk et demeurent constamment au lieu où nos voyageurs se trouvaient alors.

Pendant que François et ses compagnons observaient ces petits êtres charmants, qui voltigeaient en bourdonnant de fleur en fleur, un nouveau venu vint par ses mouvements attirer leur attention. C'était encore un oiseau, mais bien différent des colibris par le plumage et par la forme. Il appartenait à l'espèce dont nous avons parlé précédemment. Il était perché sur les branches d'un arbre, à quelque distance des chèvrefeuilles. De temps à autre il quittait son perchoir, allait se mêler aux colibris, puis revenait prendre sa place sur l'arbre.

D'abord nos jeunes gens n'y prirent pas garde, ce n'était pas la première fois qu'ils voyaient des oiseaux agir de la sorte; les geais, entre autres, n'agissent pas autrement. Mais Lucien, qui surveillait cet oiseau de plus près que les autres, déclara au bout d'un moment qu'il n'approchait du chèvrefeuille que pour s'emparer des colibris, et qu'à chacun de ses voyages fréquemment répétés il revenait à son perchoir, emportant dans ses griffes une nouvelle victime que son peu de grosseur l'avait jusqu'alors empêché de distinguer. De la sorte averti, chacun se mit à surveiller l'oiseau gris avec plus d'attention, et l'on ne tarda pas à vérifier ce que Lucien avait avancé. Au moment où l'un des colibris plongeait son bec dans la corolle d'une fleur, le gros oiseau le saisit et l'emporta sur son arbre. Cette conduite barbare excita l'indignation de François, il saisit aussitôt son fusil et s'approcha de l'arbre où l'oiseau carnassier était en train de déchirer sa dernière victime. C'était un arbre de peu d'élévation, de la famille des locustes ou pseud-acacias, et couvert, comme tous ceux de cette espèce, de longues épines acérées. Sans prendre garde à cette circonstance, François continua de s'avancer pour choisir une place où il pût facilement tirer. Il l'eut bientôt trouvée. Il ajusta quelque temps, puis fit feu. Le coup porta, et l'oiseau frappé par le plomb meurtrier dégringola de branche en branche. Le chasseur s'avança et ramassa l'oiseau mort, non qu'il espérât tirer quelque avantage d'un si chétif gibier, mais Lucien, qui désirait examiner cet oiseau de près, avait prié son frère de le lui rapporter. Il était déjà en train de retourner au camp avec sa chasse, quand il jeta par hasard les yeux sur l'arbre où il avait tué l'oiseau. Il y vit sans doute quelque chose de fort extraordinaire, car il poussa une exclamation de surprise et appela ses compagnons qui vinrent aussitôt le rejoindre et ne tardèrent pas à partager sa stupéfaction.

Je crois avoir dit que l'arbre en question était couvert de longues épines. L'une des branches de cet arbre attirait plus particulièrement l'attention de nos voyageurs. Cette branche était garnie d'une douzaine d'épines, et chacune portait un gorge de rubis empalé. Les pauvres petites bêtes étaient mortes sans que leur plumage eût souffert le moindre dommage. Ils étaient tous placés le dos en l'air, et si bien embrochés qu'on eût dit qu'ils avaient été placés là par les mains d'une créature humaine. En y regardant de plus près, ils découvrirent que ce singulier garde-manger n'était pas garni de colibris seulement; il y avait encore des sauterelles, des araignées, des coléoptères; sur une branche à part deux petits mulots, qui tous avaient péri de la même manière.

Pour Basile, Norman et François, la chose était tout à fait inexplicable. Lucien seul comprenait ce mystère. Il apprit à ses frères que tous les animaux qu'ils voyaient avaient été ainsi empalés par l'oiseau que François venait de tuer, qui n'était autre, leur dit-il, que le pie-grièche (*lanius*), plus connu sous le nom d'oiseau boucher, qui lui a été donné en raison des habitudes que nous venons de mentionner.

On demanda à Lucien pourquoi cet oiseau se conduisait de cette singulière façon. Mais le jeune savant ne put répondre à cette question d'une manière satisfaisante.

— Les naturalistes, dit-il, ne sont pas d'accord sur ce point. Quelques-uns prétendent qu'il empale ainsi les araignées et les autres insectes dans le but d'attirer les petits oiseaux dont il fait sa proie ; mais cette opinion n'est guère admissible quand on réfléchit qu'il empale autant d'oiseaux que d'insectes, et que d'un autre côté il se nourrit volontiers de ces insectes dont il fait même une grande destruction.

L'explication la plus admissible de la cruelle habitude de l'oiseau-boucher, c'est qu'il agit ainsi pour mettre ses provisions à l'abri des rats, des souris, des renards et des autres bêtes carnassières, comme fait un cuisinier prudent qui suspend aux clous de son garde-manger le gibier et la viande qu'il veut mettre en réserve pour les jours suivants. Les animaux ne sont point cruels sans nécessité, et ce n'est pas pour faire souffrir ses victimes que la pie-grièche leur inflige ce cruel supplice, c'est tout simplement une manière de conserver pour les jours suivants le superflu de ses provisions. C'est le même instinct qui pousse les geais, les corbeaux et les pies à faire des dépôts dans les crevasses des murs et dans les troncs des arbres. On objecte à cela que les pies-grièches abandonnent souvent l'arbre où elles ont empalé leurs victimes et n'y reviennent plus. Cette objection me paraît sans valeur et se réfute facilement. Il est probable que lorsque la pie-grièche agit ainsi, c'est qu'elle a été chassée par la présence de quelque ennemi, ou qu'elle a trouvé ailleurs un lieu plus à sa convenance. Les chiens, les renards, les loups et la plupart des autres animaux de proie agissent souvent de la même manière.

Après ces explications, nos voyageurs retournèrent à leur camp, et quand la chaleur du jour fut un peu passée, ils s'embarquèrent de nouveau et reprirent le cours de leur voyage.

CHAPITRE XXII

LE FAUCON PÊCHEUR.

Peu de jours après, un autre incident de voyage servit à renseigner nos voyageurs sur les habitudes d'un autre oiseau, l'orfraie ou faucon pêcheur, car c'est sous ce dernier nom que l'oiseau dont il s'agit est le plus ordinairement désigné en Amérique.

L'orfraie (*falco alietus*) est un oiseau de la famille des faucons, et l'un des plus grands de l'espèce. Il ne mesure pas moins de deux pieds, de la naissance du bec à l'extrémité de la queue. Ses ailes sont en proportion et son envergure a près de six pieds. La partie supérieure de son corps a la couleur brune particulière à tous les individus de la famille des faucons. Son ventre est d'un gris cendré, ses pattes et son bec sont bleus, ses yeux d'un jaune orangé. Il habite dans presque toutes les parties de l'Amérique où se trouvent des eaux poissonneuses, car c'est de poisson qu'il fait sa nourriture exclusive. Il est plus répandu sur les côtes que dans l'intérieur, bien qu'on le rencontre aussi fréquemment dans le voisinage des grands lacs. Pendant l'été, à l'époque où les eaux sont débarrassées de glace, il pousse très-avant dans l'intérieur des terres. On ne le voit que très-rarement dans le voisinage des rivières bourbeuses. Il a besoin d'une eau claire dont la transparence lui permette d'épier sa proie.

Le faucon est un oiseau voyageur; à l'approche de l'hiver il gagne les régions méridionales et affectionne principalement les côtes du grand golfe du Mexique, où on le voit pêcher par troupes nombreuses. Au retour du printemps, ces oiseaux repassent au nord et reviennent sur les côtes de l'Atlantique, où ils apportent la joie et l'espoir au pêcheur; leur arrivée étant presque toujours l'annonce de la présence prochaine des bancs de harengs, de saumons et des autres poissons sur lesquels ils fondent leurs espérances. C'est pour cette raison sans doute que les pêcheurs tiennent cet oiseau en vénération toute particulière. Un pêcheur ne voudrait pas, pour un plein bateau de poissons, se charger la conscience du meurtre d'un de ces oiseaux qu'il regarde comme un confrère, et fait ainsi mentir le proverbe qui veut que deux collègues ne soient jamais amis.

Le fermier, qui n'a pas les mêmes motifs de respecter le faucon pêcheur, prend quelquefois son fusil pour tirer sur lui, mais cette conduite n'est ordinairement de sa part que le résultat d'une confusion : il prend le pêcheur pour le busard ou pour quelque autre faucon, auxquels il ressemble beaucoup à une certaine distance. Mais aussitôt qu'il reconnaît son erreur, il pose son fusil et laisse l'oiseau pêcheur continuer son vol en toute liberté. Cette façon d'agir s'explique parfaitement. Le fermier sait qu'il n'a rien à craindre du faucon pêcheur pour ses canards et pour ses poules, tandis qu'il a tout à redouter des busards, des émérillons, des milans, et de tous les autres faucons qui sont pour la basse-cour autant de fléaux terribles. Grâce à cette protection particulière, le faucon pêcheur est un des oiseaux les plus en sûreté; personne ne lui en veut et il peut nicher à la porte du fermier ou du pêcheur, sans crainte de voir sa couvée troublée par l'un ou par l'autre. Puisque je parle de couvée, c'est le lieu d'ajouter que l'incubation ne regarde en rien le faucon mâle; c'est à la femelle qu'incombe le soin de demeurer constamment sur les œufs, elle ne se dérange même pas pour prendre sa nourriture à laquelle le mâle pourvoit abondamment, en apportant dans le nid tout le poisson dont elle peut avoir besoin.

C'est au petit nombre de ses ennemis que le faucon pêcheur doit d'être une des espèces les plus nombreuses du genre. On peut dire qu'il pullule. On rencontre dans le même lieu jusqu'à vingt ou trente nids de ces oiseaux. Il y a même telles petites îles où l'on en compterait plus de trois cents.

Cet oiseau choisit les plus gros arbres pour y bâtir son nid. Cependant il ne le place pas à leur sommet comme la plupart des oiseaux de proie, et l'établit le plus ordinairement dans quelque branche fourchue, à une vingtaine de pieds du sol. Ces nids se composent de brindilles, de paille et d'herbes liées ensemble par de la terre glaise. L'intérieur est tapissé d'herbes marines ou d'autres plantes également flexibles et chaudes. Ce nid est si gros qu'il suffit à lui seul pour remplir un chariot et qu'un cheval en a sa charge. On aperçoit cette masse dans les bois à une grande distance, et d'autant plus facilement, que ce nid se trouve presque toujours situé sur un arbre mort et par conséquent dépouillé de ses feuilles. On prétend que le faucon choisit de préférence les arbres morts. Je crois qu'on prend ici l'effet pour la cause. Le faucon n'a point de prédilection à cet égard ; seulement le poids du nid, les excréments des oiseaux et les débris de poissons en tombant sur ses racines finissent par flétrir l'arbre et le faire mourir.

On comprend que les jeunes dénicheurs d'oiseaux n'aient pas de peine à découvrir ce nid monstrueux, mais ils se gardent bien d'aller voir les œufs qui sont ordinairement de la grosseur de ceux du canard et marquetés de taches brunes. Cette opération ne serait sans danger ni pour leurs yeux ni pour leurs jours, et très-probablement l'oiseau leur ferait payer cher cette témérité.

On raconte à ce sujet une aventure arrivée à un nègre. Cet Africain résolut un jour de s'emparer d'un nid de faucon, et tenta bravement l'entreprise sans avoir autre chose pour protéger sa tête contre les coups de l'ennemi qu'il allait affronter, que la couverture laineuse implantée par la nature elle-même dans son cuir chevelu. A son approche, grande rumeur parmi les faucons. Le nègre est assailli par le mâle et par la femelle. Il n'en poursuit pas moins l'aventure, et redescend avec les petits ; mais le brave Africain avait fait sans s'en douter une bien autre capture. Il avait pris le père. Cet oiseau, en fondant sur la tête du ravisseur, s'était si bien embarrassé les pieds dans sa chevelure laineuse, que le nègre se retrouva à terre avec cet ornement sur la tête.

Je ne voudrais pas garantir l'authenticité de cette anecdote. Tout ce que je puis dire, c'est que ces oiseaux défendent leur nid avec un courage poussé jusqu'à la fureur, et je pourrais citer plus d'une personne qui a été sévèrement punie d'avoir voulu leur ravir leurs petits.

Le faucon pêcheur, comme je l'ai déjà dit, se nourrit exclusivement de poisson, et on ne l'a jamais vu manger la chair des quadrupèdes ou des volatiles, même lorsqu'il se trouvait depuis plusieurs jours privé de sa nourriture ordinaire par suite de la prolongation des froids, qui retenaient les rivières gelées plus longtemps que d'ordinaire. Aussi plusieurs espèces d'oiseaux construisent-elles ordinairement leur nid dans le voisinage de cet oiseau, preuve évidente qu'elles n'ont rien à redouter de sa part.

C'est le genre de nourriture qui constitue la principale différence entre l'orfraie et les autres espèces de faucons. Cette différence d'alimentation est justifiée chez cet oiseau par la forme de ses pieds et de ses jambes appropriées par la nature au genre de nourriture et à la manière de se la procurer. Ses jambes, qui sont très-fortes, sont aussi très-longues, et dépourvues de plumes. Les pieds et les doigts sont aussi très-longs et couverts d'une peau rude et écailleuse comme une râpe, circonstance qui lui permet de retenir plus fortement sa proie glissante. Ses griffes sont longues, recourbées en forme de croissant, et terminées par des pointes aussi acérées qu'une aiguille.

Je crois avoir dit qu'un incident mit nos chasseurs à même de constater les habitudes de cet oiseau intéressant.

C'était un samedi soir, le camp venait d'être dressé et l'on se proposait d'y demeurer jusqu'au surlendemain matin. Le lieu choisi par nos voyageurs était un petit promontoire élevé d'où l'on dominait le fleuve sur une assez grande étendue. Près de la place du campement s'élevait un grand peuplier dans l'une des fourches duquel une orfraie avait fait son nid. L'arbre était mort, comme toujours, et nos jeunes voyageurs voyaient très-distinctement le nid de l'oiseau dans lequel se trouvaient plusieurs petits. Les oisillons étaient déjà grands et recouverts de leurs plumes, mais il entre dans les mœurs des orfaies de nourrir leurs petits longtemps après que ceux-ci sont devenus capables de fournir par eux-mêmes à leur subsistance. Les petits se laissent faire très-volontiers, et le père et la mère sont souvent obligés de les chasser du nid à coups d'ailes et de bec; mais ils ne les abandonnent entièrement que lorsque ceux-ci ont fait preuve pendant longtemps de leur aptitude à saisir leur proie.

Lucien avait donné ces détails d'après un bruit accrédité sans oser pourtant en garantir l'authenticité. L'occasion d'en vérifier l'exactitude ne devait pas se faire longtemps attendre. Après l'arrivée des voyageurs, les faucons père et mère se mirent à tourner autour de leur nid avec une inquiétude visible, poussant des cris et faisant de temps à autre entendre un fort battement d'ailes. La présence des étrangers les inquiétait visiblement. A la fin, voyant que les nouveaux venus ne faisaient aucune démonstration hostile, ils se calmèrent, et se posèrent tranquillement au bord de leur nid ; puis, après être demeurés quelque temps dans cette position , ils s'envolèrent l'un après l'autre, et se mirent à tourner en cercle au-dessus du fleuve. Ils étaient à peu près à une centaine de pieds en l'air. Rien n'était plus gracieux que leur vol ; on les voyait de temps à autre se suspendre, planer immobiles, et se retourner de bout en bout, comme s'ils eussent manœuvré sur un pivot. Tous ces mouvements étaient si naturels, que c'était à peine si on apercevait un léger frémissement des ailes. On les voyait aussi de temps à autre descendre à moitié de la hauteur où ils se tenaient habituellement, et de ce point fixer le fleuve avec attention. C'était sans doute quelque poisson qu'ils apercevaient ; mais apparemment que la proie était trop lourde, ou peut-être aussi à une trop grande profondeur, car après un moment ils remontaient en l'air et recommençaient leur vol circulaire. Quelquefois aussi ils s'abattirent complétement sur l'eau ; mais le poisson, qui avait l'œil sur eux, avait sans doute plongé au moment où les oiseaux s'abaissaient, car on les vit remonter en l'air les serres vides comme auparavant.

Après quelque temps consacré à toutes ces manœuvres, on vit le plus grand des deux oiseaux, la femelle par conséquent, abandonner la chasse et retourner à son nid. Elle n'y demeura qu'une seconde, et, au grand étonnement des jeunes gens, ils la virent frapper ses petits avec ses ailes comme si elle eût voulu les faire déguerpir. C'était précisément son dessein. Peut-être était-elle irritée d'avoir manqué sa proie, et trouvait-elle convenable que ses petits vinssent pêcher à leur tour. Quoi qu'il en fût, elle les eut bientôt conduits au bord du nid. Quand ils furent là, moitié poussés, moitié battus, ils se décidèrent à ouvrir leurs ailes, et s'envolèrent l'un après l'autre dans la direction du fleuve. Ces petits étaient au nombre de deux.

Au même moment le mâle, qui venait de s'abattre de nouveau sur l'eau, remonta en l'air avec un poisson dans ses griffes. Il vola au-devant de ses petits, et se rencontra bientôt dans les plaines de l'air avec l'un d'eux dont il s'approcha, et auquel il donna le poisson qu'il venait de prendre. Le jeune faucon reçut cette pitance comme chose à lui légitimement due, et sans plus de façon l'emporta sur un arbre voisin, où il se mit à la dévorer de fort bon appétit. L'autre petit ne se fut pas plutôt aperçu de la chose, qu'il vola à côté de son frère pour partager sa proie. En moins de rien le poisson fut dévoré. Les jeunes faucons, dont l'appétit était sans doute satisfait, regagnèrent leur nid, où ils furent bientôt rejoints par leurs parents, qu'on entendit pendant longtemps pousser de petits cris. C'étaient sans doute des félicitations qu'ils adressaient à leurs enfants sur la manière heureuse dont ils s'étaient tirés de leur première volée.

CHAPITRE XXIII

LE FAUCON PÊCHEUR ET SON TYRAN.

Après être demeuré quelque temps dans son nid avec sa femelle et ses petits, le faucon mâle pensa à retourner à la pêche. Ce fut dans cette intention qu'il quitta l'arbre et recommença à voler au-dessus de l'eau. Nos voyageurs, qui n'avaient rien de mieux à faire, suivaient ses mouvements tout en s'entretenant des habitudes de cet oiseau et des particularités de son histoire naturelle.

Lucien, qui en pareille circonstance avait de droit la parole, apprit à ses compagnons que le faucon pêcheur est commun à l'ancien et au nouveau monde, et qu'on le rencontre pêchant sur les bords de la Méditerranée, aussi bien que sur les côtes de l'Amérique; dans certaines contrées de l'Italie, cet oiseau est désigné sous le nom d'*aigle de plomb*, parce que, quand il s'abat des hauteurs de l'air pour plonger dans l'eau, il tombe avec la rapidité d'une balle de plomb abandonnée à son propre poids.

Pendant que Lucien donnait ces détails à ses frères, l'orfraie s'était à deux ou trois reprises approchée de la surface de l'eau, mais sans s'y arrêter, et était au contraire remontée en l'air, après un moment d'examen. Sans aucun doute, le poisson convoité avait changé de place, de là ses mouvements contradictoires. L'expérience apprend vite aux poissons à se défier de l'orfraie comme de leur plus cruel ennemi. Mais, malgré leur défiance, ils ne parviennent pas toujours à échapper à ses coups.

Les chasseurs avaient donc les yeux fixés sur l'oiseau, quand celui-ci s'arrêta tout à coup dans son vol, reploya ses ailes et s'abattit verticalement. Sa chute était si rapide, que l'œil ne pouvait le suivre. L'éclair seul a plus de célérité. Bientôt on entendit le bruit d'un corps qui tombait dans l'eau, l'onde s'entr'ouvrit et se referma aussitôt, laissant à la place où elle s'était ouverte un léger flocon d'écume blanche. L'oiseau avait complétement disparu. Il venait de plonger, et les flocons d'écume indiquaient seuls encore la place où il se trouvait. Il ne fut pas longtemps à reparaître. Aussitôt il ouvrit les ailes et s'éleva dans l'air, emportant un gros poisson dans ses griffes. Comme nos voyageurs avaient eu déjà occasion de l'observer, le poisson était emporté la tête en avant, ce qui tendait à prouver que le faucon avait plongé à la poursuite de sa proie, et qu'il l'avait saisie par derrière. Arrivé à une certaine hauteur, l'oiseau s'arrêta en l'air et se secoua comme un chien qui sort de l'eau. Puis, d'un vol que l'eau et le poisson rendaient plus lourd, il se dirigea vers son nid. En arrivant à l'arbre, le pêcheur éprouva quelque mécompte, le poisson s'embarrassa dans les branches et lui échappa. Peut-être que le faucon avait été distrait par la présence des chasseurs, et qu'il avait mal pris ses dimensions. Quoi qu'il en fût, ses griffes lâchèrent le poisson, qui bondit de branche en branche, et finit par tomber à terre, au pied de l'arbre. C'était pour nos voyageurs une faveur tombée du ciel ; François n'avait pu de toute la journée s'emparer d'un seul poisson, et ce hasard ne pouvait venir plus à propos. Basile et François coururent en toute hâte le ramasser, dans la crainte que l'orfraie n'y arrivât avant eux. Mais Lucien les retint en leur assurant qu'ils n'avaient pas besoin de se presser, attendu que jamais faucon ne ramasse une proie qu'il a une fois laissé tomber par terre. Sur cette assurance, ils prirent leur temps et gagnèrent à petits pas le pied de l'arbre où le poisson se trouvait encore. Mais ils en revinrent plus vite qu'ils n'y étaient allés, chassés qu'ils étaient par l'odeur infecte qui s'élevait d'un tas de débris de poissons en décomposition.

Le poisson qui leur advenait d'une façon si merveilleuse, se trouva être un magnifique saumon, du poids de six livres, c'est-à-dire beaucoup plus lourd que l'oiseau lui-même. Les ongles de l'orfraie avaient pénétré fort avant dans sa chair, et prouvaient par leur disposition que le saumon avait en effet été saisi par derrière.

En voyant le saumon lui échapper, le faucon fit un tapage d'enfer, mais il ne fit aucun effort pour le reprendre, et se dirigea au contraire immédiatement vers la rivière, où les chasseurs le virent aussitôt recommencer ses évolutions.

— Quelle masse de poissons ces oiseaux doivent détruire! dit François. La pêche ne me parait pas leur coûter beaucoup de peine, et je suis sûr qu'ils en prennent autant qu'ils veulent. Voyez plutôt, voilà ce faucon qui vient de reprendre un nouveau poisson.

En effet, pendant que François faisait ces observations, le faucon mâle, qui avait de nouveau plongé dans l'eau, reparaissait à la surface avec une autre proie.

— S'ils sont très-adroits à la pêche, répondit Lucien, ils ont aussi de lourdes charges, et ils ont certains parasites à leurs crochets, par exemple l'*aigle chauve*...

Au moment où Lucien prononçait ces paroles, un cri strident fit retentir les airs, nos jeunes gens le reconnurent aussitôt; c'était celui de l'aigle dont il venait d'être question à l'instant même. Tous les yeux se tournèrent du côté d'où partait ce bruit; un gros oiseau sortait des bois situés sur la rive opposée, et venait en volant dans la direction prise par le faucon. C'était, en effet, comme son cri l'avait indiqué, l'aigle à tête blanche.

— A corsaire, corsaire et demi, dit François, voici venir un autre brigand ailé.

Ce ne fut pas sans un vif sentiment de curiosité que toute notre petite troupe se mit à considérer les mouvements des deux oiseaux. Quelques coups d'aile suffirent à l'aigle pour se rapprocher du lieu de la scène; mais le faucon-pêcheur, qui avait entendu le cri de son adversaire, venait de changer de direction, et, au lieu de voler vers son nid, s'élevait en spirales dans l'air, avec l'espoir d'échapper. L'aigle le suivit dans les plaines de l'air. Pendant ce temps, la femelle du faucon, sans doute pour attirer l'attention de l'aigle et lui donner le change, agitait bruyamment ses ailes et poussait des cris aigus. Mais tous ses efforts furent inutiles, et l'aigle, qui avait son projet bien arrêté, ne se laissa pas prendre à ces ruses.

Cette poursuite se continua jusqu'à ce que les deux oiseaux eussent atteint une grande élévation et qu'on les perdît presque de vue. Bien qu'on ne les aperçût plus que comme deux points noirs perdus dans l'espace, nos voyageurs en voyaient encore assez pour juger que l'aigle était sur le point d'atteindre le faucon qui portait le poisson. Presque au même instant quelque chose traversa l'espace avec l'éclat et la rapidité de l'éclair, et vint tomber dans l'eau, qui rejaillit avec force ; c'était le poisson. Le bruit de sa chute fut suivi d'une sorte de sifflement, c'était l'aigle qui avait déployé ses ailes et se laissait tomber des hauteurs de l'espace. Mais l'oiseau arrivait trop tard, le poisson avait disparu dans l'eau, et l'aigle se vit forcé de rouvrir ses ailes et de remonter dans l'air, non sans avoir fait entendre un cri aigu qui témoignait assez de son désappointement et de sa rage. Bientôt on le vit s'enfoncer dans le bois et se poser sur l'arbre d'où il était parti quelques instants auparavant.

Les faucons, de leur côté, ne tardèrent pas à regagner leur nid, où on les vit bientôt réunis dans un conseil aussi bruyant qu'agité. Ils paraissaient se consulter sur la gravité des circonstances présentes, et les petits eux-mêmes, malgré leur inexpérience, donnaient leurs avis de la manière la plus bruyante.

— Je m'étonne, dit Lucien, que l'aigle ait manqué le poisson, cela lui arrive rarement, car cet oiseau se précipite avec tant de force, qu'il ne manque presque jamais de rattraper un objet qui tombe avant que celui-ci ait touché la terre. Peut-être dans cette circonstance la femelle du faucon était-elle dans son chemin, et l'a-t-elle forcé de dévier de sa route.

— Mais pourquoi n'a-t-il pas plongé dans l'eau ? demanda François.

— Parce que le poisson a été au fond, et qu'il n'est pas dans la nature de l'aigle de plonger.

Cette réponse de Basile était la seule qu'il y eût à faire.

— Il est révoltant, reprit François, de voir le faucon forcé de travailler pour ce voleur, qui est bien deux fois gros comme lui.

— Eh ! mon Dieu, répondit Basile, cela n'est pas plus choquant chez les oiseaux que chez nous ; regarde en Amérique comme l'homme blanc exploite le nègre et profite seul de son travail ; mais au moins c'est encore la masse qui s'enrichit des sueurs de quelques-uns. En Europe, c'est tout le contraire, ce sont les masses qui meurent à la peine pour entretenir le luxe de quelques riches privilégiés ou payer les splendeurs de quelque fastueux monarque.

— Et comment, demanda François, avec un peu d'animation, ces imbéciles, hommes ou oiseaux, consentent-ils à une pareille organisation?

— Je ne parlerai que des hommes, reprit Basile. Les masses se laissent faire parce qu'elles sont ignorantes et ne connaissent pas le moyen de s'opposer à cette odieuse exploitation. Les grands seigneurs ou les monarques ont soin d'entretenir les peuples dans l'idée que les uns sont faits pour commander, et les autres pour obéir; et s'ils ouvrent des écoles soi-disant pour les instruire, c'est à la condition qu'ils apprendront à lire dans les livres où le pauvre voit répéter à chaque ligne des maximes et des préceptes qui tous l'engagent à l'obéissance vis-à-vis de ses supérieurs. On persuade à ces pauvres gens que la loyauté consiste à porter son fardeau sans se plaindre, on revêt l'obéissance passive des couleurs du patriotisme et du dévouement; les révolutionnaires, au contraire, sont représentés comme les derniers des criminels. Ce n'est pas tout: les grands et les monarques prennent soin de jeter dans les masses des ferments de discorde; on divise leurs croyances et on les laisse employer dans de stériles discussions religieuses un temps et des forces qui, mieux dirigés, les amèneraient sans doute à des réformes utiles et à une amélioration de position. C'est là ce que, dans la plupart des États de l'Europe, on appelle de l'habile et haute politique.

Cette discussion politique menaçait d'amener la conversation sur un sujet étranger à l'histoire naturelle, si Lucien ne l'y avait aussitôt ramenée.

— Tu n'es pas, dit-il en s'adressant à François, le premier ni le seul qui ait reproché à l'aigle à tête chauve ses mœurs de voleur de grand chemin. Mais en lui faisant ce reproche, on n'a peut-être pas assez réfléchi que la nécessité plus encore que ses goûts le poussait dans cette voie. Pourquoi, s'est-on demandé, cet oiseau ne pêcherait-il pas lui-même le poisson dont il se nourrit? Pourquoi? Eh! mon Dieu! parce que la nature l'a ainsi voulu, et que c'est à elle surtout qu'il faut imputer les mœurs pillardes qu'on reproche à l'aigle. Le faucon-pêcheur, destiné par la nature à plonger dans les eaux et à y poursuivre sa proie, a été pourvu par elle de tous les moyens nécessaires à cette chasse. Mais il n'en est pas de même de l'aigle, et je serais bien trompé si la nature ne lui avait dénié toutes les qualités dont elle a doué le faucon à cet égard. Se nourrissant de poisson et ne pouvant pas le pêcher eux-mêmes, ils sont presque contraints, par la force des choses, à user du faucon-pêcheur comme d'un pourvoyeur. Cependant l'aigle à tête chauve prend quelquefois la peine de pêcher lui-même le poisson dont il se nourrit, et cela lui arrive toutes les fois que les eaux sont peu profondes ou que le poisson se présente assez près de la surface pour qu'il puisse le saisir facilement sans plonger.

— Ces aigles, demanda François, ne tuent-ils jamais les faucons?

— Je ne crois pas, répondit Lucien. Ils tuent volontiers l'oie, qu'ils dévorent, mais respectent la vie du faucon, dont la chair ne leur rendrait pas le quart des services qu'ils sont en droit d'attendre de ces actifs pourvoyeurs. On assure, d'ailleurs, que lorsque les faucons se trouvent en nombre, ils se réunissent et chassent au loin leur tyran.

A ce moment la conversation fut interrompue par un nouvel incident; les faucons venaient de nouveau de quitter leur nid pour se remettre à pêcher. Leur travail ne fut pas longtemps sans récompense, car l'on vit bientôt l'un d'eux s'abattre dans le fleuve, et reparaître avec un poisson entre ses griffes; c'était un gros poisson, dont le poids alourdissait considérablement son vol. L'oiseau était à peine sorti de l'eau, que l'aigle s'élança l'oie, du sommet de l'arbre qu'il occupait, et recommença à lui donner la chasse. Le faucon ne fut pas longtemps à comprendre qu'avec un poids de cette force, il lui était impossible d'échapper à son ennemi. Aussi, après avoir volé la valeur de deux cents pas à peine, il ouvrit ses serres et lâcha sa proie. Au même moment l'aigle s'abattit à la suite du poisson qui tombait, et parvint à s'en emparer avant qu'il eût touché l'eau. Satisfait alors du résultat de sa chasse, il étendit de nouveau ses longues ailes et sa large queue, retraversa la rivière et disparut au milieu des arbres de la rive opposée.

Le faucon pêcheur voyant son ennemi s'éloigner, revint planer au-dessus des eaux et se remit à pêcher. Sans doute il était peu satisfait de ce qui venait de se passer, mais habitué comme tant d'autres à payer la taxe royale, il savait qu'il ne sert de rien de murmurer, et il s'exécutait sans qu'on eût entendu de sa part le moindre cri de fureur ou de désappointement.

Un nouvel incident vint bientôt attirer l'attention de nos voyageurs et exciter leur étonnement. Le faucon femelle, dont jusqu'alors la pêche n'avait eu que peu de succès, venait de s'abattre et de disparaître en plongeant sous les eaux. Tous les yeux se fixèrent vers le léger bouillonnement qui indiquait encore la place où l'oiseau venait de s'enfoncer. Au bout de quelques secondes d'attente, l'oiseau n'avait point encore reparu. Il était peu probable qu'on le revit désormais ; l'écume formée par le plongeon avait disparu emportée par le courant de l'eau, ainsi avaient fait également tous les cercles occasionnés par la même cause, et la surface de la rivière était redevenue unie comme une glace. De la position occupée par nos voyageurs le regard planait fort loin sur les eaux, et il était impossible que l'oiseau fût sorti sans qu'on s'en fût aussitôt aperçu. Qu'était-il donc devenu? Telle était la question que nos jeunes gens se posaient les uns aux autres. Ce fut pendant toute la soirée et une bonne partie de la nuit le sujet d'une foule de conjectures de la part de chacun d'eux. Lucien ne pouvait pas sur ce point en dire plus que les autres, l'histoire naturelle ne lui donnant aucun renseignement à cet égard.

L'oiseau s'était-il noyé? Avait-il été saisi par quelque gros poisson, étranglé et dévoré? s'était-il frappé contre quelque rocher? ou bien encore avait-il embarrassé ses pieds et ses ailes dans quelques herbes qui le retenaient au fond?

Telles étaient les conjectures dans lesquelles se perdaient nos voyageurs. Les solutions ne manquèrent pas à ce problème. On les trouva toutes, excepté pourtant la véritable, que l'événement devait révéler plus tard.

On n'a point oublié que l'événement que nous venons de raconter se passait le samedi ; nos voyageurs demeurèrent au même campement pendant toute la journée du dimanche, et pendant tout ce temps aussi ils ne cessèrent d'entendre les cris plaintifs du faucon mâle, qui appelait sa compagne sans recevoir aucune réponse. Le mardi on s'embarqua et l'on se remit à descendre le courant. Ils avaient fait environ un mille, quand leur attention fut attirée par un objet assez singulier qui flottait à la surface de l'eau. Ils conduisirent leur canot de ce côté, et reconnurent bientôt que ce qui avait attiré leur attention n'était autre chose qu'un gros esturgeon mort et emporté par le courant, côte à côte avec un oiseau également sans vie. En retournant le poisson avec le bout de leurs rames, ils furent étrangement surpris de voir que les pattes de l'oiseau étaient implantées dans son dos. Cet oiseau était précisément le faucon femelle.

Tout fut alors expliqué. L'oiseau s'était attaqué à un poisson trop pesant pour qu'il pût l'enlever. Ses griffes étaient si profondément enfoncées dans les chairs, qu'il n'avait pu les dégager à temps et qu'il était mort noyé. Maintenant il s'en allait à la dérive avec la victime qu'il avait faite.

CHAPITRE XXIV

LE VOYAGE INTERROMPU.

Après dix jours employés à descendre l'Elk, nos voyageurs débouchèrent dans le lac Athabeska, qu'on appelle aussi quelquefois lac des Collines. Ce lac est un des grands réservoirs d'eau douce qui se trouvent enclavés dans les roches primitives de la Terre maudite. Ses bords sont sans contredit la partie la plus fertile de tous ces terrains calcaires. Ce lac compte en largeur de l'est à l'ouest environ deux cents milles; sa plus grande largeur n'excède pas cinquante milles. Dans certaines parties de son cours il est si resserré entre ses rives et tellement embarrassé d'îles, qu'il ressemble alors bien plus à une rivière qu'à un lac. Une partie de ses côtes, ainsi que quelques îles dont ses eaux sont parsemées, sont très-boisées. C'est surtout au sud et à l'ouest que les arbres se montrent plus vigoureux et plus épais, et rien n'est magnifique comme le spectacle qu'offre au voyageur l'aspect verdoyant de ces parages.

Malheureusement nos voyageurs n'étaient pas dans une disposition d'esprit qui leur permît d'apprécier toutes les magnificences de la nature. D'autres soucis les préoccupaient, l'un d'entre eux étant depuis quelques jours en proie aux cruelles atteintes d'une fièvre intermittente. Ce malade était le pauvre Lucien. Lucien était adoré de ses frères et de son cousin, aussi leur chagrin était-il aussi grand que leurs inquiétudes étaient vives. Le voyageur souffrait depuis plusieurs jours; mais il avait encore puisé dans sa force morale le courage nécessaire pour supporter les fatigues du voyage, et quoique abattu par les souffrances de la fièvre, il avait fait admirer plus d'une fois à ses compagnons les beautés de la nature, dont il était, comme on le sait, un des plus grands appréciateurs. Le mal, qui empirait toujours, vainquit enfin son courage. Il souffrait tellement en arrivant sur le lac, qu'il se vit forcé de déclarer à ses compagnons qu'il lui était impossible d'aller plus loin. Les dispositions furent prises en conséquence, on s'arrêta dans l'intention de choisir un campement favorable et d'y demeurer jusqu'à l'entier rétablissement du jeune malade. On abattit quelques troncs d'arbres, et l'on en construisit une sorte de maisonnette destinée à Lucien. Rien ne fut épargné pour lui procurer tout le confortable possible. On fabriqua sa couche des meilleures peaux qu'on possédait, et d'après ses propres prescriptions on se mit en quête de racines et de simples destinés à lui faire des boissons. Chaque jour François sortait avec son fusil, et ne revenait jamais au camp qu'avec une paire de pigeons, une perdrix ou quelques coqs de bruyère. Ces gibiers délicats servaient à faire de la soupe au malade, et à lui procurer en même temps des viandes légères qu'on assaisonnait avec le sel, le poivre et les autres ingrédients qu'on s'était procurés au fort de Cumberland. Nos jeunes voyageurs avaient aussi une petite provision de thé et de sucre; ils la mirent à contribution, et cette boisson bienfaisante fut pour le jeune malade d'un usage très-salutaire.

Ces bons soins devaient avoir leur récompense; au bout de quelques jours la santé de Lucien commença à s'améliorer, et devint bientôt assez bonne pour qu'on pût sans danger pour lui reprendre le voyage.

Nos voyageurs suivirent les côtes du lac, qui les conduisirent dans la grande rivière de l'Esclave, cours d'eau qui réunit l'Athabasca au grand lac de l'Esclave.

Après une courte navigation dans les eaux de ce dernier lac, ils arrivèrent à l'embouchure d'une autre grande rivière appelée la Paix, qui se jette dans le grand lac de l'Esclave un peu au-dessous de l'Athabasca. Par une singularité difficile à expliquer, les sources de la rivière de la Paix se trouvent sur le versant occidental des montagnes Rocheuses, de telle sorte que pour gagner le lac de l'Esclave, cette rivière traverse toute la chaîne de montagnes. Le lit que ses eaux se sont tracé dans le sein même de la montagne, est sans contredit une des choses les plus curieuses et en même temps les plus effrayantes à voir. Figurez-vous un torrent étroit et resserré dont les deux rives, taillées dans des rochers à pics, sont surmontées par des milliers de pics couverts de neiges éternelles. Aucun mot ne peut exprimer la sombre terreur qui plane sur ce paysage stérile et glacé.

Les sources de cette rivière sont communes à plusieurs autres cours d'eau qui s'épanchent dans l'océan Pacifique, et si nos voyageurs eussent remonté le cours de la rivière de la Paix, ils auraient pu passer cette voie, et sans quitter leur bateau, arriver jusqu'à cette mer. Mais telle n'était point leur intention. Ils passèrent devant l'embouchure de la rivière de la Paix, et continuèrent à longer la côte pour gagner le grand lac de l'Esclave. A vrai dire ils naviguaient toujours sur les eaux de l'Elk, car la rivière de l'Esclave n'est autre chose que la partie de l'Elk située entre le lac Athabasca et le lac de l'Esclave, à laquelle on a donné un nom particulier..

Après sa jonction avec la rivière de la Paix, le grand fleuve de l'Esclave devient encore plus large et plus profond, et nos voyageurs naviguaient sur des eaux magnifiques enclavées dans deux rives aussi riches qu'accidentées. Cependant, malgré la beauté du paysage, ils étaient loin de se montrer aussi gais qu'en descendant le cours de l'Elk, car bien que Lucien eût recouvré sa belle santé, ils étaient en proie à la plus vive inquiétude. L'avenir les effrayait, la saison s'avançait, et ils craignaient d'être surpris par l'hiver avant d'être arrivés au terme de leur voyage. La maladie de Lucien, qui s'était prolongée pendant plus d'un mois, avait dérangé leurs calculs, et ils voyaient avec anxiété arriver la fin de l'été, n'ignorant pas qu'aussitôt que la glace envahirait les rivières et les lacs, il leur faudrait renoncer à l'usage de leur canot. Alors ils n'auraient d'autre ressource que de voyager à pied, expédient aussi fatigant que dangereux, dans un pays où il est aussi difficile de se procurer des vivres que de transporter de grandes provisions, forcé qu'on est de se charger en même temps de vêtements et de fourrures pour se garantir contre l'action du froid. A cette époque de l'année, la chasse n'offre plus qu'une ressource précaire et toujours insignifiante. Les quadrupèdes et les oiseaux ayant pour la plupart émigré vers des climats plus doux, ceux qui restent sont très-rares et très-difficiles à approcher. D'un autre côté, les ouragans, les neiges et la froidure mettent à chaque instant la vie des voyageurs en péril, et l'on n'avance que difficilement sur un terrain couvert de plusieurs pieds de neige.

Toutes ces circonstances étaient connues de nos voyageurs, et les remplissaient de crainte. Norman, qui possédait à cet égard beaucoup plus d'expérience que ses compagnons, redoutait aussi davantage l'approche d'un hiver dont ceux qui n'ont point habité ces régions désolées ne sauraient comprendre les rigueurs.

Le mois d'août touchait à sa fin quand on arriva au grand lac de l'Esclave, situé par 62° de latitude nord. Les jours avaient considérablement diminué, et avec eux diminuait également la rapidité de leur voyage, car, on se le rappelle, ils passaient toutes leurs nuits à terre. La température était déjà celle de l'Angleterre pendant l'hiver. Il gelait pendant la nuit, mais pas encore assez fort pour que les eaux se couvrissent de glace. Par un singulier contraste le soleil avait quelquefois au milieu de la journée une ardeur insupportable, qui ne faisait que rendre plus sensible le froid du soir et de la nuit. Toutes les couvertures et toutes les peaux mises en réquisition suffisaient à peine pour les tenir à l'abri des rigueurs de la nuit et leur permettre de dormir.

Le grand lac de l'Esclave est, comme celui d'Athabasca, à la fois très-long et très-étroit. Sa plus grande longueur de l'est à l'ouest est de deux cent soixante milles; sa plus grande largeur n'excède pas trente milles. Sur sa côte septentrionale s'étend le territoire désigné sous le nom de Terre maudite, où l'œil ne rencontre que des côteaux stériles et glacés, formés de roches primitives. Sur sa côte méridionale le caractère du sol est entièrement différent. C'est un terrain calcaire et plat où se trouve à peine une élévation digne du nom de coteau. Cette partie est couverte de forêts magnifiques, dont les peupliers, les pins et les bouleaux sont les principaux arbres. Les eaux de ce lac sont semées d'une multitude d'îles, dont la plupart très-boisées renferment les arbres que nous venons de nommer, plus des saules magnifiques. Ces eaux, dont la profondeur atteint parfois jusqu'à soixante brasses, sont peuplées de plusieurs espèces de poissons. Dans quelques îles boisées et dans la partie des côtes où se trouvent des forêts, le gibier abonde pendant l'été. Tout ce gibier n'émigre pas pendant l'hiver, et il en reste encore beaucoup; mais l'épaisseur de la neige rend la chasse très-difficile, sinon même impossible. Plusieurs des animaux qui continuent à habiter ces forêts pendant la saison rigoureuse tombent dans l'engourdissement et se cachent dans des creux d'arbres, dans des terriers, et même dans la neige, de telle sorte qu'il est impossible de les découvrir.

Malgré tous ces inconvénients nos voyageurs pensaient que cette rive méridionale du grand lac de l'Esclave était encore la situation la plus avantageuse qu'ils pussent choisir pour y établir leur campement d'hiver. Ils se rendaient parfaitement compte qu'il n'y avait pas à songer à continuer leur voyage, et trouvaient encore sur cette rive du lac un avantage inappréciable, celui de n'être pas exposés à manquer de bois.

Ce fut avec l'idée de se fixer sur quelque point de cette rive qu'ils continuèrent à s'avancer vers l'extrémité occidentale du lac, tout en examinant chaque jour avec attention les sites qui leur paraissaient le plus favorables à l'exécution de leur projet. Comme ils passèrent plusieurs jours sans trouver de situation à leur convenance, et qu'ils approchaient du point où le lac fait un angle et se dirige un peu au sud, Norman proposa d'abandonner la rive qu'ils suivaient, et de gagner un promontoire dépendant de la rive septentrionale du lac et connu sous le nom de pointe de l'Esclave. Ce promontoire, d'après les renseignements parvenus à la connaissance de Norman, était couvert de bois peuplés de toute espèce de gibier. Les buffalos ou bisons s'y rencontraient même.

Ces renseignements étaient exacts. La pointe de l'Esclave est en effet la limite où ces animaux s'arrêtent au nord-est. Cela tient évidemment à ce que cette pointe est aussi le dernier dépôt calcaire qu'on trouve dans cette direction. Au delà, les roches primitives de la Terre maudite forment à l'est et au nord de vastes régions désolées où les buffalos ne pénètrent jamais.

C'est un point que nous signalons à l'attention de nos jeunes lecteurs et qui leur prouvera une fois de plus les rapports intimes qui existent entre la faune d'un pays et ses conditions logiques.

La proposition de Norman ayant été acceptée, la direction du canot fut changée, et l'on gagna la pleine eau. La navigation devint dès lors très-pénible; nos voyageurs avaient le vent debout, et ne pouvaient avancer qu'à force de bras; aussi étaient-ils très-fatigués lorsque le soir arriva. Ils prirent terre sur une île boisée pour y passer la nuit. Cette île occupait à peu près le milieu du lac. Ils se couchèrent autour de leur feu de bivouac avec l'intention de franchir le lendemain la distance qui les séparait de la rive opposée.

CHAPITRE XXV

PÊCHE SOUS LA GLACE.

En s'éveillant le lendemain matin, ils s'aperçurent, à leur grande surprise, que le lac était couvert de glace. Ils en avaient cependant été en quelque sorte prévenus, car la nuit avait été froide, et si froide qu'ils avaient mal dormi. La glace était encore peu épaisse, et cette circonstance rendait leur position plus difficile en ce qu'elle était assez forte pour empêcher la navigation et trop faible encore pour les porter. De la sorte ils se trouvaient prisonniers dans l'île où ils avaient débarqué la nuit.

Ce ne fut pas sans une certaine terreur qu'ils firent cette découverte. La réflexion cependant finit par calmer leurs craintes; il était évident en effet que les choses ne pouvaient pas rester en cet état : ou la glace fondrait, et ils remettraient leur canot à l'eau, ou elle deviendrait assez forte pour les porter et leur permettre de gagner la côte septentrionale du lac.

De la sorte tranquillisés, ils se mirent en devoir d'établir leurs quartiers dans l'île avec tout le confortable que permettait le peu de ressources dont ils disposaient. Après quelques jours passés dans cette situation, leurs appréhensions reparurent; la glace ne devenait ni plus épaisse ni plus légère, et semblait destinée à demeurer éternellement stationnaire. Pendant toute la matinée la couche de glace, épaissie par le froid de la nuit, était de force à les porter; mais, pendant le jour, la chaleur du soleil la diminuait sensiblement.

Ce n'était pas sans raison que nos voyageurs commençaient à s'alarmer de cette étrange position. Leurs provisions touchaient à leur fin, et l'île ne fournissait aucune espèce de gibier; ils l'avaient battue jusqu'au dernier buisson sans faire lever même un seul oiseau.

A deux ou trois reprises différentes, ils avaient pensé à mettre leur canot à l'eau et à se frayer un chemin à travers la glace; mais ils n'avaient pas tardé à renoncer à ce projet devant les difficultés de l'exécution. C'était en effet une entreprise aussi pénible que dangereuse. L'île sur laquelle ils étaient se trouvait à dix milles au moins de la rive; c'était donc dix milles de glace qu'il leur fallait briser, et ce n'était pas un mince travail. Ce qui le rendait plus effrayant encore, c'est qu'il était impossible de faire les mouvements nécessaires à cette rude opération sans causer le risque de faire chavirer une embarcation aussi frêle que leur canot d'écorce. C'était s'exposer sans être sûr du résultat; aussi cette idée de se frayer une route dans la glace fut-elle abandonnée.

Cependant la position empirait à chaque instant. Les provisions, ménagées aussi longtemps que possible, finirent par manquer complétement, et la glace était toujours trop faible pour porter nos voyageurs. Elle eût peut-être encore résisté près des bords de l'île; mais on ne pouvait s'avancer sans courir les plus grands risques. D'un autre côté, rester dans l'île était chose tout aussi impossible, car dans ce cas il fallait se décider à mourir lentement de faim, l'île ne refermant absolument rien qui fût susceptible d'être mangé.

C'était une triste alternative.

— Que faire? se demandaient-ils les uns aux autres.

Sans doute les eaux du fleuve étaient peuplées de poissons; mais il fallait les prendre, et la chose n'était pas facile. Ils avaient essayé de faire un trou dans la glace, et d'y introduire une ligne et un hameçon; mais leurs efforts longs et patients étaient demeurés sans succès. Les poissons avaient refusé de mordre, et, bien que nos voyageurs fussent demeurés des heures entières les yeux fixés sur l'eau, ils n'avaient même pas aperçu la queue d'un seul poisson.

Désespérés de voir la pêche demeurer infructueuse, ils commençaient à revenir au projet dangereux de se frayer une route à travers la glace, quand Norman ouvrit un nouvel avis.

— Puisqu'on ne pouvait pas réussir, dit-il, à leurrer le poisson, que n'employait-on la violence au lieu de la ruse, et que ne le prenait-on à la ligne?

Cette idée fut aussitôt adoptée par tous ses compagnons. Une difficulté se présentait pourtant encore : on n'avait pas de filet, ce n'était pas dans l'île qu'on pouvait en trouver, et il eût fallu faire des centaines de milles peut-être pour se procurer ce précieux instrument.

Cet obstacle n'eût pas manqué d'effrayer des gens prompts à s'alarmer ; mais nos jeunes voyageurs n'étaient pas hommes à s'arrêter devant si peu de chose. Ils avaient en leur possession les cuirs de deux caribous qu'ils avaient tués dernièrement, et Norman proposa d'en faire un filet.

Aussitôt dit, aussitôt fait, et tous quatre se mirent à l'instant à l'œuvre. Deux d'entre eux, Basile et Lucien, tirèrent leurs couteaux et coupèrent le cuir en lanières, tandis que François aidait Norman à nouer ces lanières ensemble. On travailla si bien de part et d'autre, qu'au bout de quelques heures la peau de caribou était entièrement découpée, et qu'on avait un filet de dix-huit pieds de long sur environ six pieds de large.

Ce filet était, il est vrai, grossièrement fait ; mais, tout imparfait qu'il fût, il était aussi propre à l'usage auquel on le destinait que s'il eût été tissé de soie. Au surplus, on ne devait pas être longtemps à éprouver sa valeur, car nos jeunes gens avaient à peine mis la dernière maille, qu'ils le prirent sur leurs épaules, et se dirigèrent en toute hâte vers le lac, avec l'intention d'éprouver le nouvel engin.

Nos trois méridionaux n'avaient jamais vu placer un filet sous la glace, car dans le pays qu'ils avaient habité jusque-là la glace est chose fort rare, et quand elle se montre par hasard sur les rivières, ce n'est jamais qu'une couche légère incapable de supporter le poids d'un homme. Une curiosité bien naturelle ajoutait donc encore pour eux à l'attrait de cette pêche. Ils ne comprenaient pas comment on pouvait placer le filet sous la glace de manière à prendre le poisson, et ne perdaient de vue aucun des mouvements de Norman, qui seul connaissait la manière de procéder en pareille circonstance.

Quant au jeune marchand de fourrures, il avait vu plus d'une fois les Indiens procéder de la sorte, et connaissait parfaitement la manière dont il fallait s'y prendre. Il commença par s'avancer sur la glace jusqu'à la distance de trente ou quarante pas de la rive, opération qui nécessitait les plus grandes précautions, car la glace craquait sous ses pas. Arrivé à la place où il avait l'intention de tendre son filet, il se mit à genoux et creusa dans la glace plusieurs trous, tous sur une même ligne et à environ six pieds les uns des autres.

Le pêcheur avait eu soin de se pourvoir d'un morceau de branche d'environ six pieds de long, à l'une des extrémités de laquelle il avait attaché une corde : cette corde se rattachait elle-même au filet. Il introduisit cette branche dans le premier trou, et la fit filer sous la glace jusqu'à ce qu'elle arrivât au second trou; de là il la fit glisser jusqu'au troisième trou, et ainsi de suite jusqu'au dernier. Par ce moyen bien simple, le filet était entré par le premier trou, et se trouvait étendu dans l'eau tout le long de la ligne de trous, car il avait suivi dans sa marche toutes les évolutions du bâton auquel il était attaché par la corde dont nous avons parlé.

Grâce au poids dont il avait été chargé, le filet s'enfonça dans l'eau et demeura dans une position verticale, tandis que ses extrémités étaient retenues à la surface de la glace à l'aide de bâtons placés en travers sur les trous. Le filet était placé; il n'y avait plus qu'à attendre que le poisson vînt s'y prendre, auquel cas on devait employer pour le retirer les mêmes procédés qui avaient déjà servi à le faire pénétrer sous la glace.

Cette opération terminée, nos voyageurs revinrent à leur bivouac et s'assirent autour du feu les regards fixés sur la rivière avec une expression famélique. Ils pensaient avec anxiété que si le filet ne réussissait pas, il ne leur restait plus d'autre ressource que de remonter dans leur canot, et de chercher à gagner la rive en se frayant un chemin à travers la glace. Dans l'état d'excitation où ils se trouvaient, il leur fallut commander à leur impatience bien naturelle pour demeurer deux heures entières sans approcher du filet. Au bout de ce temps, Basile et Norman se levèrent, gagnèrent le lac, et s'aventurèrent sur la glace pour s'assurer du sort que la fortune leur avait réservé. Ce ne fut pas sans de violents battements de cœur qu'ils approchèrent de la place où se trouvait le filet. Ils mirent sur la corde une main tremblante d'émotion et tirèrent à eux.

— Ah! dit Basile, ce filet parait bien lourd. Eh! vraiment, continua-t-il, il y a là quelque chose!

Et en même temps le jeune homme amenait sur la glace le filet dans lequel se trouvait un magnifique poisson.

A cette vue, un cri de joie sortit de sa poitrine; Lucien et

François lui répondirent de la rive, car ces deux derniers étaient restés à terre, dans la crainte que la glace ne fût pas assez forte pour les porter tous quatre.

Cependant les pêcheurs continuaient à retirer le filet, dont une partie se trouvait encore sous la glace. De nouveaux cris de joie ne tardèrent pas encore à se faire entendre ; ils étaient causés par la capture d'un second poisson encore plus gros que le premier.

Après s'être bien assurés qu'il n'y avait plus rien dans le filet, Basile et Norman le replacèrent avec soin dans l'eau et revinrent à terre avec le poisson qu'ils avaient si heureusement pris. Norman fut accueilli par une salve d'applaudissements. Les deux poissons paraissaient appartenir à l'espèce des truites, et l'on se convainquit bientôt, en les mangeant, qu'on ne s'était pas trompé dans cette appréciation. Le plus gros ne pesait pas moins de cinq livres ; chacun fit, en les dévorant, l'éloge des morceaux, et déclara que de sa vie il n'avait rien mangé de plus délicieux. Peut-être exagéraient-ils un peu, et je ne serais pas étonné que leur appétit, excité outre mesure, n'eût influé sur leur jugement ; car s'il est vrai que l'appétit soit le meilleur assaisonnement des mets, on peut dire que jamais poissons ne furent mieux assaisonnés que les deux dont il est question ; nos voyageurs avaient, en effet, une faim de loup.

Leur faim était apaisée ; c'était beaucoup, sans doute, mais ce n'était pas assez, et l'avenir les inquiétait toujours. S'ils ne prenaient pas d'autres poissons, et rien ne leur garantissait le succès, ils allaient bientôt se trouver aussi embarrassés que par le passé ; heureusement que ces craintes ne furent pas de longue durée. La seconde levée du filet se trouva être bien plus fructueuse que la première : cinq poissons s'étaient laissé prendre, et ces cinq poissons réunis ne pesaient pas moins de vingt livres. Cette ressource eût pu leur suffire pendant plusieurs jours, mais ils n'étaient pas destinés à demeurer plus longtemps sur l'île. La nuit suivante fut signalée par un de ces froids rigoureux que l'on ne trouve que sous ces hautes latitudes, et ils trouvèrent le lendemain matin que la glace de la rivière avait acquis un pied d'épaisseur. Il n'y avait plus à craindre qu'elle se rompît sous leur poids, aussi, sans plus tarder, ils chargèrent sur leurs épaules leur canot et tout leur bagage, et se mirent en route.

Quelques heures leur suffirent pour atteindre la pointe de l'Esclave. Ils prirent terre sur ce promontoire, y choisirent une place convenable, et y établirent leur camp.

CHAPITRE XXVI

SINGULIÈRE ALERTE.

Le premier soin de nos voyageurs, après avoir choisi un emplacement favorable, fut d'y construire une maison de bois. Pour des bûcherons de leur force, ce n'était qu'une plaisanterie; tous quatre savaient manier la hache avec dextérité, aussi les arbres furent-ils bientôt abattus et équarris, et disposés en murailles; le tout fut recouvert d'un toit en planches fendues désignées en charpente sous le nom de bardeaux. Un certain nombre de pierres plates ramassées au bord de l'eau servirent à construire une cheminée. C'était sans doute une construction grossière, mais qui n'en remplissait pas moins le but qu'on s'était proposé. L'argile manquait pour boucher les interstices, car il était impossible de s'en procurer, le sol étant alors gelé à plusieurs pieds de profondeur. Il faisait si froid, que l'eau chaude exposée à l'air se glaçait au bout de quelques minutes. C'était là un grand inconvénient, dans un climat si froid, que le moindre trou dans la muraille suffit pour rendre une maison inhabitable : il fallait donc, de toute nécessité, se procurer une substance capable de boucher les interstices laissés entre les poutres, et d'intercepter complétement le passage à l'air extérieur.

Lucien proposa d'employer l'herbe à cet usage, et partit aussitôt pour aller à la découverte. Il revint bientôt avec une brassée d'herbes blanchâtres. Chacun trouva que c'était la meilleure chose dont on pût se servir, et les quatre voyageurs se mirent à ramasser l'herbe des environs, qu'ils entassèrent à quelque distance de leur cabane.

Quand ils crurent en avoir une quantité suffisante, ils se mirent en devoir d'en bourrer les interstices des poutres. A leur grand étonnement, ils s'aperçurent que cette herbe répandait une odeur agréable et assez semblable au parfum du thym. Une poignée d'herbes jetée dans l'âtre de la cheminée remplit la cabane d'une douce odeur comparable aux plus délicieux parfums. C'était l'*herbe-encens*, plante qui croît en grande abondance dans certaines parties du territoire de la baie d'Hudson, où elle est très-connue des Indiens, qui s'en servent pour fabriquer leur couche, et qui en brûlent aussi parfois dans le but de parfumer leurs demeures.

Pendant les premiers jours de leur résidence sur le cap de l'Esclave, nos jeunes aventuriers vécurent de poisson. Ils n'avaient eu garde d'oublier leur filet, et avaient eu grand soin, au contraire, de le tendre sous la glace à quelque distance de la rive sur laquelle ils s'étaient établis. Leur pêche avait toujours été abondante, et, chose fort extraordinaire, ils avaient été jusqu'à prendre cinq espèces différentes de poisson d'un seul coup de filet. L'espèce la plus abondante se trouvait être une sorte de poisson blanc connu des naturalistes sous le nom de *coregonus albus*, et désigné, dans le langage des marchands de fourrures, sous celui de *tittameg*. Ce poisson, fort répandu dans tous les lacs et rivières du territoire de la baie d'Hudson, est fort estimé des blancs et des Indiens à cause de la délicatesse de sa chair. Il y a certains postes d'échange où, pendant une partie de l'hiver, ce poisson est la seule nourriture qu'on puisse se procurer, et ceux qui le mangent sont loin de se plaindre de cette circonstance. Le tittameg n'est pas un poisson de grande dimension, les plus gros de l'espèce n'excèdent pas en poids sept ou huit livres.

Une autre espèce de poisson qu'on rencontre souvent dans les mêmes eaux est le *coregonus signifer*, désigné par les voyageurs canadiens sous le nom de *poisson bleu*, et par les blancs d'origine anglaise sous celui de *blue fish*, ce qui veut dire absolument la même chose. Je n'ai pas besoin de dire que ce nom lui a été donné à cause de la couleur de ses écailles. C'est une espèce d'ombre qui se plaît dans les eaux vives, et qui saute comme les saumons et les truites.

Plusieurs espèces de truites habitent aussi les eaux du grand lac de l'Esclave. Il faut croire que ces eaux leur sont bien favorables, car ces poissons y atteignent des dimensions énormes. Les voyageurs parlent de truites prises dans ces parages qui ne pesaient pas moins de quatre-vingts livres. Nos jeunes amis furent assez heureux pour prendre quelques-unes de ces excellents poissons, mais ils n'eurent pas la chance d'en rencontrer de cette dimension.

Ils trouvèrent également à différentes reprises dans leurs filets des brochets et une espèce de lotte, connue des naturalistes sous le nom de *galus lota*. Cette lotte est le poisson le plus vorace de toute la race aquatique, et dévore tout ce dont il peut s'emparer. Elle absorbe quelquefois des quantités d'écrevisses si considérables, que son estomac se gonfle et fait saillie sur le reste de son corps. Cette espèce de poisson a une chair fort peu délicate; aussi, lorsqu'on en pêche, les abandonne-t-on aux enfants, qui s'amusent à les tourmenter. Personne n'en mangea; mais Marengo, qui n'avait pas tant de scrupules, ne se fit pas prier pour dévorer à belles dents toutes les lottes pêchées par ses maîtres, et la preuve qu'il les trouvait de son goût, c'est qu'après les avoir avalées, il se léchait les lèvres et semblait en demander d'autres.

Mais une nourriture exclusivement composée de poisson ne pouvait suffire à nos voyageurs. Basile se chargea du soin du pourvoir la table de viande, et partit avec son fusil sur l'épaule pour explorer les environs et y découvrir du gibier. Les autres demeurèrent à travailler à la confection de la cabane, qui était loin encore d'être terminée.

Basile suivit la rive du lac en se dirigeant vers l'est. Après un quart d'heure de marche, il arriva sur un coteau sec et pierreux et couvert d'une espèce de pin assez semblable, par l'aspect, au pin écossais (*pinus silvestris*).

Ces pins avaient tous à peu près quarante pieds de haut, avec de gros troncs garnis de longues branches flexibles. Aucun autre arbre ne croissait dans le voisinage, car c'est une particularité de cette espèce, connue en botanique sous le nom de pin gris ou *pinus banksiana*, d'occuper pour elle seule le sol sur lequel elle pousse.

Basile, en passant près de ces arbres, observa que la plupart d'entre eux étaient écorcés; cette particularité se faisait surtout remarquer aux branches. Tout autour de ces arbres le sol était couvert de petits morceaux d'écorce, comme si quelque animal eût pris la peine de peler les arbres et de ronger à moitié l'écorce.

Tout en cheminant, il se demandait quelles espèces d'animaux pouvaient avoir fait cette besogne. Il n'avait point encore pu se donner à lui-même une réponse satisfaisante, lorsqu'il arriva à une place où le sol était couvert de sable ou plutôt de poussière. A son grand étonnement, il y découvrit des traces qu'il prit pour des empreintes de pieds humains. Elles étaient trop petites pour appartenir à un homme, et semblaient indiquer le pied d'un enfant de trois ou quatre ans.

Notre chasseur allait se baisser pour examiner ces empreintes de plus près, quand un cri qui semblait poussé par une voix d'enfant vint frapper ses oreilles. Il se releva aussitôt et regarda de tous côtés afin de découvrir d'où provenait ce cri étrange. Mais il n'aperçut personne ni sur les arbres ni aux environs, bien que de la place où il se trouvait il pût voir entre les troncs de sapins à plusieurs centaines de pas autour de lui. Sa curiosité était de plus en plus excitée, et, s'il faut tout dire, un peu de crainte commençait à s'y mêler. Il se pencha de nouveau pour examiner de plus près les pas imprimés sur le sable, mais au même moment le même cri se fit entendre de nouveau; mais cette fois le cri était plus fort, et semblait annoncer que l'être qui l'avait poussé s'était considérablement rapproché de Basile. Celui-ci commença à se rendre compte que l'être, homme ou animal, qu'il cherchait, devait être placé plus haut que lui, et il se mit à regarder avec attention sur le sommet des arbres. Au bout de quelques instants, il finit par découvrir dans la fourche d'une branche de pin un animal singulier et d'un aspect hideux qui lui était complétement inconnu.

Cet animal, de couleur foncée, avait à peu près la taille d'un chien basset, un poil épais et hérissé, et se tenait tellement accroupi sur la branche fourchue où il s'était établi, qu'on pouvait à peine distinguer sa tête de ses pieds. La figure étrange et le cri plus effrayant encore de cet animal inconnu auraient effrayé tout autre que notre brave Basile. Celui-ci avoua même plus tard qu'il avait eu un instant d'émotion; mais un peu de réflexion suffit pour lui faire comprendre qu'il avait affaire à un des animaux les plus innocents de la création, au porc-épic du Canada.

C'était cet animal qui avait enlevé l'écorce des sapins, dont il fait sa principale nourriture, et qui avait en même temps laissé sur le sable les traces de ses pieds, tout à fait semblables par la forme à ceux d'un enfant en bas âge.

La première pensée du jeune chasseur fut d'armer sa carabine et d'envoyer une balle au porc-épic, qui, loin de chercher à fuir, demeurait au contraire immobile en se contentant de pousser de temps à autre le cri aigu qui avait révélé sa présence. Mais une réflexion vint à l'esprit de Basile : la détonation de l'arme à feu pouvait effrayer le gros gibier qui se trouvait dans les environs, et comme c'était à peine si le porc-épic valait le coup de fusil, il se décida à le laisser tranquille. Il savait d'ailleurs, pour l'avoir entendu dire à Lucien, que cet animal demeure des semaines et même des mois entiers dans les mêmes parages, et qu'il était à peu près sûr de le retrouver là quand il voudrait. Il remit donc sa carabine sur son épaule, et reprit sa route à travers les bois, bien déterminé à revenir au porc-épic s'il ne trouvait pas mieux.

A mesure qu'il avançait le bois devenait de moins en moins épais, les pins avaient fait place aux peupliers. Les saules s'y mêlaient de temps à autre; mais ce n'était plus une forêt, c'étaient des bouquets de bois isolés autour desquels se trouvaient plusieurs espaces vides d'une centaine de pas d'étendue.

Basile marchait en silence comme tout bon chasseur au bois. Il rencontra une colline, la gravit, monta sur un arbre qui croissait au sommet, et de là inspecta tout le pays environnant. A ses pieds s'étendait un vaste plateau borné d'un côté par le lac, et entouré de tous les autres par des bouquets de bois semblables à ceux que notre chasseur venait de traverser. Çà et là sur le plateau s'élevaient aussi quelques arbres isolés, mais tellement éloignés les uns des autres, que leur présence ne nuisait point à la vue, qui s'étendait fort loin, excepté du côté du lac, où elle était interrompue par un rideau de saules.

Basile ne fut pas longtemps sans découvrir un petit groupe d'animaux qui stationnait sur la lisière intérieure des saules. Quoiqu'il n'eût encore jamais vu d'animaux de cette espèce, il les reconnut facilement : les grandes cornes à andouillers qui s'élevaient sur leur tête les classaient incontestablement dans l'espèce des daims. Ces animaux étaient de haute stature, disgracieux, hauts sur jambes avec des oreilles longues comme celles des lièvres, un cou ramassé et surmonté d'une crinière hérissée. Leurs cornes étaient de dimensions énormes, larges et palmées. A ces signes Basile reconnut l'élan, l'animal le plus gros et le plus laid de toute la famille des daims.

Le troupeau aperçu par le jeune chasseur se composait de

quatre individus : l'un grand, fort, et la tête armée de larges andouillers, était le mâle, les trois autres étaient la femelle avec ses deux faons de l'année précédente. Ces derniers avaient atteint la moitié de leur croissance, et se trouvaient encore dépourvus comme leur mère des cornes branchues qui décoraient la tête de leur père. Ces quatre animaux étaient d'une couleur foncée qui, à distance, paraissait noire ; la tête du gros mâle paraissait plus sombre que celles des trois autres.

À cette vue, l'émotion de Basile fut vive, car s'il avait souvent entendu parler du grand élan, c'était la première fois qu'il avait occasion de voir cet animal, qui ne se montre jamais dans les pays qu'il avait lui-même habités jusque-là, et ne s'avance guère au sud au delà des limites septentrionales du territoire des États-Unis. Du côté du nord, au contraire, cet animal s'avance très-loin. On le trouve dans toutes les régions boisées, et certains voyageurs l'ont même rencontré sur les côtes de la mer Polaire.

Les naturalistes ne sont pas encore bien sûrs que cet animal soit de la même espèce que l'élan d'Europe (*cervus alces*). En tout cas, s'il existe des différences, elles sont peu importantes. En Amérique, cet animal est désigné sous le nom de *moose*, tandis qu'on a conservé le nom d'*elk*, qui signifie plus spécialement élan, à une autre espèce de daim plus petite, le wapiti (*cervus canadiensis*), dont nous avons déjà eu occasion de parler.

Le *moose*, auquel nous conserverons le nom d'élan dans le cours de ce récit, tire cette dénomination du mot indien *moosoa* qui signifie littéralement mangeur d'arbres. Aucune dénomination ne pouvait mieux convenir à cet animal qui se nourrit presque exclusivement de feuilles et de tiges d'arbres. Sa structure, comme celle de la girafe, est telle, qu'il ne peut paître l'herbe qu'avec une grande difficulté, à moins pourtant que ces herbes ne soient très-élevées ou qu'elles n'aient poussé sur la pente d'une colline très-inclinée. Quand il veut paître, il est obligé d'écarter les jambes et d'élever les épaules, qui, dans cette position, font alors saillie au-dessus de son cou. Cette manière de manger est pour lui très-fatigante ; aussi faut-il qu'il y soit forcé pour se décider à paître. Habituellement il trouve sa nourriture plus à sa convenance sur les branches dont il broute les feuilles et les pousses tendres. Plusieurs arbres fournissent à son alimentation, mais il préfère à tous le peuplier, le bouleau, le saule et surtout une espèce particulière de ces derniers arbres, connue sous le nom de saule rouge. L'érable rayé (*acer striatum*) est aussi fort recherché par l'élan; de là le nom de *bois d'élan* donné à cet arbre par les chasseurs. Cet animal aime aussi le lis d'eau (*nymphœa*), et pendant l'été on le voit souvent plongé dans l'eau jusqu'au cou et broutant les feuilles succulentes de cette plante. D'autres motifs l'engagent aussi à se mettre à l'eau : il est toujours tourmenté pendant les chaleurs par une foule de moustiques et d'autres insectes, et c'est pour lui un moyen de s'en débarrasser. Lorsqu'il est à l'eau, il est beaucoup plus facile à approcher. Aussi les Indiens profitent-ils de cette circonstance pour le chasser dans leurs canots et le poursuivre à coups de piques et de lances.

L'élan se rencontre rarement en grandes troupes. C'est un animal dont les habitudes sont généralement solitaires. Il s'accouple à la saison des amours, et vit ensuite pendant quelque temps en famille, comme ceux que Basile venait de rencontrer.

Pendant l'hiver les Indiens suivent sa piste sur la neige; cette chasse se fait avec des patins. Grâce à cette circonstance, les chasseurs ont souvent l'avantage sur l'élan, car avec leurs patins ils glissent sur la surface glacée, tandis que l'élan, au contraire, enfonce dans la neige, ce qui retarde considérablement sa fuite. Malgré cela, il n'est pas rare de voir des élans se faire chasser pendant plusieurs jours de suite, et échapper à ceux qui les poursuivent.

Il arrive, dans les temps de grande neige, que ces animaux sont trouvés par douzaine dans certains lieux où quelque accident les a rassemblés. Par exemple, ils ont été surpris pendant la nuit dans une vallée, et la neige est tombée autour d'eux de manière à les renfermer dans une enceinte presque infranchissable. Quand les chasseurs ont la chance de les rencontrer dans une situation semblable, ils en laissent rarement échapper un seul.

Je crois avoir dit que le cœur de Basile battit avec force à la vue des élans. Il avait en effet le plus grand désir de tuer un de ces animaux, tant à cause de la nouveauté de la chasse que parce que ses compagnons et lui avaient un véritable besoin de changer un peu leur régime d'alimentation. La viande d'élan est excellente, et il se disait que s'il pouvait retourner au camp avec quelques tranches de cette venaison, il serait deux fois bien reçu. Cette supériorité de la chair d'élan n'était pas ignorée de Basile, qui avait surtout entendu parler de la longue lèvre supérieure de cet animal comme d'un des morceaux les plus délicats et les plus recherchés des chasseurs de fourrures. La peau ne le tentait pas moins, car il pensait au parti qu'il pourrait tirer de cet excellent cuir, soit pour renouveler leurs mocassins, soit pour se fabriquer des chaussures pour la neige, dont il prévoyait qu'on aurait bientôt besoin. Toutes ces raisons ne faisaient, comme on le comprend, qu'ajouter au désir du jeune chasseur.

Mais il ne suffit pas de désirer, il fallait agir, et avant tout approcher des élans, chose difficile en toute saison, mais surtout aux approches de l'hiver. A cette époque de l'année, il n'existe point d'espèce de daim qui se montre aussi timide et aussi soupçonneux que l'élan. Il n'en est point ainsi pendant l'été. Lors des chaleurs, les moustiques le tourmentent si cruellement, qu'il devient indifférent à tout et s'occupe beaucoup moins de l'approche de ses autres ennemis. L'hiver les débarrasse de ces importuns parasites, et ils ne s'occupent plus alors que du soin de veiller à leur sûreté. Les sens de l'ouïe, de la vue et de l'odorat sont très-subtils chez eux et les servent merveilleusement à l'approche du danger. Quand ils ont le vent pour eux, ils sentent un ennemi à des distances incroyables; à défaut de l'odorat, la vue et l'ouïe les avertissent encore. Le moindre bruissement des feuilles, la moindre agitation dans les branches suffisent pour leur donner l'éveil. Dans leurs pérégrinations sur la neige, ils prennent les précautions les plus grandes pour dérouter leurs ennemis, et ne consentent à se reposer qu'après avoir dérouté ceux qui les suivent en revenant à plusieurs reprises sur leurs traces. Cette prudente mesure leur fournit aussi l'occasion de s'assurer s'ils sont suivis ou non, et dans le cas où ils s'aperçoivent qu'on est à leurs trousses, ils ne manquent jamais de fuir dans une autre direction.

Basile connaissait toutes les ruses employées par les élans; de vieux chasseurs les lui avaient racontées, aussi résolut-il d'agir avec la plus grande précaution.

Son premier soin fut de s'assurer de la direction du vent. Il eut la chance de trouver dans son carnier une plume appartenant sans doute à quelque gibier qui y avait autrefois séjourné ; il la prit et la plaça sur le bout de son fusil qu'il éleva en l'air, puis il attendit. Au bout d'un instant le vent souffla et enleva la plume dans une direction que Basile nota dans son souvenir. C'est ce que les chasseurs appellent *lancer la plume*. Cette expérience est excellente pour indiquer d'où vient le vent. C'est un des points les plus importants dans la chasse au daim.

A la grande satisfaction de Basile, le vent venait de la partie inférieure du lac, et par conséquent lui soufflait au visage, circonstance heureuse qui lui permettait de gagner le rideau de saules avant d'avoir été éventé par les élans. Grâce à ces saules, il espérait pouvoir s'approcher ensuite sans être vu, et comptait aussi au besoin se faire un couvert des grosses touffes de roseau disséminées çà et là sur la prairie.

Sans perdre de temps, il gagna les saules, et après les avoir mis entre lui et le gibier, il s'approcha des élans en côtoyant le bord du lac.

Pendant plus d'une demi-heure il lui fallut tantôt s'avancer en marchant sur les genoux et sur les mains, tantôt en marchant sur le ventre comme un reptile, ne se relevant jamais qu'à moitié et encore dans les endroits où le couvert plus épais lui permettait de le faire sans danger. Ce fut une demi-heure de fatigue et de patience, mais il n'y avait pas d'autre moyen de gagner une place favorable. D'ailleurs Basile était chasseur, et, comme tout véritable chasseur, possédait la patience et l'énergie, ces deux vertus sans lesquelles il n'est point de succès possible. Notre jeune homme obtint enfin la récompense de ses travaux, car en écartant quelques branches de saule et en regardant à travers, il s'assura qu'il était arrivé à l'endroit le plus favorable pour tirer. A cinquante pas devant lui il voyait se dresser les épaules élevées et les grands andouillers plats de l'élan mâle, qui, la tête en l'air, était en ce moment occupé à broyer le feuillage des saules. Ce fut à peine si Basile s'inquiéta de la position des autres animaux. L'élan mâle l'occupait exclusivement, et c'était à lui seul qu'il en voulait. Si Basile se fût préoccupé de la qualité de la viande il eût choisi tout autre moment, et la femelle aurait eu ses préférences. S'il eût eu affaire à des buffalos, il n'eût pas manqué de tuer la femelle ; mais comme c'était la première fois qu'il tuait des élans, il tenait à s'attaquer au chef du troupeau.

Il aurait d'ailleurs désiré tuer la femelle ou l'un de ses petits, qu'il n'eût pu le faire aussi commodément. Le mâle était en effet le seul qui se trouvât bien à la portée de son fusil, les autres étaient plus éloignés, et ne lui laissaient guère voir que le haut de leurs épaules. Le mâle lui-même n'était pas dans une position très-favorable au tireur : il se présentait de face, et Basile craignait en le frappant sur le frontal de ne pouvoir le tuer sur place. Il savait du moins qu'un pareil coup n'abattrait pas un buffalo. Dans la crainte de perdre son coup et son gibier, il attendit, au lieu de tirer de suite, que l'élan se présentât d'une manière plus avantageuse. Ce ne fut pas long, et l'animal s'étant retourné, offrit au chasseur le défaut de l'épaule; celui-ci en profita, prit son temps et tira. Presque au même instant on entendit un bruyant trépignement de pieds, c'était la femelle et les jeunes élans qui s'enfuyaient de toute la vitesse de leurs jambes. A la grande joie de Basile, le mâle ne les accompagnait pas, il restait caché derrière le rideau de saules, sans aucun doute il était mort.

CHAPITRE XXVII

DUEL À MORT... AVEC UN ÉLAN.

Basile s'élança aussitôt en avant sans prendre le soin de recharger sa carabine, imprudence qu'il commettait rarement. En trois sauts il fut hors des saules et en présence du gibier. A son grand étonnement, l'élan n'était pas mort, il n'était même pas abattu, il était seulement tombé sur ses genoux et paraissait blessé. En s'approchant davantage, Basile distingua sur son cou l'ouverture faite par la balle. Il n'eut guère le temps de l'examiner, car en apercevant le chasseur, l'élan se releva sur ses pieds et s'élança contre lui, les cornes en avant et les yeux étincelants de fureur. Il avait dans ce moment le regard du tigre.

Basile se jeta de côté et fut assez heureux pour éviter ce premier choc. Le second ne se fit pas longtemps attendre. L'élan se retourna, releva la tête et revint sur son adversaire, les pieds de devant en l'air. Basile essaya de se défendre avec sa carabine en s'en servant comme d'une massue, mais en un instant il fut désarmé. Pourtant il eut encore la chance de sortir sans accident de cette seconde épreuve.

Il jeta les yeux de tous côtés pour découvrir un moyen de salut. Un arbre se trouvait à quelques pas de là ; il se dirigea de ce côté de toute la vitesse de ses jambes. L'élan le suivait de si près, que ce fut juste s'il eut le temps de se cacher derrière le tronc de l'arbre. L'animal furieux était sur ses talons, et vint presque aussitôt frapper de ses cornes le tronc protecteur, dont l'écorce vola en éclats. Ce fut pendant quelque temps une poursuite acharnée. Basile tournait avec rapidité autour du tronc de l'arbre, toujours suivi par son adversaire, qui de temps en temps frappait l'arbre de ses cornes, battait la terre de ses pieds et faisait entendre un reniflement bruyant. Sa fureur s'augmenta de l'inutilité de ses efforts. Dans sa rage impuissante, il s'attaqua au tronc de l'arbre, et le frappa si rudement de ses cornes, qu'en peu de temps il fut entièrement dépouillé de son écorce jusqu'à la hauteur de six pieds. Pendant ce temps, Basile ne cessait de tourner autour de l'arbre, en ayant toujours soin de se tenir du côté opposé à l'animal.

Le désir du jeune chasseur était de grimper sur l'arbre, et de se mettre ainsi hors de la portée des coups de son adversaire ; mais par malheur l'arbre était un peuplier, dont les branches se trouvaient à une grande élévation du sol, et dont le tronc était trop gros pour être embrassé ; sa seule ressource était de continuer à tourner autour de l'arbre et de s'en faire un bouclier contre les cornes de l'élan.

Cette lutte durait depuis une heure. De temps en temps l'élan s'arrêtait, puis il reprenait sa poursuite avec une fureur qui semblait croître au lieu de diminuer. Un tigre ou un lion n'eût pas été plus ardent à la poursuite et plus implacable dans sa vengeance. La blessure qu'il avait reçue le faisait sans doute souffrir, et empêchait sa colère de tomber. Malheureusement cette blessure n'était pas mortelle, comme Basile était à même de le vérifier. La balle, après avoir entamé le cuir, avait rencontré un os et avait glissé dessus sans le fracturer, et cette blessure ne faisait qu'exciter la rage de l'élan sans diminuer en rien ses forces.

Basile commençait à craindre l'issue de cette lutte prolongée. Il était épuisé de fatigue et de faim. Comment se reposer, comment tenir jusqu'à ce que cet animal forcené consentît à le laisser? Telles étaient les questions qui se présentaient à son esprit troublé, problème difficile auquel il ne voyait aucune solution. Il avait entendu parler de chasseurs tués par des élans blessés, il avait également entendu dire que ces animaux poussaient la rancune jusqu'à rester plusieurs jours sur place, afin d'assurer leur vengeance ; et pourtant il ne pouvait rester là plusieurs jours : il pressentait, au contraire, le moment où il tomberait épuisé et serait foulé aux pieds de son ennemi furieux.

Ceux du camp viendraient-ils à son secours? Mais ce ne pouvait être avant la nuit. Ce serait seulement alors qu'on commencerait à s'inquiéter de son absence ; et comment reconnaîtraient-ils ses traces à travers les ténèbres? D'ailleurs la gelée avait rendu la terre dure comme le roc; les pieds n'y laissaient pas la moindre empreinte, et de jour même il eût été difficile, sinon impossible de retrouver ses traces. Marengo seul était capable de trouver sa piste ; le chien avait été laissé au camp, car Basile avait préféré chasser seul. Peut-être aurait-on l'idée de l'utiliser; mais c'était une faible lueur d'espoir, qui ne suffisait pas pour combattre son anxiété. Les circonstances n'étaient pas au surplus favorables pour Marengo; car, en supposant que le chien eût retrouvé d'abord la piste de son maître, celui-ci avait fait tant de détours, était revenu si souvent sur ses pas, qu'il était à craindre que le limier ne fût bientôt dépisté. Puis ses traces ne pouvaient-elles pas avoir été coupées par des élans ou d'autre gibier qui donneraient le change?

Ces réflexions, qui n'étaient que trop justes, commençaient à donner à Basile de sérieuses alarmes. Il ne désespérait pas cependant, car c'était une âme vigoureusement trempée, sur laquelle le désespoir n'avait aucune prise. Le danger ne faisait au contraire que doubler ses forces en excitant son énergie.

Tout en se creusant l'esprit pour trouver un moyen de salut, il jetait les yeux de côté et d'autre, quand ses regards vinrent à tomber sur son fusil qui gisait par terre à environ cent pas de là. S'il pouvait s'en emparer et le recharger, les choses changeaient de face, et il n'avait plus rien à craindre ; mais c'était folie que de quitter l'arbre pour aller ramasser son arme, l'élan l'aurait bien vite atteint, renversé et broyé sous ses coups. Cette idée était impraticable, il dut bientôt y renoncer.

Dans la direction opposée à celle où se trouvait sa carabine, les regards de Basile découvrirent un groupe d'arbres, séparés entre eux par une dizaine de pieds ; le premier n'était pas éloigné de lui de plus de quinze pas. Basile conçut le projet de gagner le premier de ces arbres, puis le second, puis le troisième, jusqu'à ce qu'enfin il pût s'échapper dans l'intérieur de la forêt. Profitant d'un des temps d'arrêt de l'élan, il espérait gagner quelques pas d'avance et pouvoir effectuer son projet ; mais c'était une entreprise dangereuse : s'il avait mal pris son temps, si le pied lui manquait, si ses forces lui faisaient défaut, l'élan le rattrapait, et alors, il n'y avait pas à en douter, la mort était inévitable.

Il le savait, mais il n'en persista pas moins dans sa résolution. Il attendit seulement le moment où l'élan se trouvait directement entre lui et le groupe d'arbres qu'il désirait atteindre.

On s'étonnera peut-être qu'il ne choisît pas de préférence le moment où l'élan se trouvait au contraire du côté opposé, mais ce serait à tort. Basile avait parfaitement calculé que l'élan, emporté par la fureur et ne soupçonnant pas le projet de son adversaire, continuerait à faire le tour de l'arbre comme si de rien n'était, et lui laisserait ainsi un temps précieux, dont il prétendait se servir. Il espérait aussi que l'animal, surpris et dérouté par cette manœuvre, perdrait encore quelques secondes en incertitudes et en hésitations.

Le moment attendu par le chasseur ne tarda pas à se présenter ; Basile s'élança comme un trait, toucha presque en passant les cornes de l'élan, et sans s'arrêter, sans jeter un coup d'œil en arrière, gagna de toute la vitesse de ses jambes le tronc de l'arbre le plus voisin, à l'abri duquel il se blottit comme derrière un rempart. L'élan le suivait, mais il était parti trop tard ; et quand il arriva à l'arbre, son adversaire était déjà retranché. Furieux de se voir de nouveau trompé dans sa vengeance, il tourna la violence de ses coups contre l'arbre et le frappa de ses cornes et de ses pieds, comme il l'avait fait du premier.

Quant à Basile, il employait, pour éviter ses attaques, le moyen qui lui avait précédemment réussi.

Au bout de quelques minutes, le hardi chasseur se prépara à une nouvelle course ; elle réussit aussi bien que la première. Il parvint à gagner sans accident un troisième, puis un quatrième arbre. Inutile d'ajouter que l'élan le poursuivait toujours.

Basile commençait à espérer que ce moyen de fuite finirait par lui réussir, quand il s'aperçut, à son grand désappointement, qu'entre le quatrième arbre, derrière lequel il se trouvait abrité, et le bois qu'il voulait gagner, s'étendait un grand espace planté seulement de quelques arbres clair-semés, et tous beaucoup plus petits que ceux qui l'avaient protégé jusqu'alors. Deux cents pas au moins le séparaient de la lisière du bois ; c'était, dans les circonstances présentes, une distance énorme et difficile à franchir. Il était à craindre que, s'il tentait cette dernière aventure, l'élan ne le rattrapât et n'assouvît d'un seul coup sa fureur et sa vengeance. Le jeune homme se mit à réfléchir à la difficulté des circonstances.

Pendant qu'abrité derrière ce quatrième rempart, il combinait un nouveau plan de fuite, il remarqua que l'arbre auquel il touchait était fort branchu, et que ses basses branches ne se trouvaient qu'à une petite distance au-dessus de sa tête. L'idée lui vint aussitôt d'y grimper. Si ce n'était pas là un moyen de salut, c'était au moins du répit et la possibilité de se reposer, chose d'autant plus appréciable dans ces circonstances, que notre jeune chasseur ne se soutenait plus que par un suprême effort d'énergie. Sans plus tarder, il saisit une des branches, s'enleva à la force des poignets, et se trouva en un clin d'œil commodément établi sur une des fourches de l'arbre.

La fureur de l'élan ne diminuait pas ; il continuait à tourner autour de l'arbre, s'arrêtant cependant de temps en temps pour se dresser sur ses pieds de derrière et frapper le tronc avec ceux de devant. Dans cette position, son museau se trouvait si près de Basile, que celui-ci pouvait presque le toucher. L'idée lui vint aussitôt de tirer son couteau de chasse pour en frapper l'animal furieux.

Cependant cette action amena chez lui une foule de pensées nouvelles, qui le firent aussitôt changer de résolution, et abandonnant la branche sur laquelle il était perché, il monta plus haut sur l'arbre, choisit une des branches les plus droites, et se mit à la couper près du tronc. Cela fut bientôt fait, après quoi il dégagea la branche des tiges et des nœuds, et obtint de la sorte une hampe de lance à laquelle il adapta son couteau de chasse, qu'il eut soin d'y attacher fortement à l'aide de lanières qu'il découpa au baudrier de sa poire à poudre. Cette opération terminée, notre chasseur se trouva possesseur d'une redoutable lance, car son couteau, de l'espèce de ceux appelés *bowie*, avait une large lame affilée, tranchante et pointue comme une rapière.

Comme il se trouvait alors trop haut pour pouvoir s'en servir commodément, il descendit et s'établit sur la branche où il s'était précédemment placé. Là, il se campa solidement, et attendit pour frapper le moment favorable. Ce ne fut pas long. L'élan, qui continuait toujours ses manœuvres, se leva de nouveau sur ses pieds de derrière. Le chasseur saisit l'occasion, et enfonça la lame de son couteau dans la poitrine de l'animal. La force du coup fut telle, qu'une partie de la hampe disparut dans le corps ; un ruisseau de sang s'échappa de la plaie, l'élan retomba lourdement à terre, brama par trois fois, et s'agita convulsivement ; ce fut tout. Il demeura immobile, et le chasseur eut la joie de constater qu'il était complètement mort.

Aussitôt il descendit de l'arbre, courut à sa carabine, la ramassa, la rechargea avec soin, puis revint à l'élan. L'animal ne donnait plus aucun signe de vie. Le jeune homme lui ouvrit la bouche à l'aide d'un bâton qu'il lui passa entre les dents, et lui coupa la langue et la lèvre supérieure, deux morceaux de choix qu'il mit dans son sac.

Il se disposait à partir, quand une nouvelle idée lui traversa l'esprit. Il s'arrêta, posa son fusil par terre, tira son couteau et s'approcha de nouveau du corps de l'élan, auquel il fit une incision près des rognons. Il enfonça sa main dans ce cadavre encore chaud, et retira une partie des intestins. C'était la vessie. Ses yeux qui se portaient alors de côté et d'autre évidemment à la recherche de quelque objet dont il avait besoin, finirent par s'arrêter sur une touffe de grands roseaux qui croissaient à quelques pas de là. Il avait trouvé ce qu'il cherchait ; il s'approcha de cette touffe et en coupa une tige dont il fabriqua un chalumeau. Ce chalumeau, introduit dans la vessie, lui servit à la gonfler et à lui donner toute l'extension dont elle était susceptible. Cela fait, il prit une courroie, y attacha la vessie gonflée, et suspendit le tout à une branche d'arbre, de manière que la vessie se trouvât à quelques pieds seulement au-dessus du corps de l'élan. Cet appareil était mis en danse par le plus léger souffle du vent, et avait ainsi un mouvement perpétuel.

C'était un épouvantail destiné à effrayer les loups et à les empêcher d'approcher du corps de l'élan, dont notre jeune chasseur se proposait d'utiliser plus tard et la viande et le cuir.

Cette sage précaution prise, il jeta de nouveau sa carabine sur son épaule, et s'éloigna à grands pas dans la direction du camp. Il eut bientôt rejoint ses frères. La langue de l'élan fournit aux frais du dîner et fut fort appréciée de tout le monde. Le repas terminé, nos quatre voyageurs se rendirent en toute hâte au lieu où Basile avait laissé sa proie. Tout fut retrouvé en bon état, mais on put constater que la vessie n'avait pas été inutile ; il y avait en effet près de là une douzaine de loups qui rôdaient en poussant des hurlements, mais que la vue de cet objet étrange tenait en crainte et empêchait d'approcher. Sans cette petite précaution, on n'eût certainement trouvé que leurs restes.

Cette manière d'effrayer les loups paraîtra peut-être extraordinaire. Elle est cependant très-usitée par les chasseurs, et toujours avec succès. Ces animaux, tout fins et rusés qu'ils sont, se laissent toujours tromper par cette ruse grossière, et ont une véritable frayeur d'une simple vessie gonflée balancée par le vent.

L'élan tué par Basile était un des plus grands de son espèce ; sa taille égalait presque celle d'un cheval ordinaire. Ses cornes pesaient soixante livres, et son corps entier quinze cents livres. Il fallut à nos voyageurs deux journées entières pour transporter toute cette viande au camp.

Pendant ces allées et venues, François découvrit le porc-épic sur l'arbre même où Basile l'avait aperçu la veille. Il n'avait pas pour l'épargner la même raison que son frère avait eue précédemment, aussi le tua-t-il sur place d'un coup de fusil.

CHAPITRE XXVIII
DEUX MOIS DANS UNE CABANE.

La maison de bois dont il a été parlé plus haut était heureusement terminée le 1ᵉʳ septembre. Il était temps, car ce jour même fut marqué par un redoublement de froid. Il tomba pendant la nuit une grande quantité de neige, de sorte que le matin en se levant nos voyageurs virent toute la campagne couverte d'un pied de neige. Il devenait dès lors fort difficile de sortir, et l'on dut s'occuper sans délai de fabriquer des chaussures pour la neige.

Les *souliers à neige* sont d'invention indienne. C'est un des articles les plus indispensables de la garde-robe des habitants des régions arctiques. Sans le secours de cette chaussure tout voyage à pied serait impossible. Dans ces contrées, je crois l'avoir déjà dit, la terre est pendant l'hiver couverte de plusieurs pieds de neige. Cette neige reste une grande partie de l'année sans diminuer : six mois dans certaines contrées, huit et neuf mois dans des régions plus froides. La neige est souvent durcie par la gelée de manière à pouvoir supporter un homme sans qu'il soit nécessaire pour le soutenir de chaussures particulières; mais souvent aussi, et cela arrive toutes les fois que la neige est nouvellement tombée, elle est trop molle pour offrir quelque résistance, et l'on courrait le risque d'y enfoncer à chaque pas et de disparaître dans quelque fondrière.

Pour obvier à cet inconvénient, les Indiens font usage d'une espèce de chaussure désignée par les Anglais sous le nom de *snow-shoes* (souliers à la neige) et de *raquettes* par les voyageurs canadiens. Cette chaussure est en usage chez toutes les tribus indiennes qui habitent le territoire de la baie d'Hudson; et c'est à elle que ces peuplades doivent de n'être pas retenues prisonnières pendant une grande partie de l'année, et de pouvoir chasser le daim et les autres gibiers.

L'imprévoyance est un défaut propre à tous les sauvages et plus encore peut-être aux Indiens du nord de l'Amérique qu'à tous autres. Ils ne savent point, comme la fourmi, amasser pendant l'été les provisions de l'hiver, et si la chasse venait à leur manquer pendant la mauvaise saison, des tribus entières périraient de misère et de faim. Il n'est pas rare de voir des individus de cette race paresseuse et misérable succomber à ce fléau terrible, et l'on peut dire que leur vie est un continuel combat avec la famine.

Ces malheureux, exposés pendant l'hiver à toutes les rigueurs de la faim, sont pourtant pendant l'été presque toujours dans l'abondance. C'est en effet par centaines qu'ils tuent alors les daims et les buffalos; mais au lieu d'aviser au moyen d'en conserver la viande, ils se contentent d'enlever les langues, laissant le reste du corps devenir la pâture des loups. Ces mêmes Indiens, qui ont négligé cette précieuse ressource, se trouveront pendant l'hiver sans un seul morceau de viande, et verront pendant six ou sept mois leur existence et celle de leur famille dépendre d'une journée de chasse plus ou moins heureuse. Mais, qui le croirait? l'expérience ne leur sert à rien. L'été fait oublier les souffrances de l'hiver, et un nouvel été venu, ils laissent perdre leurs provisions avec la même imprévoyance dont ils ont tant eu à souffrir pendant l'hiver précédent.

Mais revenons à nos souliers à neige, et disons la manière dont on les fabrique.

Il n'est personne parmi vous, mes jeunes lecteurs, qui n'ait vu tendre des collets pour prendre des oiseaux en temps de neige. Ces petits lacs s'attachent à un cerceau traversé par de petites cordes ou ficelles. Eh bien! supposez que ce cerceau ait une forme allongée, représentant à peu près la figure d'un bateau, imaginez aussi que les ficelles sont remplacées par des courroies de cuir, et vous aurez alors une idée des souliers à neige des Indiens. Ce genre de chaussure a ordinairement de trois à quatre pieds de long; au milieu il a à peu près un pied de large, et va en se rétrécissant aux deux extrémités. Le cerceau auquel sont fixées les courroies est ordinairement d'un bois très-léger et poli au couteau; il y a surtout certaines espèces de pins dont le bois, à cause de sa légèreté et de sa flexibilité, est très-estimé pour cet usage; mais l'arbre dont on se sert le plus souvent est celui que les Canadiens voyageurs désignent sous le nom de bois de flèche, sans doute parce que les sauvages l'emploient également à faire les flèches dont ils se servent. Ce bois, aussi souple que léger, est d'une utilité constante chez les sauvages, qui s'en servent dans la construction de leurs tentes, de leurs bateaux, et dans beaucoup d'autres circonstances.

Lorsqu'on a donné à ce cerceau ou plutôt à ce cadre la dimension et la forme voulues, on y adapte par le milieu deux barres transversales situées à quelques pouces l'une de l'autre. Ces deux morceaux de bois sont destinés à poser le pied et à consolider tout l'appareil. Ceci fait, on étend sur le cadre un filet en ne laissant de libre qu'un petit espace destiné à recevoir le pied. Le filet est fait le plus souvent de lanières de daim et quelquefois aussi de cordes de boyau, et est assez semblable, ainsi que son nom français l'indique, à ces raquettes dont on se sert pour le jeu de paume. Quand les souliers à neige sont ainsi préparés, il ne reste plus qu'à les adapter aux pieds, ce qui se fait à l'aide de courroies. Une paire de pareils souliers représente à peu près six pieds carrés. On peut les faire plus grands si les circonstances le requièrent, mais dans les dimensions que nous venons d'indiquer ils sont suffisants pour porter l'homme le plus lourd sur la neige la plus friable, et un Indien chaussé de la sorte court ordinairement sur la neige comme un patineur sur la glace.

Ce genre de chaussure, en usage chez toutes les tribus indiennes, n'a pas partout la même forme. Les Chippewas, par exemple, ne courbent que l'un des côtés du cadre et font l'autre entièrement droit. De la sorte la chaussure a la forme d'un arc avec sa corde. Dans ce cas ces souliers ne peuvent pas servir indifféremment pour l'un et l'autre pied ; il y a le gauche et le droit. Je dois ajouter que cette forme est exceptionnelle, et que la plus généralement adoptée est celle que nous avons décrite plus haut.

Nos jeunes voyageurs, voyant que la neige était arrivée, comprirent, comme je l'ai déjà dit, qu'il leur fallait à chacun une paire de raquettes, quatre en tout. Norman, à qui son expérience donnait ce droit, fut nommé maître cordonnier. Ce titre n'était point usurpé, car le jeune homme savait fabriquer un cadre et le couvrir d'un filet de manière à rendre des points à la plus habile femme Indienne. Ses compagnons ne firent que l'aider dans son travail.

Lucien coupa le cuir de l'élan en lanières étroites et régulières ; Basile sortit malgré la neige, et alla couper sur le pin, où on avait tué le porc-épic, les branches destinées à faire les cadres des chaussures. Ces branches rapportées au logis, lui et François les élaguèrent, les polirent avec leurs couteaux et les firent sécher sur la cendre chaude, de manière que le maître cordonnier n'eût plus qu'à les mettre en œuvre. Cette fabrication de chaussures les occupa pendant plusieurs jours, au bout desquels chacun eut enfin une paire de souliers à neige proportionnés à sa taille et à sa force.

Ils songèrent ensuite au moyen de se procurer des provisions d'hiver. La viande d'élan leur avait suffi jusqu'alors, mais elle ne pouvait toujours durer, et s'épuiserait au contraire d'autant plus facilement qu'ils n'avaient rien pour manger avec, ni pain, ni légumes, ni aucune autre substance. Dans de telles conditions, on comprend qu'il faut à chaque individu une grande quantité de viande pour se soutenir. Ce n'est plus comme dans nos grandes villes, où on varie sa nourriture et ses boissons. L'homme qui voyage dans les contrées septentrionales est presque toujours de très-bon appétit. La viande, dont il fait sa nourriture principale, est, d'un autre côté, un aliment qui se digère très-vite et permet à l'appétit de se renouveler très-souvent. Aussi la ration de vivres allouée aux employés de la compagnie de fourrures est-elle assez considérable pour fournir à la nourriture de plusieurs personnes d'un appétit ordinaire. Dans certaines parties du territoire de la baie d'Hudson, on accorde aux voyageurs une ration de huit livres de viande par jour, encore beaucoup d'entre eux la trouvent-ils insuffisante. Un daim et même un buffalo ne leur sont pas d'une très-longue ressource, surtout lorsqu'ils en sont réduits à ne se nourrir que de viande, et qu'ils n'ont plus à leur disposition ni pain ni aucune espèce de végétaux.

Comme on le voit, ce n'était pas sans raison que nos jeunes aventuriers se préoccupaient de faire leur provision de viande avant que les rigueurs de l'hiver vinssent leur enlever tout à fait les ressources de la chasse.

Le vêtement les inquiétait également. Ils étaient assez couverts pour ne pas souffrir des froids qu'ils avaient éprouvés jusqu'alors; mais ils savaient qu'une température beaucoup plus rigoureuse les attendait sur le bord du grand lac de l'Esclave, et qu'au cœur de l'hiver leurs habits et leurs couvertures seraient impuissants à les garantir des rigueurs du climat. Il fallait donc de toute nécessité qu'ils se procurassent des fourrures chaudes, avant une époque qui ne devait pas tarder à se montrer. En conséquence de ces nécessités, Basile et Norman se livrèrent avec ardeur à la chasse, aussitôt qu'ils purent, grâce à leur nouvelle chaussure, s'aventurer sans danger sur la neige. Ces expéditions prenaient toutes leurs journées, il était rare qu'ils rentrassent avant la nuit. Ils ne revenaient guère les mains vides; tantôt c'était un caribou qu'ils avaient tué, tantôt un renne, tantôt aussi un woodland, autre variété de la famille des daims. Ils ne rapportaient guère au camp que la peau et les parties les plus délicates de l'animal, et abandonnaient le reste aux loups, comme indigne de figurer dans leur garde-manger. La chair du caribou et du woodland a un goût très-prononcé, et est très-peu agréable à manger, et ces deux espèces d'animaux ne sont guère estimées que pour leur peau.

Nos chasseurs n'abattaient pas toujours du gibier aussi important; et il leur arriva quelquefois de rentrer au logis sans avoir trouvé occasion de tirer un seul coup de fusil. Il y eut un jour plus heureux que tous les autres, dans lequel ils réussirent à tuer toute une bande d'élans, cinq individus en tout : un vieil élan mâle, un autre mâle plus jeune dont les cornes n'étaient point encore branchues, une mère et deux petits. Ils les avaient suivis pendant longtemps, et étaient enfin parvenus à les renfermer dans une espèce de vallée étroite où la neige était très-profonde et où ces animaux enfoncèrent jusqu'au ventre. Il avait plu la veille; la neige, fondue à la surface, avait ensuite gelé pendant la nuit, et formait une légère croûte qui se brisait sous les pieds des daims et leur coupait les jambes à chaque pas qu'ils faisaient. Cette circonstance avait ralenti leur marche au point que les chasseurs purent facilement les suivre. Leurs souliers à neige leur furent dans cette circonstance d'un grand secours, et quand les daims se furent enfoncés dans la neige de la vallée de manière à y rester pour ainsi dire piqués, ils les approchèrent à leur guise et les tirèrent à leur convenance; aussi pas un ne leur échappa, tout le troupeau y resta.

Les chasseurs, pour préserver la viande de la dent des loups et des wolverènes, eurent soin de la couper par quartiers et de la suspendre aux branches des arbres. Quand cette besogne fut terminée, la vallée offrait l'aspect d'un abattoir. Le lendemain on construisit un traîneau, à l'aide duquel on emporta toute la viande au camp; puis on alluma de grands feux tout autour de la cabane, et on consacra plusieurs jours à sécher cette masse de viande. Si nos voyageurs eussent été certains de la continuité du froid, ils se fussent épargné cette peine, car la viande était gelée et dure comme de la pierre, et se serait longtemps conservée en cet état; mais ils craignaient un dégel imprévu; et comme le bois ne leur manquait pas, ils ne crurent pas devoir s'exposer à perdre tout d'un coup leurs provisions.

Ils étaient désormais assurés contre la famine, et avaient des approvisionnements pour plusieurs mois. La chasse n'était plus indispensable, et s'ils se livraient de temps en temps à cet exercice, c'était pour se procurer de la venaison fraîche, plus agréable au goût que la viande sèche, et pour prendre un exercice aussi plaisant qu'utile à leur santé. Dans la position où ils étaient, c'était encore la meilleure manière de combattre la maladie et surtout l'ennui.

Malgré tous leurs efforts, ce dernier fléau vint cependant les assaillir plus d'une fois. Il y avait des jours où le froid était si intense qu'ils n'osaient mettre le nez dehors sans crainte d'être gelés, bien qu'ils fussent cependant couverts de vêtements de fourrures confectionnés par Lucien, tailleur en chef de la société. Pendant ces jours-là, ils étaient obligés de demeurer assis autour de leur feu, dans l'intérieur de leur cabane, et pour tuer le temps ils s'occupaient à nettoyer leurs armes, raccommoder leurs vêtements, faire des filets et autres occupations de ce genre. Ces tristes journées n'étaient cependant pas toujours exemptes d'un certain charme. Lucien disait à ses compagnons ce qu'il avait vu dans les livres. Norman les initiait aux scènes de la vie polaire, François les faisait rire avec ses plaisanteries et ses bons mots; Basile avait aussi un talent fort rare et fort appréciable, celui de savoir écouter, et grâce à cette entente cordiale, les mauvais jours s'écoulaient sans trop de peine ni d'ennui.

Les choses se passèrent donc assez bien pendant un temps. Durant les six premières semaines ils trouvèrent à peine le temps de s'ennuyer, mais leur patience s'épuisa, la perspective de passer six mois de cette manière commença à les effrayer un peu, et ils se prirent à désirer vivement un changement de position. Les aventures de chasse, qui avaient autrefois le privilége d'exciter leur enthousiasme, étaient maintenant sans intérêt pour eux. Tous les travaux d'intérieur leur paraissaient monotones et presque insupportables; c'est que nos jeunes voyageurs étaient tous d'un caractère actif et entreprenant, et qu'ils avaient appris depuis longtemps à connaître la valeur du temps. L'idée d'être pendant six longs mois privés de relations avec les autres hommes et de consumer leur temps dans une vie inactive, commençait à leur être insupportable, et tous aspiraient vivement à un changement de position.

Un jour qu'ils s'entretenaient ensemble à ce sujet, une proposition fut mise en avant par Basile, elle était hardie comme tous les projets de l'aventureux jeune homme : il ne s'agissait de rien moins que de lever le camp et de continuer le voyage.

Cette proposition, faite à l'improviste, surprit vivement ses compagnons. Mais comme il l'avait faite dans un moment où tous les esprits étaient bien disposés, loin de la repousser on se mit à l'examiner sous toutes ses faces et à la discuter. François, toujours impétueux, se rangea de suite de l'avis de son aîné; Lucien, plus prudent, sans rejeter la proposition, énuméra les dangers auxquels cette entreprise pouvait les exposer; restait Norman. Le jeune marchand n'avait point encore donné son avis, auquel son expérience du pays donnait nécessairement un grand poids.

On lui demanda son opinion, et tous les yeux se tournèrent sur lui avec intérêt. Norman ne nia aucun des dangers prévus par Lucien, mais il assura qu'il croyait possible de les surmonter en agissant avec ensemble et prudence. En somme, il vota pour la proposition, qui finit par être acceptée à l'unanimité.

Peut-être que dans cette circonstance Norman oublia un peu sa prudence ordinaire pour se laisser aller au désir bien naturel de revenir chez lui. Il y avait près de deux ans qu'il était absent; il brûlait du désir d'embrasser son père et de presser la main à ses vieux compagnons du fort. Un autre sentiment le poussait aussi à son insu. Ce sentiment, c'était l'ambition. Il n'ignorait pas toutes les difficultés de l'entreprise, et son orgueil était flatté de l'espoir d'accomplir un voyage qui serait à juste titre regardé comme un exploit. Son caractère sous ce rapport se rapprochait de celui de Basile; c'était une nature ardente pour laquelle le danger n'était pas sans attraits.

Il fut donc résolu qu'on lèverait le camp, et qu'on continuerait le voyage.

CHAPITRE XXIX

LES SOULIERS A NEIGE.

Leur résolution arrêtée, nos aventuriers pensèrent aussitôt à l'exécuter. Ils avaient en leur possession la plupart des choses indispensables à ce voyage. Leurs habits étaient prêts, manteaux de fourrures, souliers à neige, couvertures de peau, gants fourrés, rien n'y manquait. Ils y ajoutèrent une paire de lunettes à neige pour chacun d'eux. Cet instrument consistait en deux petites planchettes de cèdre rouge, de forme concave. Elles étaient réunies entre elles par une petite courroie, s'appliquaient sur les yeux et s'attachaient derrière la tête. Une fente oblongue, pratiquée au milieu, permettait aux yeux de voir sans être blessés par l'éclat de la neige. Sans cette précaution utile, ils eussent couru le risque d'ophthalmies cruelles, et peut-être même de la perte totale des yeux.

Rien en effet n'est plus nuisible à la vue que l'éclat continuel de la neige, aussi la cécité est-elle une infirmité très-commune chez les Indiens du Nord et chez les Esquimaux. Ceux qui ne sont point aveugles ont au moins la vue fatiguée. L'éclat de la neige, qui demeure pendant plusieurs mois sur la surface de la terre, est seule cause de cette affreuse maladie. Cette circonstance était connue de Norman, et c'était d'après ses conseils que les lunettes avaient été fabriquées. On fit aussi une tente de cuir qu'on chargea sur un léger traîneau auquel Marengo fut attelé. Le brave chien ne fit aucune difficulté, car il était depuis longtemps dressé à cet exercice.

Il ne restait plus qu'à embarquer les provisions. On s'y prit de manière qu'elles causassent le moins d'embarras possible, et l'on fit dans ce but, ce qu'on appelle dans le pays, des *pemmicans*. Rien de plus simple que ce moyen de transport. On fait sécher la viande, et on la broie de manière à la réduire en poudre. On l'empile ainsi dans un sac de cuir dans lequel on coule ensuite de la graisse fondue. Cette graisse se refroidit bientôt, et le tout forme alors une masse compacte impénétrable à l'air et qui peut se garder indéfiniment sans se gâter. La viande de bison, d'élan ou de daim, préparée de cette manière, est ce qu'on appelle *pemmican*. C'est la méthode la plus sûre et en même temps la plus commode de transporter ses provisions. La viande, ainsi préparée, n'a pas besoin de cuisson pour être mangée, avantage immense dans un pays où l'on traverse quelquefois de grands espaces sans rencontrer un seul morceau de bois.

Norman, d'après les indications duquel on avait fabriqué le pemmican, avait eu à cette occasion une excellente inspiration. Il avait fait ajouter à la viande pilée et à la graisse un troisième ingrédient qui donnait à ce mets une saveur toute particulière. C'était une petite baie couleur pourpre, dont nous avons eu occasion de parler plus haut. Cette baie, assez semblable à l'airelle des bois, est à la fois plus douce et plus savoureuse. Ce fruit se trouve dans toutes les régions septentrionales de l'Amérique. Dans certaines régions, telles que les bords de la rivière Rouge et de l'Elk, on trouve en grande quantité les buissons qui le produisent. Lorsque ces buissons sont en fleurs, ils sont si blancs, qu'ils semblent être couverts de neige. La feuille de cet arbuste est petite et généralement de forme ovale. Cependant, il y a des variétés dont la feuille est différente. Quelques-unes d'entre elles sortent de la classe des arbustes et peuvent être considérées comme des arbres, car elles n'ont pas moins de vingt-cinq à trente pieds de hauteur. Ce fruit a reçu différents noms; les Anglais l'appellent *shad-berries, june-berries, service-berries;* les voyageurs canadiens le nomment *poire.* Les botanistes ne sont pas sur ce point plus d'accord que le vulgaire, et le désignent indifféremment sous les noms de *pyrus, mespilus, aronia, cratægus* et *amelanchier.* Sans décider laquelle vaut le mieux de ces différentes dénominations, qu'il vous suffise de savoir que ce petit fruit est très-bon à manger lorsqu'il est fraîchement cueilli. Il n'est pas moins bon quand il est séché à la manière des raisins de Corinthe, et dans cet état il sert à assaisonner les puddings et le pemmican.

Nos voyageurs avaient eu soin de récolter une certaine quantité de ces baies pendant la belle saison sur les bords de l'Elk, il les avaient fait sécher et les avaient conservées pour s'en servir à l'occasion. Cette sage prévoyance permit à Norman de fabriquer son pemmican dans les conditions les plus avantageuses. On remplit cinq sacs de cette précieuse denrée; chacun de ces sacs pesait environ trente livres, l'un d'eux devait être transporté sur le chariot, les quatre autres étaient destinés à être portés par les voyageurs eux-mêmes. Chacun devait en prendre un sur ses épaules, ce qui, avec le fusil, constituait un chargement assez considérable.

Ces arrangements terminés, nos voyageurs dirent adieu à la hutte hospitalière qui les avait abrités pendant deux mois, jetèrent un regard de regret à leur canot désormais inutile, chargèrent sur leurs épaules leurs fusils et leurs sacs de pemmican, et se lancèrent courageusement sur le vaste champ de neige glacée qui s'étendait devant eux.

Avant de sortir, il avait fallu décider quelle route on suivrait. Cette décision n'avait pas été prise sans une assez vive discussion. Lucien opinait pour qu'on suivît la route du lac jusqu'à la rivière Mackenzie, qui naturellement était gelée à cette époque. Il prétendait que ce cours d'eau les guiderait dans leur marche, et que dans le cas où l'on viendrait à manquer de provisions, on avait chance d'y trouver du gibier plus que partout ailleurs, ses rives continuant à être boisées presque jusqu'au bord de la mer, particularité qui était due à ce que cette rivière ayant sa source dans les latitudes méridionales, transportait dans ses eaux la chaleur et la puissance des climats qu'elle traversait.

Cet avis de Lucien paraissait raisonnable, et surtout dicté par la prudence. Cependant Norman ne le partagea point, et crut devoir en ouvrir un autre. Il dit qu'il faudrait marcher pendant longtemps vers l'ouest avant d'atteindre les bords de la rivière Mackenzie; il assurait de plus que le cours de cette rivière était fort sinueux, et que s'astreindre à le suivre, c'était volontairement doubler la longueur de leur trajet.

— J'ai, continua-t-il, une route plus courte à vous proposer. Au lieu d'aller rejoindre la rivière Mackenzie au point où elle sort du grand lac de l'Esclave, je crois qu'il vaudrait mieux prendre immédiatement dans le nord-ouest, et gagner le Mackenzie près de l'endroit où il reçoit la rivière des Montagnes, l'un de ses affluents occidentaux. Cette route me paraît tout aussi sûre, et a l'avantage de nous abréger beaucoup en nous faisant éviter toutes les sinuosités du cours de cette rivière.

L'avis de Norman prévalut. Basile et François l'adoptèrent de suite; Lucien finit par s'y ranger, mais après une longue résistance.

Cependant Norman ne connaissait pas la route qu'il avait conseillé de prendre. Ses voyages précédents, soit en remontant, soit en descendant le Mackenzie, avaient tous eu lieu pendant l'été, et s'étaient accomplis en canot et en compagnie des fourreurs et des voyageurs. Tout ce qu'il savait, c'est que le chemin qu'il proposait était le plus court. Mais le plus court n'est pas toujours le plus près, dit le proverbe, et Lucien, qui se rappelait que les proverbes sont la sagesse des nations, hésitait et craignait de se laisser emporter par la fougue naturelle à ses deux frères. Leur voyage ne devait pas s'accomplir sans qu'ils reçussent de l'expérience une rude leçon, qu'ils n'oublieront sans doute jamais.

Mais au moment de leur départ ils ignoraient l'avenir, et

s'éloignaient de leur cabane le cœur plein de confiance et d'espoir.

Les trois ou quatre premiers jours de leur voyage se passèrent sans un seul événement digne d'être raconté. Ils firent environ vingt milles par jour. Les trois jeunes habitants du Sud étaient devenus fort habiles dans l'emploi de leurs souliers à neige, et faisaient avec cette chaussure, et sans se fatiguer, de trois à quatre milles par heure. Marengo et son traîneau leur causaient peu d'embarras. Le brave chien ne traînait pas moins d'une soixantaine de livres ; mais pour un animal de sa force, ce poids n'était qu'une bagatelle, et il marchait sans paraître s'en inquiéter le moins du monde. Son harnais était fait tout entier en cuir d'élan, et consistait en un collier, un bât-selle et des traits ; ces traits étaient attachés à l'avant du traîneau : les guides étaient inutiles, car Marengo était un chien habile et prudent qui n'avait besoin ni d'être conduit ni d'être retenu.

Rien de plus simple que le traîneau. Il consistait en quelques planches légères de bois liant, réunies les unes aux autres par des bandes transversales. En avant, on avait adapté une pièce de bois cintrée et relevée comme le bout d'un patin. Cet appendice était destiné à fendre la neige, comme la proue d'un vaisseau à diviser les eaux. Le chargement était disposé et assujetti avec soin, de telle sorte que quand il arrivait que le traîneau se renversait, il n'y avait aucun dommage causé, et que tout se bornait à le relever.

Marengo n'avait besoin de personne pour le conduire ; il suivait les traces imprimées sur la neige par les pieds de ses maîtres, et évitait avec une rare habileté les arbres, les rochers et tous les autres obstacles. Le brave animal semblait pénétré de la gravité de ses importantes fonctions, et se donnait bien garde de se déranger, comme par le passé, pour chasser les lapins et les autres menus gibiers qui passaient à sa portée. Il continuait sa route gravement et sans s'occuper de festin.

Chaque soir, à l'entrée de la nuit, on s'arrêtait pour camper, en ayant soin de choisir une place abritée contre le vent et située sur le bord d'un lac ou d'un cours d'eau dans une partie boisée, car l'important était d'avoir de l'eau et du combustible. L'eau s'obtenait en pratiquant un trou dans la glace.

Le cinquième jour après leur départ, les bois commencèrent

à devenir plus rares et moins épais. A la fin de la journée nos voyageurs se trouvaient dans un pays entièrement découvert, à l'exception de quelques bouquets d'arbres rabougris semés çà et là à de grandes distances les uns des autres. Le jour suivant, les bois diminuèrent encore, et ils furent obligés de s'arrêter pour camper dans un lieu où il n'y avait que des saules pour alimenter leur feu; c'est qu'ils étaient arrivés en effet sur la limite de ce vaste désert, qui s'étend, sous le nom de Terre Maudite, depuis le grand lac de l'Esclave jusqu'aux côtes de l'océan Arctique au nord, et jusqu'à la baie d'Hudson à l'est. Jamais pays ne mérita mieux ce triste nom, car nulle part on ne trouve une terre plus stérile et plus désolée, pas même au milieu des sables du grand Sahara africain.

La Terre Maudite et le Sahara sont deux immenses déserts également difficiles à traverser et dangereux aux voyageurs, qui trouvent souvent la mort dans l'un comme dans l'autre, mais par des causes différentes.

Dans le Sahara, c'est la soif qui tue; dans la Terre Maudite, c'est la faim. Le manque d'eau n'y est point à craindre, on y trouve au contraire ce liquide en grande abondance. Au besoin, la neige y pourrait suppléer. Rien de triste et de sombre comme l'aspect de ces campagnes désolées; les collines succèdent aux collines dénudées, hérissées de pierres et de rochers; ce ne sont partout que des masses de granit, de basalte et d'autres roches de formation primitive. Ces pentes abruptes ne sont couvertes d'aucune végétation; à peine un peu de mousse et de lichens blanchâtres. Les vallées ne sont guère plus fertiles. Quelques saules rabougris, de rares bouleaux nains et de misérables pins hauts à peine comme des bruyères sont les seuls ornements de ces monotones paysages. Chaque colline a sa vallée, et chaque vallée renferme son lac, eau dormante, silencieuse et triste, pendant l'hiver recouverte, comme la terre elle-même, d'un manteau uniforme de neige. A cette époque de l'année, ces régions incultes prennent encore un aspect plus triste, et le voyageur qui traverse ce paysage glacé ne trouve nulle part ni le mouvement ni la vie. Ses oreilles écoutent sans entendre, sa voix n'a point d'écho, partout le silence; on dirait que la mort a choisi ces solitudes glacées pour y établir sa demeure.

Telles furent les scènes au milieu desquelles nos voyageurs pénétrèrent le septième jour après leur départ.

Ils avaient entendu plus d'une fois parler de la Terre Maudite : on leur avait fait plus d'un récit effrayant des souffrances éprouvées par les voyageurs perdus dans ce Sahara glacé ; mais la description était demeurée bien au-dessous de la réalité. Aucun d'eux ne se faisait une idée des difficultés qu'ils devaient rencontrer, et bien qu'ils eussent pour eux le témoignage de leurs yeux, ils pouvaient à peine croire à tant d'aridité et de désolation. A mesure qu'ils avançaient dans leur voyage et qu'ils s'éloignaient davantage des régions boisées, leurs appréhensions et leurs craintes devenaient de plus en plus fortes. Combien de temps leur faudrait-il pour traverser la Terre Maudite? Le calcul qu'ils firent à cette occasion leur démontra qu'ils avaient à peu près pour un mois de provisions, circonstance qui les rassura sans leur donner pourtant une entière confiance dans l'avenir. Ne pouvait-il pas arriver en effet mille accidents qui retarderaient leur marche : des montagnes à traverser, des précipices infranchissables, en un mot, des obstacles imprévus qui pouvaient les tenir éloignés pendant plus d'un mois des lieux où ils devaient rencontrer du gibier.

Ces pensées étaient trop tristes pour qu'ils s'y abandonnassent ; ils les secouaient comme un fardeau importun et continuaient à avancer avec courage. Leur marche cependant devenait à chaque pas plus difficultueuse, le terrain se montrait de plus en plus montagneux, et souvent ils trouvaient des précipices qu'il était impossible de franchir, et qui les obligeaient à de longs détours et leur faisaient perdre un temps précieux. Ils ne pouvaient faire alors plus de cinq milles par jour.

En dépit de tous ces obstacles, malgré le froid dont ils souffraient et la fatigue qui les accablait, ils eussent bravement continué leur route sans un événement qui non-seulement trompa leurs calculs, mais vint encore les plonger dans un danger imminent.

CHAPITRE XXX

LA TERRE MAUDITE.

La Terre Maudite n'est pas complétement dépourvue d'animaux. Pendant l'hiver même, à l'époque où plusieurs pieds de neige couvrent le sol, et où il semble impossible qu'aucun être vivant y trouve sa nourriture, ces déserts ont leurs habitants, et, ce qui paraîtra plus extraordinaire encore, il existe plusieurs espèces d'animaux qui choisissent de préférence cette contrée désolée pour y fixer leur résidence. C'est qu'il n'est pas sur la terre de lieu si stérile où l'on ne trouve quelque être vivant, et la nature prévoyante a pris soin de pourvoir ses créatures de qualités appropriées aux lieux où elles sont destinées à vivre. Ainsi, par exemple, il existe tels animaux qui ne se plaisent que dans les lieux stériles et déserts, et qui mourraient bientôt si on les transportait sous un climat plus doux et sur un sol plus fertile. L'espèce humaine elle-même a de ces particularités inexplicables. L'Esquimau vit heureux au milieu de ses glaces, dans sa hutte de neige; transportez-le sous le ciel brillant de l'Italie, dans quelque riche et somptueuse villa, il y périra d'ennui et de consomption.

Parmi les animaux qui habitent pendant l'hiver le sol glacé de la Terre Maudite, figurent au premier rang les loups. Comment ces carnivores trouvent-ils moyen de subsister? C'est là une question que les naturalistes n'ont point encore résolue. Il est probable qu'ils vivent aux dépens des autres animaux qui se rencontrent de temps en temps dans le voisinage des lieux qu'ils habitent; mais on a rencontré des loups dans des lieux où les recherches les plus minutieuses n'ont pu faire découvrir la trace d'aucune autre créature vivante.

Il n'existe peut-être pas d'animal dont la race soit plus répandue sur la surface de la terre que le loup. On le trouve dans presque toutes les régions, et il est probable qu'il se trouvait autrefois partout sans exception. On le rencontre sur tous les points de l'Amérique depuis le cap Horn jusqu'à l'extrémité des régions les plus septentrionales visitées par l'homme. Il est extrêmement répandu dans les forêts tropicales du Mexique et dans l'Amérique du Sud. Il parcourt en bandes les grandes prairies des zones tempérées de l'une et de l'autre partie du continent, et figure en grand nombre dans la faune du territoire de la baie d'Hudson. Il fréquente la montagne, galope sur les plaines, traverse les vallées, et partout semble être chez lui ; on dirait que l'univers est son domaine.

L'Amérique septentrionale possède deux espèces de loups bien connues : l'une est le *loup de la prairie*, ou *loup aboyeur*, que nous avons eu occasion de décrire plus haut ; l'autre est celle du loup commun ou gros loup. Les naturalistes ne sont pas d'accord sur la question de savoir s'il n'y a pas plusieurs autres espèces de loups indépendantes de celles que nous venons de citer. En tout cas, il y a plusieurs variétés, qui se distinguent entre elles par la taille, la couleur et même aussi par la forme.

Tous les loups, quels qu'ils soient, ont les mêmes habitudes. De là une question importante : les variétés de cette espèce sont-elles permanentes ou seulement accidentelles?

Quelques-unes au moins sont incontestablement accidentelles, et l'on a vu dans une même portée des loups de différentes couleurs. Quant aux espèces, on commence maintenant à croire qu'il en existe plus de deux depuis que les derniers explorateurs des montagnes Rocheuses ont signalé l'existence d'un loup plus grand que celui de l'espèce commune, et qu'ils désignent sous le nom de loup brun.

Ce loup, assure-t-on, ressemble au loup d'Europe (loup pyrénéen, *canis lupus*) plus qu'aucun de ses congénères d'Amérique. Les loups d'Europe et ceux du nouveau continent ont entre eux plusieurs différences essentielles. Ceux des régions septentrionales de l'Amérique ont les oreilles plus courtes, le museau et le front plus longs et le corps plus ramassé que le loup d'Europe. Leur poil est aussi plus fin, plus épais et plus long ; leur queue est plus fournie et plus semblable à celle du renard, leurs pieds sont aussi beaucoup plus larges. Le loup d'Europe, au contraire, se reconnaît facilement à ses formes maigres, à son museau pointu, à ses mâchoires allongées, à ses oreilles droites, à ses longues pattes et à ses pieds très-petits. Il ne serait pas impossible cependant que, malgré ces différences, le loup d'Europe et le loup d'Amérique ne fussent qu'une seule et même espèce modifiée par des circonstances de climat et de nourriture. Il ne serait pas étonnant, par exemple, que le poil laineux et épais du loup de la baie d'Hudson, fût la conséquence de la température glacée sous laquelle il vit, et que la largeur de ses pieds fût due à l'habitude constante de marcher sur la surface de la neige. L'auteur de ce petit livre a toujours observé que la nature savait modifier selon leurs besoins les qualités de ses créatures, et c'est une des considérations qui le portent à croire que les loups sont tous issus d'une même souche qui s'est transformée selon les exigences des climats. Il croit aussi que les loups de l'Amérique du Sud se rapprochent plus des loups d'Europe que les autres loups du nouveau monde. Ceux qu'il a eu occasion de voir dans les forêts tropicales du Mexique avaient la maigreur et les formes qui caractérisent leurs congénères de l'ancien continent. Il ne serait pas sans intérêt de comparer les loups de Sibérie et de Laponie avec ceux des régions septentrionales de l'Amérique, et de s'assurer des rapports qui peuvent exister entre ces espèces d'animaux vivant dans des conditions climatériques tout à fait identiques. C'est un point que les naturalistes ont jusqu'à présent négligé d'étudier, et c'est peut-être à quelqu'un d'entre vous, mes jeunes lecteurs, qu'est réservé l'honneur de trancher cette question.

Sous le rapport de la couleur il existe une grande variété chez les loups de l'un et l'autre continent; dans l'Amérique du Nord, seulement, on rencontre des loups de six couleurs différentes : le gris, le blanc, le brun, le foncé, le rayé et le noir. Ces noms vulgaires indiquent suffisamment la couleur de chaque espèce. On trouve aussi des loups jaunes, des loups rouges et des loups couleur de café au lait. De toutes ces espèces la grise est la plus répandue; on peut dire que le loup gris est le loup par excellence. Il est cependant certaines contrées où les loups d'une autre couleur sont en plus grand nombre. Dans quelques régions les loups noirs sont les plus communs; dans d'autres, au contraire, ce sont les blancs qui dominent.

L'uniformité de la couleur est loin de déterminer l'uniformité de la taille. Les loups de même couleur diffèrent très-souvent en grandeur. Les plus grands loups d'Amérique ont six pieds de long, la queue comprise, et environ trois pieds de haut. La queue compte ordinairement pour un tiers dans la longueur de l'animal.

Les habitudes du loup américain sont à peu de choses près celles de son congénère d'Europe; c'est une bête de proie qui dévore tous les petits animaux qui se trouvent à sa portée. Il poursuit le daim et tue quelquefois le renard pour s'en nourrir. Il tue et dévore aussi les chiens indiens, quoique ceux-ci lui ressemblent à s'y méprendre; il dévore même sa propre progéniture. Il ressemble au renard sous le rapport de la finesse et de la couardise. Cependant quand il est trop pressé par la faim, il devient courageux et va même jusqu'à attaquer l'homme; mais les exemples en sont très-rares.

Les loups américains se terrent comme les renards, et ont comme ceux-ci plusieurs entrées à leur terrier. Les louves ont le plus communément cinq petits à la fois, mais il n'est pas rare d'en voir jusqu'à huit d'une même portée.

Pendant leur voyage à travers la Terre Maudite, nos voyageurs eurent souvent occasion de rencontrer des loups. C'étaient tous des loups gris de la plus grande espèce. Plus tard ils aperçurent une bande de six de ces animaux, et crurent reconnaître qu'ils les suivaient à la piste, car chaque nuit ils les entendaient hurler autour de leur camp, et reconnaissaient ceux qu'ils avaient vus la veille. Ils ne cherchèrent point à les tirer, tant parce qu'ils savaient qu'il n'y avait aucun parti à tirer de leur chair et de leur peau, que parce qu'ils voulaient épargner leurs provisions qui commençaient à diminuer sensiblement. Cette longanimité de la part des voyageurs encourageait les loups, qui en profitaient pour s'approcher à petite distance du camp et hurler pendant toute la nuit suivant leur habitude. Les jeunes gens ne pouvaient se rendre compte du motif qui déterminait ces animaux à les suivre avec autant d'obstination, car ils n'avaient abattu aucune espèce de gibier, et croyaient n'avoir rien apporté qui pût tenter leur voracité. Après tout, peu leur importait, et comme ils le disaient en plaisantant, ces loups vivaient peut-être d'espoir.

Un soir qu'ils avaient établi leur campement au pied d'une colline, à l'abri de quelque masse de rochers, ils n'avaient pas fait de feu faute de bois, et s'étaient contentés de déblayer une place de la neige qui l'encombrait, et de se coucher sur le sol enveloppés dans leurs fourrures: comme la tente était de très-petite dimension, on laissait toujours dehors le traîneau de Marengo, les objets de cuisine et les sacs de pemmican. Tous ces objets étaient confiés à la garde de Marengo, qui se couchait auprès, et on les croyait ainsi suffisamment assurés contre toute attaque du dehors. Le soir en question le traîneau se trouvait à sa place accoutumée, c'est-à-dire en dehors, près de l'entrée de la tente ; le chien avait été dételé, et comme nos voyageurs n'avaient point encore fini de souper, les sacs de pemmican se trouvaient déliés, deux d'entre eux étaient même ouverts.

A deux cents pas du campement se trouvait un petit ruisseau vers lequel Basile et François s'étaient dirigés pour faire de l'eau ; l'un d'eux avait pris la hache pour briser la glace, l'autre portait le seau. En arrivant sur le bord du ruisseau, l'attention des deux frères fut attirée par quelque chose de singulier qui se montrait sous leurs pas. Il était tombé le matin même une pluie fine qui avait détrempé la neige, dont la surface se trouvait encore humide, et sur laquelle on remarquait une double ligne de petits points ronds allant dans différentes directions et semblant indiquer que quelque animal avait dû passer là depuis peu de temps. Quelque naturelle que fût cette supposition, Basile et François n'y crurent pas tout d'abord, tant les traces qu'ils remarquaient étaient petites et déliées. Une souris eût laissé une plus large empreinte.

Cependant, en y regardant de plus près, ils constatèrent la présence de cinq petits doigts armés de griffes, et force leur fut d'admettre que ces traces avaient été laissées par le pied de quelque animal lilliputien.

Ils s'arrêtèrent et regardèrent de tous côtés, dans le but de découvrir l'animal qui avait laissé ces empreintes ; mais la neige s'étendait autour d'eux ; on ne voyait ni n'entendait rien qui pût trahir la présence d'un être quelconque.

— C'est peut-être un oiseau, dit François ; il aura trotté sur la neige pendant quelque temps, puis il aura pris son vol.

— Je ne crois pas, répondit Basile, c'est plutôt un quadrupède qui se sera tapi sous la neige.

— Mais, reprit François, j'ai beau regarder, je ne vois de traces nulle part. Cherchons pourtant, nous trouverons peut-être.

D'après l'avis de François, ils suivirent la trace, qui les conduisit bientôt à une place où une touffe de longues herbes sortait du milieu de la neige. Tout près de cette touffe se trouvait un petit trou pratiqué tant par le mouvement des tiges balancées par le vent dans la neige, que par les pattes de quelque animal. Il devenait évident que, quelle que fût la bête à la poursuite de laquelle étaient nos chasseurs, elle avait dû s'enfoncer dans la neige au pied même de cette tige d'herbes.

En y regardant de plus près ils découvrirent une autre trace qui s'étendait dans une direction opposée, et qui indiquait qu'après être entré dans la neige, l'animal avait dû en repartir.

Curieux de connaître cet être mystérieux, ils appelèrent Lucien et Norman en leur disant de venir les rejoindre; ceux-ci arrivèrent bientôt en compagnie de Marengo. A la vue des traces qu'on lui montrait, Lucien déclara sans hésitation qu'elles appartenaient à la petite musaraigne (*sorex parvus*), le moins gros de tous les quadrupèdes américains.

Ainsi que le témoignaient les traces nombreuses imprimées çà et là sur la neige, il devait y avoir dans le voisinage plusieurs animaux de toute espèce. Un peu d'attention fit en effet découvrir un grand nombre d'autres trous, tous pratiqués au pied de quelque touffe d'herbe, dont l'extrémité sortait au-dessus de la neige.

Norman, qui n'était pas sans avoir vu déjà plusieurs de ces petits animaux, dit à ses compagnons de se tenir tranquilles, que sans doute ils ne tarderaient pas à en voir sortir quelques-uns. On demeura donc silencieux et immobile. Au bout de quelques instants on vit apparaître une tête à peu près de la grosseur d'un pois, suivie d'un corps gros comme une noisette. A ce corps était appendue une queue longue d'un pouce, de forme carrée, et se terminant en pointe comme celle des souris. Cette petite créature était couverte d'un poil ras et uni, couleur de cannelle, avec du blanc à la poitrine et sous le ventre. Ce quadrupède microscopique, ainsi posé dans la neige, était sans contredit une des choses les plus singulières que nos jeunes gens eussent encore vues.

Ils se demandaient comment ils feraient pour s'emparer de cette jolie petite bête, quand Marengo, que Basile retenait par le cou, fit entendre trois ou quatre hurlements, échappa des mains de son maître et se précipita du côté du camp. Chacun, fort étonné de l'emportement du chien, le suivit des yeux. Tout fut bientôt expliqué à la grande consternation des spectateurs; auprès de la tente on voyait plusieurs gros loups. Ces animaux traînaient quelque chose sur la neige, et dans ces objets qu'ils tenaient à leur gueule, nos voyageurs reconnurent leurs sacs de pemmican. Une partie de la provision était déjà dévorée. Tout le reste était répandu sur la terre.

A cette vue, les jeunes gens poussèrent de grands cris et s'élancèrent du côté des loups. Pendant ce temps, Marengo s'était précipité au milieu de la bande et jeté sur un des voleurs. Si ses maîtres n'eussent pas été si près, c'en était sans doute fait du pauvre chien, les loups l'auraient vite expédié; mais comme ceux-ci arrivaient au pas de course, les loups ne crurent pas prudent de les attendre, et décampèrent au plus vite; mais, à la grande consternation des voyageurs, chacun d'eux emportait un de leurs sacs de pemmican, ce qui n'embarrassait en rien leur fuite.

— Nous sommes perdus ! s'écria Norman avec un accent de terreur, ils emportent toutes nos provisions.

Ce n'était que trop vrai; les loups eurent bientôt disparu derrière une colline, et, malgré la poursuite acharnée des chasseurs, qui s'étaient aussitôt armés de leurs fusils, on ne put arrêter un seul des fuyards.

Ce fut à peine si quelques bribes de pemmican échappèrent à la voracité des loups, ce qui en restait était éparpillé de côté et d'autre sur la neige. Cette nuit-là, nos aventuriers furent obligés de se coucher sans souper; ils dormirent fort mal, comme on peut bien le conjecturer, car la faim et la crainte les tinrent éveillés pendant la plus grande partie de la nuit.

CHAPITRE XXXI

TRIPE DE LA ROCHE.

Le lendemain de bonne heure ils quittaient leur couche de peau; le jour venait à peine de se lever. La faim et l'inquiétude les poussèrent hors de leur tente. Ils n'avaient rien, absolument rien pour déjeuner. Ils jetèrent les yeux de tous côtés, dans l'espoir de découvrir quelque animal, mais ils ne virent rien qu'un vaste désert de neige, surmonté par le sommet de quelques collines, et par la pointe noirâtre de quelques roches basaltiques. Les loups qui les avaient volés la veille avaient aussi disparu. Ces animaux, après avoir tiré des chasseurs tout ce qu'ils pouvaient en prétendre, étaient sans doute allés chercher fortune ailleurs.

La position de nos voyageurs était réellement des plus difficiles et surtout des plus inquiétantes, car ils n'ignoraient pas qu'ils étaient dans un pays où l'on peut voyager plusieurs jours de suite sans rencontrer une seule pièce de gibier, et ils couraient risque de mourir de famine avant d'avoir trouvé aucune espèce d'aliment. D'ailleurs, leur estomac commençait déjà à ressentir les angoisses de la faim, car ils n'avaient rien pris depuis leur déjeuner de la veille, les loups ayant emporté leur dîner au moment même où ils se préparaient à le manger.

Il ne pouvait leur être d'aucune utilité de demeurer au lieu où ils se trouvaient; aussi, ils replièrent leur tente et se remirent tristement en route. C'était une mince consolation pour eux que de se sentir plus légers que les jours précédents. Ils n'avaient plus à porter que leurs fusils, qu'ils tenaient tout prêts pour la première occasion. Leur voyage devenait en réalité une excursion de chasse; aussi, loin d'aller continuellement en ligne droite comme auparavant, ils se détournaient à chaque pas de leur route pour visiter les bouquets de saules ou les accidents de terrain derrière lesquels ils supposaient que le gibier pouvait s'être caché. Tout fut inutile, et, pendant toute cette journée, bien qu'ils eussent marché depuis le lever jusqu'au coucher du soleil, ils ne rencontrèrent pas un seul être vivant, et force leur fut de se coucher comme la veille sans avoir soupé.

L'homme peut supporter la faim pendant quelques jours, plus ou moins, selon la force de son tempérament, mais à aucune période il ne souffre plus que pendant le troisième et le quatrième jour. Passé ce temps, il s'affaiblit sensiblement, et ses souffrances diminuent avec ses forces.

Le troisième jour de diète apporta à nos voyageurs des souffrances intolérables. Pour tromper la faim qui les dévorait ils mâchaient tour à tour leur ceinturon de cuir et leurs manteaux de peau, mais ces moyens, suffisants pour abuser un instant leur estomac, ne pouvaient les alimenter, et leur laissaient toute leur faiblesse. De ce moment, Marengo devint l'objet de la convoitise générale, et pourtant Marengo n'était pas gras. La fatigue du traîneau et les jeûnes trop prolongés l'avaient maigri à tel point, qu'on pouvait facilement compter toutes ses côtes. Ce chien était le favori de ses maîtres et de Basile en particulier, mais ventre affamé n'a pas de cœur, et malgré l'affection qu'on lui portait pour ses bons et loyaux services, l'instinct de la conservation commençait à parler si haut que les yeux agrandis par la faim commençaient à se tourner vers lui d'un air menaçant. Il fallait que la faim fût bien puissante pour leur faire désirer de mettre la dent dans la chair du pauvre chien, qui devait être aussi dure et coriace qu'un morceau de vieux cuir.

Il était environ midi. On s'était levé de bonne heure, on marchait depuis longtemps, mais sans avancer beaucoup, tant les corps étaient débiles et les jambes affaiblies. Marengo suivait avec son traîneau, faible et souffrant comme ses maîtres. Basile s'aperçut que ses compagnons jetaient de temps en temps des regards de convoitise du côté du chien. Il vit ce que cela voulait dire, et comprit les pensées qui agitaient leur esprit. Il savait que personne n'osait exprimer ses désirs, car Basile était le véritable maître de Marengo, mais leurs regards parlaient suffisamment. Ses yeux se portèrent tour à tour sur la contenance abattue de François, sur l'air sérieux de Norman, sur les joues pâlies de Lucien. Basile aimait ses frères au delà de toute expression ; il n'hésita pas plus longtemps, et, prêt à immoler son vieux compagnon de chasse aux êtres plus chers dont l'existence réclamait ce sacrifice, il s'arrêta tout d'un coup, et montrant du doigt Marengo.

— Mes amis, il faut le tuer, dit-il.

A ces mots, prononcés d'une voix ferme, chacun s'arrêta sur place.

— Je crains bien que ce ne soit notre seule ressource, dit Norman, en regardant de tous côtés sans pouvoir rien découvrir.

Puis il baissa la tête et demeura immobile et silencieux.

François accueillit aussi la proposition de Basile par un consentement tacite, mais suffisamment expressif.

Lucien seul essaya de combattre la proposition.

— Attendons, dit-il, je me sens de force, pour ma part, à faire encore au moins cinq milles.

En parlant ainsi, il fit un effort pour se redresser et faire preuve de ses forces, mais Basile, comprenant que c'était chez son frère élan de générosité, ne voulut point consentir à accepter son dévouement.

— Non, mon cher Lucien, dit-il, tu ne peux pas marcher

plus longtemps sans prendre de nourriture, nous allons tuer le chien.

— Non, non, Basile, reprit celui-ci, tu te trompes, je t'assure que je ne suis point à bout de mes forces et que je puis aller beaucoup plus loin. Tiens, continua-t-il en étendant la main, tu vois là-bas cette masse de rochers, ils sont à environ trois milles d'ici, et la route que nous suivons y conduit; continuons à marcher vers eux, et laissons vivre Marengo jusqu'à ce que nous y soyons arrivés. Après cela, si la Providence n'est pas venue à notre secours, eh bien ! alors......

Au même moment Lucien aperçut les yeux de Marengo fixés sur lui, et l'émotion l'empêcha d'achever la cruelle sentence. Le pauvre animal jetait sur ses maîtres des regards suppliants, comme s'il eût compris la question qui s'agitait en ce moment. Cette muette prière eût touché des cœurs moins disposés en sa faveur que ceux de ses juges, aussi chacun consentit-il volontiers à la proposition de Lucien. Les fusils furent de nouveau jetés sur les épaules et l'on se remit en marche.

Lucien s'était volontairement mépris sur la distance qui les séparait du rocher. Au lieu des trois milles dont il avait parlé, il y en avait réellement cinq; il y en eût eu dix que personne ne s'en fût plaint, tant chacun s'estimait heureux d'avoir un prétexte d'épargner Marengo aussi longtemps que possible. Les voyageurs s'éparpillèrent comme des tirailleurs, battirent tous les buissons, visitèrent tous les accidents de terrain, malheureusement sans aucun succès. Après deux heures d'une marche pénible, ils arrivèrent au milieu du groupe de rochers sans avoir trouvé trace de quadrupède ou d'oiseau.

— Allons, dit Lucien, en cherchant à renforcer les accents de sa voix affaiblie, un peu de courage et traversons ces rochers, peut-être trouverons-nous quelque chose derrière, d'ailleurs il faut faire beau jeu à cette pauvre bête. Nous avons parlé du rocher, cela est vrai, mais nous n'avons pas déterminé de quel côté nous nous arrêterions. Allons, c'est dit, nous passons outre. Ce n'est pas, d'ailleurs, un bien long retard.

Encouragée par ces paroles de Lucien, la petite troupe entra dans les rochers et se divisa. Chacun prit de son côté. On avait à peine fait quelques pas, qu'une exclamation poussée par Norman vint attirer l'attention générale. Toutes les têtes se levèrent, et les regards se tournèrent de son côté. On ne voyait aucun animal, et cependant l'accent de sa voix indiquait une heureuse découverte, il était impossible de s'y méprendre.

— Qu'y a-t-il? lui demandèrent à la fois ses trois compagnons.

— La tripe de roche, répondit-il.

— La tripe de roche! firent les autres avec étonnement.

— Oui! répondit Norman, regardez de ce côté.

En prononçant ces mots, il indiquait du doigt une masse de rochers situés à quelques pas de là.

Ses compagnons se dirigèrent aussitôt de ce côté. En approchant du rocher, ils virent ce que Norman appelait la tripe de roche : c'était une substance évidemment végétale, noire, rugueuse et ridée, qui recouvrait toute la surface du rocher.

Lucien connaissait cette plante aussi bien que Norman, aussi à sa vue ses yeux brillèrent de joie et ses joues pâles se couvrirent d'une teinte rosée.

Quant à Basile et à François, ils attendaient une explication, et paraissaient étonnés qu'on attachât tant de prix à ce qui leur semblait être tout simplement de la mousse de rocher.

Lucien leur apprit que ce n'était point une mousse, mais bien un lichen d'une espèce particulière et propre à l'alimentation de l'homme, le *gyrophora*. Norman confirma les dires de Lucien, et ajouta que non-seulement les Indiens et les Esquimaux se nourrissaient de cette plante, que plus d'une fois les voyageurs en avaient mangé, et avaient, à l'aide de cet aliment, soutenu leur existence pendant plusieurs jours.

On connaît plusieurs espèces de ce lichen, cinq ou six, je crois : toutes ont des propriétés nutritives; mais il n'y en a qu'une seule qui soit agréable au goût, c'est le *gyrophora vellea* des botanistes. Malheureusement ce n'était pas cette espèce que nos voyageurs avaient rencontrée, car elle ne croît que sur les rochers ombragés par les bois, et ne se trouve que rarement sur les pierres découvertes. L'espèce découverte par Norman était cependant mangeable, et nos quatre affamés s'estimèrent heureux de cette bonne fortune.

Leur premier soin fut de s'occuper de cueillir le lichen. Ils pensèrent ensuite à le mettre en état d'être mangé. Mais là se présentait une nouvelle difficulté : la tripe de roche doit être bouillie; sans cela elle n'est pas mangeable, et pour la faire cuire il fallait du feu. Comment en faire sans bois? Ils n'avaient même pas un bâton qu'ils pussent brûler, car pendant toute la journée ils n'avaient pas rencontré un seul arbre. Ils étaient donc aussi embarrassés qu'auparavant, car sans cuisson la tripe de roche leur était aussi inutile que de l'herbe sèche.

Pendant qu'ils étaient à réfléchir au moyen de se tirer d'embarras, l'un d'eux pensa au traîneau de Marengo. C'était sans doute une faible ressource, et il n'y avait pas de quoi cuire un gros plat ; mais cela valait toujours mieux que rien : d'ailleurs Marengo ne devait pas s'opposer à cet arrangement, et serait au contraire enchanté de voir brûler son traîneau, sans se douter que, quelques heures auparavant, c'était lui que ce bois aurait servi à faire cuire. Tout le monde tomba donc d'accord de mettre le traîneau en pièces et d'en faire du feu.

Dans cette intention on avait dételé Marengo, lorsque Basile, qui était passé de l'autre côté du rocher, cria à ses frères de s'arrêter ; il y avait moyen de faire du feu en épargnant le traîneau, car le jeune chasseur venait de découvrir des saules à peu de distance de là. Basile et François partirent immédiatement pour aller faire du bois, tandis que Lucien et Norman s'occupaient à préparer la tripe de roche.

Au bout de quelques instants, les deux premiers revinrent avec deux gros fagots de saule. On mit dans la marmite la tripe de roche avec de la neige à défaut d'eau, et l'on plaça le tout sur le feu.

Après avoir bouilli pendant une heure environ, le lichen devint une espèce de gélatine liquide. Norman surveillait la cuisine, et y ajoutait un peu de neige ou un peu de tripe de roche selon le besoin. Quand on crut le tout cuit à point, on retira le pot de dessus le feu, et nos quatre affamés se mirent à manger. Ce mets était loin d'être agréable au goût ; il empâtait la bouche comme du sagou, ou plutôt comme de la colle ; mais aucun des convives ne s'imagina de faire le difficile, et toute la tripe de roche fut dévorée en un clin d'œil. Cet aliment remplit l'estomac de nos affamés sans satisfaire leur appétit ; mais il rendit cependant leurs souffrances beaucoup moins pénibles.

Norman dit à ses compagnons que ce lichen était bien meilleur lorsqu'il était cuit avec de la viande de manière à faire une espèce de potage. Ceux-ci le crurent sans peine ; mais la difficulté restait toujours la même : il fallait avoir de la viande. Les

Indiens préfèrent la tripe de roche préparée avec des œufs ou du jus de poisson.

Nos voyageurs étaient si fatigués, qu'ils résolurent de s'arrêter au milieu de ces rochers pour y passer au moins la nuit. Ils choisirent un endroit favorable et y dressèrent leur tente; ils ne se donnèrent point la jouissance d'allumer du feu, car les saules étaient très-rares, et ils réservaient ce qui en restait pour faire cuire une ou deux marmites de tripe de roche. Ils étendirent leurs couvertures de peau dans l'intérieur de la tente, et se roulèrent dedans en se serrant les uns contre les autres pour se tenir chaud mutuellement.

CHAPITRE XXXII

LE LIÈVRE POLAIRE ET LE GRAND HIBOU DES NEIGES.

La faim, que la tripe de roche était loin d'avoir apaisée, les réveilla de bonne heure. Ils étaient debout et sortirent de leur tente de très-grand matin. Ils allumèrent le feu, et pendant qu'ils étaient en train de préparer une nouvelle marmite de tripe de roche, ils entendirent tout à coup retentir à leurs oreilles le cri d'un oiseau bien connu. Ils ne tardèrent pas à apercevoir l'oiseau lui-même perché sur la pointe d'un rocher; c'était la *corneille cendrée* (*garrulus canadensis*), plus connue sous le nom de *wiskey jack*. Ce dernier nom lui a été donné par les voyageurs, par corruption des mots *whiskac-shawneesh*, employés par les Indiens pour désigner cet oiseau.

C'est à tort qu'on donne à cet animal le nom de corneille cendrée, ce n'est réellement qu'un geai, et même l'un des plus disgracieux de l'espèce. Ses formes sont sans élégance, son plumage est d'un gris sale et terne, si toutefois on peut appeler plumage le crin grossier qui le recouvre. Sa voix ne rachète pas sa laideur, comme chez plusieurs autres oiseaux; son cri, au contraire, est des plus désagréables : c'est un accent à la fois plaintif et criard, quoique parfois empreint de moquerie; car, ainsi que le geai moqueur son congénère, il imite assez souvent le cri des autres oiseaux.

C'est un des oiseaux qui se plait le plus dans la société de l'homme. Il n'est pas un poste à fourrure ou un fort dans tout le territoire de la baie d'Hudson où whiskey jack ne soit très-connu. Il n'est pourtant nulle part en grande faveur. Comme sa cousine Margot la pie, il est fort enclin au vol, il suit les trappeurs de martres pour voler leurs appâts; il se perche sur un arbre pendant que le chasseur dispose sa trappe, et vient ensuite voler l'appât lorsque celui-ci est parti. Il enlève souvent de petits objets, qu'il dérobe dans les forts et dans les campements, et pousse la hardiesse jusqu'à entrer sous les tentes des voyageurs et à prendre dans les plats le morceau qui lui convient. Malgré tous ces défauts, cet oiseau est bien accueilli par le voyageur qui traverse ces régions inhospitalières. L'absence de toute autre créature vivante sur le sol de la Terre maudite fait regarder sa présence comme une sorte de faveur, et il est rare que ceux qu'il visite lui refusent quelques bribes de leur repas.

Nos voyageurs avaient eu plusieurs fois l'occasion de voir cet oiseau s'approcher de leur tente, et ils avaient toujours reçu sa visite comme celle d'un ami. Cette fois ils étaient enchantés de le revoir, mais cette joie ne partait pas du cœur; l'amitié y avait peu de part, et nos affamés comptaient sur cet hôte pour fournir aux frais de leur cuisine.

François, en s'apercevant de la présence du geai, avait saisi son fusil et se disposait à abattre l'oiseau, quand il fut arrêté par Norman, non pas que celui-ci prétendit sauver la vie de l'oiseau, mais il avait aperçu un autre geai sautillant à travers les rochers et se disposant à rejoindre le premier, et c'était tout simplement la crainte de faire partir ce second oiseau qui avait dicté le mouvement de Norman; il prétendait les avoir tous les deux.

Bientôt les deux geais furent réunis; on les vit quelques instants voler de rocher en rocher, puis venir se percher sur le sommet de la tente. L'un d'eux poussa la hardiesse jusqu'à venir se percher sur le rebord de la marmite, bien qu'elle fût déjà auprès du feu, et il osa regarder dedans pour s'assurer de son contenu.

Les jeunes gens ne voyant pas d'autre moyen de s'emparer de ces oiseaux que d'avoir recours au fusil de François, lui recommandèrent de faire de son mieux. François n'avait pas besoin d'encouragement. Il s'approcha aussi près que possible, visa avec soin, et tira. Son premier coup de feu tua le geai perché sur la tente, le second coup cassa l'aile de l'autre.

Les deux oiseaux furent promptement ramassés, plumés, vidés et mis dans la marmite. Ils ne pesaient guère ensemble plus de six onces; mais dans les circonstances, six onces de viande n'étaient pas à dédaigner, et grâce à cet assaisonnement la tripe de roche fournit un déjeuner plus succulent que le dîner de la veille.

Malheureusement le lichen était épuisé; on eut beau visiter tous les rochers les uns après les autres, on ne trouva pas de quoi remplir la marmite. Il devenait inutile de rester plus longtemps en ce lieu, et les voyageurs replièrent leur tente, sortirent des rochers, et se trouvèrent de nouveau lancés dans le désert de neige.

Pendant toute cette journée on ne rencontra ni créature vivante, ni rien qui pût se manger, ni chair, ni poisson, ni végétaux, pas même un seul morceau de tripe de roche, et, le soir venu, on fut obligé de camper, sans avoir rien pris, au milieu d'une plaine aride et nue, dans laquelle il n'y avait même pas un rocher derrière lequel on pût s'abriter.

Le lendemain matin on s'assembla en conseil. Marengo fut de nouveau mis sur le tapis. Fallait-il l'immoler de suite ou essayer d'aller plus loin? Telle était la question. Cette fois, comme la précédente, Lucien se déclara le défenseur de Marengo. On voyait une colline dont le sommet se dressait à quelques milles de là; elle se trouvait précisément dans la direction suivie par nos voyageurs, et Lucien proposa, comme il avait fait la veille, de gagner ce lieu avant de prendre un parti violent à l'égard de Marengo.

L'humanité l'emporta encore sur la faim; la proposition de Lucien fut acceptée; on plia bagage, et l'on se remit en route.

Pour des gens affaiblis et fatigués comme l'étaient nos voyageurs, c'était un rude labeur que de gagner cette colline. Ils y arrivèrent cependant, mais sans avoir rencontré la moindre trace de gibier.

— Grimpons sur cette colline, dit Lucien toujours désireux de prolonger les jours du chien.

Lucien était le plus faible des quatre, il y eût eu lâcheté à se montrer moins courageux que lui, et chacun, sans murmurer, se mit à gravir la colline. Marengo suivait péniblement par derrière. Le pauvre chien avait l'air triste et désespéré. Sans aucun doute, il comprenait le sort qu'on lui réservait.

Tout en gravissant la colline ses maîtres jetaient de tous côtés des regards scrutateurs, mais en vain : c'était partout un désert aride et glacé. Tout fut examiné, accidents de terrain, anfractuosités de rochers, touffes d'herbes sèches, on ne laissa pas un pouce de terre sans le passer en revue. Hélas! ce fut peine inutile !

Après une ascension pénible, on arriva enfin au sommet de la colline, qui se terminait par une sorte de table ou plateau d'environ trois cents pas de diamètre. Ce plateau était couvert d'un pied de neige, au-dessus de laquelle s'élevaient çà et là les têtes de quelques touffes d'herbes desséchées, dont la couleur grisâtre tranchait sur la blancheur du linceul. L'œil en embrassait l'étendue d'un seul regard, et il était facile de reconnaître au premier abord qu'il n'y avait là aucun être vivant, car un moineau ou une souris n'eussent pu trouver à s'y cacher, on les eût découverts tout de suite.

Nos voyageurs s'arrêtèrent, il était inutile d'aller plus loin. Ils étaient tous rendus de fatigue, les plus forts se sentaient à peine capables de faire un mille de plus. Marengo, arrivé à la suite de ses maîtres, et toujours attelé à son traîneau, se tenait de quelques pas à l'écart.

— Il faut s'y décider, dit Basile en s'adressant à Norman d'une voix émue, et en parlant ainsi il détournait la tête. Lucien et François, qui se trouvaient en arrière de lui, virent des larmes dans les yeux de leur frère. Le pauvre Basile essayait, mais en vain, de les retenir.

On entendit armer le fusil de Norman, et l'on attendait avec anxiété la détonation qui allait suivre, quand l'attention fut attirée par une ombre noire qui passait au-dessus de la colline. Cette ombre était produite par le vol d'un oiseau. Un cri parti de toutes les poitrines arrêta le doigt de Norman, qui déjà pressait la détente. Le jeune homme releva la tête, et vit en l'air l'objet qui avait attiré l'attention de ses compagnons. C'était un oiseau d'une grande dimension, à peu près de la grosseur d'un aigle, et dont le plumage était blanc comme celui du cygne et aussi éclatant que la neige au-dessus de laquelle il planait. Norman reconnut cet oiseau du premier coup d'œil. Son cou très-court, sa grosse tête, ses longues ailes et sa blancheur d'albâtre étaient des signes auxquels il était impossible de se méprendre, et qui indiquaient le grand hibou des neiges particulier aux régions polaires.

La vue de cet oiseau changea la face des affaires, Norman abaissa son arme, et se mit comme ses compagnons à suivre du regard ce visiteur emplumé.

Le hibou des neiges (*strix nyctea*) est peut-être le plus bel oiseau de la famille des hibous, dont on trouve dans l'Amérique septentrionale au moins une douzaine d'espèces. Cet oiseau est particulier aux régions polaires, qu'il ne quitte jamais, et dans l'un et l'autre continent on le rencontre en dedans du cercle polaire, même pendant les hivers les plus rigoureux. Il vit dans le désert de la Terre Maudite aussi bien que dans les régions boisées. La nature, toujours prévoyante, l'a vêtu d'une manière convenable à la température des climats qu'il habite. Son plumage épais et chaud lui recouvre presque les yeux, ses jambes mêmes sont si garnies de plumes, qu'elles paraissent presque aussi grosses que celles d'un chien ordinaire. Son bec même est caché sous la masse de plumes qui couvre sa figure, en un mot il n'y a pas un point de son corps qui demeure à nu.

La plupart des hibous sont des oiseaux de nuit, et sous les latitudes méridionales il est rare qu'ils sortent pendant le jour. Il en est autrement des hibous qui habitent les régions glacées ; ils chassent pendant le jour, et supportent très-bien la lumière. Il fallait qu'il en fût ainsi, car ces oiseaux n'auraient pu supporter sans cela les étés des régions polaires, où le soleil demeure des mois entiers sans quitter l'horizon.

C'est là, mes jeunes amis, un des faits sur lesquels j'aime à insister, car il prouve une fois de plus avec quelle habileté la nature sait approprier les êtres aux lieux où elle les a destinés à vivre.

J'ai dit que sur le territoire de la baie d'Hudson se trouvaient plusieurs espèces de hibous ; on en compte environ une douzaine. Le plus grand de tous ces oiseaux est sans contredit le hibou cendré, dont les ailes ont près de cinq pieds. Ces oiseaux ne sont pas tous, comme le hibou des neiges, voués éternellement aux régions arctiques, plusieurs espèces émigrent au contraire vers le Sud à l'approche de l'hiver. Ceux qui passent cette saison dans les régions froides y vivent en chassant le ptarmigan, le lièvre et les autres petits quadrupèdes qui passent l'hiver dans ces contrées.

Mais revenons à nos voyageurs, qui, les yeux tournés vers le ciel, suivaient avec anxiété le vol du hibou. François tenait son fusil tout prêt à faire feu, dans l'espoir que l'oiseau finirait par passer à sa portée; mais cette précaution fut inutile, car le hibou, après avoir tourné deux ou trois fois autour de la colline, s'éloigna tout d'un coup en poussant un grand cri.

Ce cri, qui ressemble à la voix d'un homme en détresse, produisait sur l'esprit de nos voyageurs un effet d'autant plus désagréable, que c'était un cri d'adieu. Ils suivirent d'un regard désespéré l'oiseau qui s'envolait dans le ciel, et dont le plumage blanc ne tarda pas à se confondre avec la neige qui recouvrait le sommet d'une montagne voisine.

D'après ce qu'avaient remarqué les jeunes gens, le hibou avait dû s'élever précisément au moment où il les avait aperçus; il était probable qu'il les avait vus gravir la colline, et qu'il les avait laissé approcher, curieux de voir à qui il avait affaire jusqu'à une distance raisonnable. La couleur de son plumage, qui se confondait avec la blancheur de la neige, les avait seule empêchés de l'apercevoir.

— Quel malheur! s'écria François.

Pendant qu'ils se livraient à ces réflexions, leurs yeux continuaient à errer de côté et d'autre. Tout d'un coup un objet qui vint frapper leur vue les détermina à avoir de nouveau recours à leurs fusils. Cet objet, placé au centre du plateau ressemblait, à première vue, à une pelote de neige; mais en y regardant avec plus d'attention, on remarquait sur cette boule deux petites taches rondes de couleur sombre surmontées de deux lignes noires, et avec un peu de persistance, l'œil finissait par apercevoir le profil d'un animal accroupi dans la neige. Les taches brunes étaient ses yeux, et les lignes noires ses longues oreilles; le reste de son corps était entièrement blanc, et se confondait facilement avec la neige.

La forme et la couleur de cet animal, et plus particulièrement ses longues oreilles, faisaient facilement reconnaître l'espèce à laquelle il appartenait : c'était un lièvre.

Aussitôt que Norman l'eut aperçu :

— Tenez-vous tranquilles, dit-il à ses compagnons, et laissez-moi faire.

— Mais ne pouvons-nous pas t'aider? demanda Basile.

— Non, répliqua Norman, demeurez en repos et faites taire le chien. Je vais m'approcher du lièvre, pourvu toutefois que le hibou ne l'ait pas trop effarouché. Quant à vous, je vous le répète, restez ici, tenez le chien en paix, et ne le lâchez que quand je vous le dirai.

Après avoir donné ces instructions à voix basse, Norman partit son fusil sous le bras. Il parut d'abord marcher dans une direction entièrement opposée à celle du lièvre, mais c'était une manœuvre adroite pour ne pas effrayer l'animal. Peu à peu cependant il modifia sa marche, et se mit à décrire un cercle dont le lièvre était le centre, et qui embrassait à peu près tout le plateau, c'est-à-dire un diamètre de trois cents pas environ. Il s'avançait de la sorte les yeux constamment fixés sur l'animal accroupi. Quand il eut achevé ce premier cercle, il se mit à en tracer un second plus petit, et continua de la sorte à décrire une spirale dont les cercles concentriques allaient toujours se rétrécissant et se rapprochant du point occupé par le lièvre. L'animal, de son côté, suivait tous les mouvements du chasseur, évidemment partagé entre la crainte et la curiosité. Heureusement que le soleil était alors à son zénith et que le corps de Norman ne produisait aucune ombre, sans quoi il est probable que cette grande tache noire mobile eût effrayé le lièvre et l'eût déterminé à prendre la fuite.

Quand Norman eut ainsi décrit cinq ou six circuits, il ralentit peu à peu le pas, et finit par s'arrêter du côté opposé à celui où ses compagnons continuaient à demeurer le cœur agité de crainte et d'espérance, car ils savaient que leur vie, ou tout au moins celle de Marengo, allait dépendre de la prise du lièvre. Norman avait habilement choisi sa place, car si par malheur il manquait son coup, le lièvre devait s'enfuir dans la direction de ses compagnons et essuyer leur feu. C'était une chance de plus qu'il s'était habilement ménagée.

L'animal fut couché en joue, et le doigt du chasseur allait presser la détente, lorsque l'ombre d'un grand oiseau vint de nouveau se dessiner sur la neige. Au même instant un cri semblable à la voix d'un homme en détresse retentit dans les airs. Le lièvre effrayé se leva soudain, déploya ses longues jambes et prit la fuite. C'était le grand hibou des neiges qui revenait chasser sa proie.

La direction prise par le lièvre le conduisit du côté du traîneau, non loin du lieu où stationnaient Basile et ses frères. Le hibou le suivait en volant. Mais à peine le léger quadrupède avait-il fait une douzaine de bonds, qu'on entendit une détonation et qu'on vit l'animal rouler sur la neige, puis y demeurer immobile et mort. La seconde détonation suivit de près la première ; un cri de douleur lui répondit, et le grand hibou blanc tomba par terre. Ces deux détonations étaient trop sourdes pour provenir d'une carabine, elles appartenaient évidemment à un fusil. Tous les yeux se tournèrent vers François, qui, semblable à un dieu qu'on encense, se tenait immobile au milieu d'un nuage de fumée. C'était lui qui venait de faire ce coup double.

Le hibou n'était que blessé, Marengo s'élança pour le saisir. En vain l'oiseau essaya de se défendre à coups de bec ; le chien l'empoigna par le cou, et d'un coup de dent termina ses souffrances et sa vie.

Marengo était encore une fois sauvé, et on eût dit qu'il le comprenait, car il bondissait sur la neige en remuant la queue, et en aboyant de joie.

Le lièvre aussi fut ramassé. C'était un lièvre polaire (*lepus glacialis*), l'un des plus grands de l'espèce, il ne pesait pas moins de quinze livres. Sa fourrure blanche et douce comme un duvet de cygne était tachée de sang. La pauvre bête n'était pas tout à fait morte, comme on l'avait cru d'abord ; elle remuait la tête, et ses beaux yeux bruns indiquaient encore un reste de vie. Le lièvre et le hibou furent placés sur le traîneau, Marengo y fut attelé, et la petite troupe se disposa à descendre la colline, et à chercher un abri pour y établir son campement.

— Je suppose, dit Norman, qu'il doit y avoir du bois près d'ici, car je sais pertinemment que cette espèce de lièvre vit toujours dans les bois.

— En effet, répondit Lucien, le lièvre polaire se nourrit de tiges de saules, d'arbousier et de thé de Labrador, et très-probablement ces arbres doivent se trouver dans les environs.

En parlant ainsi, nos jeunes voyageurs étaient arrivés à l'extrémité du plateau, sur le bord opposé à celui par lequel ils y avaient pénétré. A leur grande joie, dans la vallée qui s'étendait à leurs pieds, on voyait quelques bouquets de saules, de grands peupliers, des bouleaux et des pins. Ils furent bientôt au milieu de ces arbres, et l'instant d'après on entendit résonner les coups répétés d'une hache. Une bonne provision de bois fut coupée, on y mit le feu, et un quart d'heure après nos aventuriers eurent la satisfaction d'avoir devant eux un foyer ardent d'où s'échappait une fumée bleuâtre qui montait en tourbillonnant au-dessus des arbres, et allait se perdre dans le ciel.

CHAPITRE XXXIII

L'HERMINE ET LA SOURIS SAUTEUSE.

Quelque gros que fût le lièvre, nos voyageurs étaient si affamés qu'ils l'eussent volontiers dévoré en un seul repas; mais, d'après les conseils de Lucien, ils consentirent à en garder la moitié pour souper, alléchés d'ailleurs par les promesses de leur cuisinier, qui leur fit espérer une soupe au lièvre. La tête, les pieds et les autres morceaux de rebut furent abandonnés à Marengo. Le hibou, dont la chair était presque aussi blanche que le plumage, fut réservé pour le déjeuner du lendemain. Norman assura à ses compagnons que c'était un excellent manger.

Ils avaient établi leur tente en ce lieu avec l'intention d'y demeurer toute la nuit et de ne reprendre leur voyage que le lendemain matin. Il y avait encore plusieurs heures de soleil, le repas de viande avait relevé les forces et le courage de chacun, et l'on résolut d'employer le reste de la journée à chasser dans les environs. C'était pour eux un point fort important que de se procurer du gibier. Le hibou devait à peine leur fournir de quoi déjeuner le lendemain, et après cela il ne leur resterait rien; puisqu'ils avaient eu le bonheur de trouver un secours inattendu qui avait relevé leurs forces, c'était le moment de faire un effort pour se garantir à l'avenir des privations et des souffrances qu'ils avaient déjà endurées.

La vallée dans laquelle ils étaient campés paraissait être fertile en gibier. C'était une sorte d'oasis au milieu de la Terre Maudite; un lac entouré de bois consistant comme nous l'avons dit en saules, peupliers, pins et bouleaux nains. L'arbousier alpestre, dont les baies servent de nourriture à plusieurs espèces d'animaux, croissait aussi sur le versant des collines, tandis que le thé de Labrador (*ledum palustre*) poussait sur les terrains bas, au bord même du lac. Les feuilles de cette plante forment la nourriture favorite du lièvre polaire, aussi sa présence donnait-elle à nos voyageurs l'espérance de rencontrer dans ces parages plusieurs animaux.

Les faits venaient d'ailleurs corroborer leurs conjectures, car on remarquait des traces de lièvre imprimées de tous côtés sur la neige. Ce n'étaient pas les seules empreintes, car par suite des lois de la nature, qui veulent que les animaux servent de pâture les uns aux autres, il est rare qu'une espèce se fixe dans un lieu sans attirer auprès d'elle celles qui vivent à ses dépens.

Lucien ne devait pas tarder à avoir sous les yeux une preuve nouvelle de cette vérité.

Pendant que son cousin et ses deux frères étaient à chasser dans le voisinage, il s'occupait à faire sécher sur les charbons quelques feuilles de thé de Labrador qu'il venait de récolter dans l'intention de préparer une boisson rafraîchissante pour prendre après le souper. La soupe au lièvre était en train de bouillir, et le cuisinier levait de temps en temps le couvercle pour examiner l'état de la cuisson et la tournure que prenaient les choses.

Sa marmite et son thé ne l'occupaient pas tellement qu'il n'eût quelques instants de repos. Or, pendant qu'il se reposait et jetait les yeux de côté et d'autre, il aperçut un objet qui s'avançait sur la neige à quelques pas de l'endroit où il était lui-même assis. Au pied de la colline s'étendait une épaisse couche de neige amoncelée là par le vent et formant une espèce de butte de trois ou quatre pieds de hauteur et de quelques mètres de surface. C'était sur la plate-forme de ce petit escarpement que se trouvait l'objet qui avait attiré l'attention de Lucien. Cet objet, situé à une vingtaine de pas environ du foyer se mouvait de côté et d'autre ; c'était un animal.

Du premier coup d'œil Lucien reconnut une souris de la plus singulière espèce. Elle était de la grosseur d'une souris ordinaire, mais d'une nuance tout à fait différente. La partie supérieure de son corps était couleur d'acajou, tandis que la partie inférieure, y compris les pattes et les pieds, était aussi blanche que du lait. Le jeune naturaliste n'eut pas de peine à reconnaître la souris à pattes blanches (*mus leucopus*), l'une des plus belles de la famille.

Ça et là s'élevaient sur la neige quelques touffes d'arbousier. Le petit animal passait de l'une à l'autre, cherchant les quelques baies que l'hiver avait respectées. La plupart du temps elle trottait menu comme une souris ordinaire, mais parfois aussi elle faisait des bonds de plusieurs pieds, sauts prodigieux pour sa taille et pour l'exécution desquels elle était merveilleusement servie par sa queue très-nerveuse qu'elle appuyait fortement contre la neige. C'est à cette circonstance particulière qu'elle doit le nom de souris sauteuse, sous lequel les Indiens la désignent ordinairement. Ils l'appellent aussi souris-daim, toujours par la même raison et parce que ses bonds ressemblent en petit à ceux de ce léger quadrupède.

Au surplus le *mus leucopus* n'est pas le seul animal de son espèce qui effectue ces bonds prodigieux, et l'Amérique possède plusieurs autres souris qui jouissent du même avantage.

Lucien s'amusa de tous ses mouvements et la laissa s'éloigner sans lui faire aucun mal. Pourquoi, en effet, eût-il tué un animal qui ne devait lui être d'aucune utilité et dont il avait eu plusieurs fois l'occasion d'étudier les habitudes et les mœurs?

La souris allait donc être bientôt hors de la vue de Lucien, et celui-ci n'y pensait déjà plus; il est probable même qu'il ne s'en fût plus occupé si ses regards n'avaient rencontré dans une direction opposée un autre animal d'un aspect tout différent. Celui-ci avait un corps d'un pied de long, bien que cependant il ne fût guère plus gros que celui de la souris. Ses pattes étaient courtes mais fortes, son museau long mais très-arqué; sa queue touffue et terminée en pointe comme celle du chat, égalait en longueur la moitié de son corps. Tout dans son aspect rappelait les formes bien connues de la belette.

C'était en effet une espèce de belette, la fameuse hermine (*mustela herminea*) si renommée par la beauté et la richesse de sa fourrure. Cet animal était entièrement blanc à l'exception du bout de la queue qui se terminait par un bouquet de poils noirs. Quelques parties de son corps étaient également teintées d'une légère nuance de soufre. Cette teinte était une particularité, car la plupart des hermines sont toutes blanches. Celle entrevue par Lucien était alors dans sa robe d'hiver, bien différente de celle d'été, car pendant cette dernière saison, la fourrure de l'hermine ressemble presque à celle de la belette ordinaire.

Au moment où Lucien aperçut l'hermine, elle suivait la plateforme du monticule de neige, et paraissait se diriger du même côté que la souris. De temps en temps elle prêtait l'oreille et s'arrêtait, puis reprenait sa marche. Lucien remarqua aussi qu'elle portait souvent le nez en terre. Quand elle fut plus près de lui, il s'aperçut et fut bientôt convaincu à son grand étonnement qu'elle était lancée sur une piste. Elle faisait exactement tous les tours et détours exécutés par la souris, et quand elle arrivait aux endroits où celle-ci avait sauté, elle s'arrêtait, prenait le vent, et ne recommençait sa course qu'après s'être bien assurée de la direction. En un mot, ses manœuvres étaient absolument semblables à celles d'un chien de chasse lancé sur les traces d'un renard.

Lucien chercha des yeux la souris, elle s'était fort éloignée pendant tout ce temps, et ce fut à peine s'il put l'apercevoir au loin sur la neige, arrêtée sous un arbousier et paraissant se douter fort peu de la présence de son plus grand ennemi. J'ai dit son plus grand ennemi, et ce n'est pas sans raison, car c'est le *mus leucopus* qui est la nourriture ordinaire de l'hermine.

La souris ne tarda pas cependant à s'apercevoir de l'approche de son ennemie, mais malheureusement il était déjà bien tard et l'hermine n'était plus qu'à quelques pieds d'elle. Elle pensa d'abord à se cacher parmi les feuilles de l'arbuste, mais craignant bientôt que ce ne fût là qu'une retraite peu sûre, elle aima mieux chercher son salut dans la fuite.

Elle partit comme un trait, tantôt courant, tantôt bondissant comme un daim. Mais, quelle que fût sa légèreté, elle avait affaire à forte partie; l'hermine était agile comme un chat, la chose ne fut pas longue, et au bout de quelques minutes elle mit la griffe sur la souris. Il y eut une lutte de quelques instants, puis Lucien entendit un bruit sec comme celui d'une noisette qu'on casse. C'était le bruit du crâne de la pauvre souris, que la cruelle hermine venait de broyer sous sa dent.

CHAPITRE XXXIV

LE RENARD POLAIRE ET LE LOUP BLANC.

Lucien se leva pour aller chercher son fusil dans l'intention de punir l'hermine, bien qu'à tout prendre l'animal, en agissant ainsi, n'eût fait qu'obéir aux lois de la nature.

Le jeune naturaliste avait aussi un autre but en tirant l'hermine. Il voulait la comparer avec quelques autres qu'il avait vues sur les bords du lac Winnipeg, et qu'il croyait de plus grande dimension. En mesurant une de ces dernières, il avait trouvé qu'elle avait plus d'un pied de long sans y comprendre la queue. Il désirait aussi comparer cette hermine avec la belette ordinaire, qui lui ressemble à tel point que les trappeurs ne font aucune distinction entre elles. C'était dans ce double but que Lucien avait saisi son fusil. Il s'approchait donc avec précaution, et se préparait à tirer l'hermine, lorsque son attention fut attirée par l'arrivée d'un autre animal, qui apparut comme les premiers sur la plate-forme de l'amas de neige. Ce nouveau venu était couvert d'une fourrure blanche aux poils longs et hérissés. Son museau pointu, ses oreilles droites, sa queue touffue indiquaient un renard ; ses mouvements et sa marche tortueuse ne démentaient point cette apparence. C'était en effet un renard, le superbe renard blanc des régions polaires.

On croit communément qu'il n'y a que deux ou trois sortes de renards en Amérique, et que ces renards ne sont que des variétés de l'espèce d'Europe. C'est une grave erreur. Il existe dans l'Amérique septentrionale seulement une douzaine de variétés au moins qui forment trois ou quatre espèces bien distinctes. Celui entrevu par Lucien était le renard polaire, espèce confinée dans les régions les plus froides et dont le poil est blanc pendant l'hiver.

Le renard brun est une variété de l'espèce polaire, dont le seul caractère distinctif est sa couleur uniformément noirâtre.

Le renard américain (*vulpes fulva*), plus communément désigné sous le nom de renard rouge, a été longtemps confondu avec le renard rouge d'Europe, c'est encore une erreur. Ces deux espèces d'animaux diffèrent sur plusieurs points, et ce qu'il y a de singulier, c'est que ces différences sont les mêmes que celles que nous avons signalées plus haut entre les loups d'Europe et ceux d'Amérique.

Le renard à croix est considéré par les Indiens et par quelques naturalistes comme une simple variété du renard d'Amérique. Son nom lui vient de deux bandes de poils noirs qui se croisent sur ses épaules. Cette particularité et la rareté de de l'espèce donnent à sa fourrure plus de prix qu'à celle du renard rouge. Une peau de renard rouge coûte quinze schellings (18 fr. 75 c.) une peau de renard à croix vaut cinq guinées prix courant (125 fr.).

Il existe une variété du renard rouge beaucoup plus prisée encore, c'est le renard noir ou renard bleu. La peau de cet animal vaut six fois toutes les autres fourrures de l'Amérique du Nord, y compris celle de la loutre de mer. Cet animal est si rare, que les négociants de la compagnie de la baie d'Hudson ont toutes les peines du monde à s'en procurer chaque année quelques peaux. M. Nicholay, célèbre fourreur de Londres, m'a assuré plus d'une fois qu'une peau de renard noir valait, selon sa qualité, de dix à quatorze guinées (de 250 à 350 fr.). A l'exposition universelle de Londres, en 1851, on voyait un magnifique manteau appartenant à l'empereur de Russie et fourré de renard noir. Cette fourrure est tout entière de peaux de cou, seule partie du renard qui soit d'un très-beau noir. Ce manteau était estimé trois mille quatre cents livres sterling (85,000 fr.). Je dois dire cependant que M. Nicholay, qui s'y connaît, trouvait cette valeur exagérée et n'estimait pas ce manteau au-dessus de mille livres sterling (25,000 fr.). Georges IV avait une fourrure de renard noir qu'on estimait au même prix.

Le renard gris est un animal moins septentrional que tous ceux dont il vient d'être question ; il habite de préférence la zone tempérée des États-Unis ; on le rencontre cependant dans la partie méridionale du Canada. C'est l'espèce la plus commune aux États-Unis, où l'on trouve aussi une espèce de renard rouge différente de celle dont nous avons parlé plus haut, et qui ressemble tellement au renard d'Europe, qu'il est à croire que cette espèce a été importée d'Angleterre par les premiers colons qui sont venus s'établir dans le pays.

On trouve encore en Amérique plusieurs autres espèces de renards, parmi lesquels il faut citer le renard de poche, ainsi nommé sans doute à cause de l'exiguïté de sa taille. Ce petit animal habite la prairie et se creuse des terriers dans la plaine, loin de toute espèce de bois. C'est un des hôtes les plus timides et les plus légers de la prairie, sans même en excepter les antilopes.

Dès qu'il eut aperçu le renard, Lucien cessa de penser à la belette, et s'accroupit pour ne pas effrayer ce gibier et le laisser approcher à la bonne portée. Il savait que la chair du renard polaire est très-estimée des chasseurs, aussi avait-il le plus vif désir d'en orner son garde-manger. C'était une précieuse capture pour des gens aussi à court de vivres que l'étaient alors nos quatre voyageurs.

Le renard se dirigeait du côté de Lucien, mais sans suivre la ligne droite. Il chassait le nez en terre et décrivait au contraire force zigzags, comme un limier lancé sur une piste. Apparemment qu'il découvrit les traces de la belette, car il partit en faisant entendre un jappement joyeux. Sa course le fit passer près de Lucien; mais quelque envie que le chasseur eût de le tirer, l'animal passa si rapidement que Lucien n'osa pas risquer son coup, car il craignait de le manquer, et son arme était une carabine à un seul canon. Il supposait d'ailleurs que le renard s'arrêterait au moment où il rencontrerait la belette, et il crut plus sage d'attendre et de se préparer à tout événement.

Le renard continuait à s'approcher de l'hermine. Celle-ci tout entière à sa proie, ne s'aperçut de l'approche de son ennemi qu'au moment où il la vit elle-même. Aussitôt, abandonnant la souris à moitié rongée, elle s'assit sur son derrière comme un écureuil ou un singe, cracha et montra les dents en jurant comme un chat en colère. Elle ne garda pas longtemps cette attitude courageuse, et la vue du renard qui arrivait sur elle la gueule ouverte lui fit bientôt changer de manières. Elle prit la fuite; mais au bout de quelques pas, Lucien la vit dresser sa queue en l'air et s'enfoncer dans la neige la tête la première. Le renard imita son exemple et pénétra dans la neige avec la rapidité d'un trait.

En un clin d'œil ils furent l'un et l'autre hors de la vue de Lucien. Pendant un moment on vit la surface de la neige s'agiter comme une eau troublée, puis il ne resta plus de preuves de l'existence des deux créatures que les empreintes marquées sur la neige et le trou dans lequel elles avaient disparu.

Lucien s'avança alors, se plaça à quelques pas de ce trou, et attendit, le fusil à la main, dans l'espoir que les deux animaux, ou tout au moins le renard, ne tarderaient pas à reparaître. Il attendait ainsi depuis cinq minutes, quand ses regards furent attirés par un mouvement qui se manifestait sous la neige, à une distance assez considérable de l'endroit où il se trouvait, cinquante pas environ ; la croûte supérieure de la neige se fendit et livra passage à la tête du renard, le corps suivit de près, et l'animal tout entier reparut à la lumière. Il tenait dans sa gueule l'hermine privée de vie.

Lucien allait le tirer, mais le renard l'aperçut et partit comme une flèche, emportant sa proie avec lui. Il fut bientôt hors de portée, et Lucien voyant qu'il n'avait plus de chance de s'en emparer, se préparait à retourner à sa marmite, quand il vit le renard s'arrêter, se retourner et s'enfuir dans une nouvelle direction. Cette manœuvre était trop singulière pour n'être pas déterminée par quelque motif puissant. Lucien regarda, et bientôt la cause de ce changement d'allure apparut à ses yeux sous la forme d'un animal cinq fois gros comme le renard, mais lui ressemblant pourtant sous beaucoup de rapports. Ce nouveau venu était blanc comme l'autre, avait le poil long, la queue touffue et les oreilles courtes et droites. C'était, Lucien le reconnut au premier abord, un grand loup blanc.

Le renard préoccupé de la présence de Lucien, n'avait point vu l'ennemi qui le guettait au milieu des rochers, et avait donné en plein dans la gueule du loup. C'était à peine s'il avait eu le temps de se retourner et de fuir. Le loup se mit à sa poursuite. La direction qu'ils suivaient devait les faire passer tout près de Lucien, de la présence duquel ils ne paraissaient s'inquiéter nullement.

Le loup gagnait tellement sur le renard, que Lucien conjectura de suite qu'il ne tarderait pas à l'atteindre. Il pensa que la lutte le forcerait à s'arrêter, et qu'il y aurait peut-être alors moyen de le tuer facilement. Ce fut dans cet espoir qu'il le suivit. Mais il avait affaire à l'animal le plus rusé de la création. Le loup avait très-bien remarqué qu'on le suivait ; et quand il eut atteint le renard, au lieu de s'arrêter pour le tuer, il lui saisit le cou, le serra dans ses puissantes mâchoires, enleva l'animal de terre, et continua sa course sans que ce fardeau parût, en diminuer la rapidité.

Le renard se débattait comme un diable et criait comme un chien qu'on fouette; mais ses cris devenaient de plus en plus faibles, et ses efforts cessèrent bientôt tout à fait. Quant au loup, il continuait sa course en emportant sa proie de la même manière que quelques instants auparavant le renard avait emporté l'hermine.

Lucien vit qu'il était inutile de le suivre, et le laissa tranquillement s'éloigner avec sa proie. Il se disposa à retourner auprès du feu, où, pour comble de mortification, il s'attendait à trouver ses feuilles de thé réduites en cendres. Il s'arrêta pourtant encore un moment pour jeter un dernier regard sur le loup, qui s'enfuyait à toutes jambes, et qui était sur le point de disparaître derrière la crête de la colline. Le renard était toujours dans sa gueule, mais il ne faisait plus d'efforts. Sa tête pendait, et ses jambes retombaient inertes de chaque côté de la gueule de son ravisseur. Au même moment Lucien vit le loup s'arrêter, chanceler et tomber sur la neige à moitié replié sur lui-même. Il ne faisait plus aucun mouvement, et ne paraissait pas moins mort que le renard qu'il tenait encore à la gueule.

Ce fait, si étrange qu'il pût être, ne demeura pas longtemps un mystère pour Lucien. Une colonne de fumée bleuâtre qui s'élevait dans le ciel et une détonation d'arme à feu qui parvint en même temps à ses oreilles lui expliquèrent tout. Presque au même instant un bonnet de peau de racoon apparut au-dessus de la neige, et Lucien, reconnaissant son frère Basile, courut au-devant de lui.

Ils s'approchèrent du cadavre du loup et se mirent à l'examiner. Basile était encore plus étonné que Lucien, qui avait assisté aux scènes précédentes. C'était en effet un spectacle fort extraordinaire. Le chasseur s'était du même coup procuré quatre gibiers : d'abord le grand loup dont le corps maigre gisait sans vie sur la neige, en second lieu le renard placé en travers dans sa gueule contractée, en troisième lieu l'hermine pendue aux crocs du renard et tenant encore elle-même entre ses dents les restes à moitié dévorés d'une souris blanche, toute une chaîne de destruction.

Ces créatures étaient toutes mortes comme elles avaient vécu, en se détruisant les unes les autres. De ces quatre animaux la petite souris était seule innocente ; les trois autres étaient des bêtes carnassières, qui en définitive n'avaient fait qu'obéir aux lois de la nature. L'homme lui-même suit cette loi de destruction, Basile en était une nouvelle preuve. C'est là une triste nécessité que tous les raisonnements du monde ne sauraient justifier. Pourquoi la nature a-t-elle voulu que ses créatures, vivent aux dépens les unes des autres ? Cependant, tout en ne comprenant pas la cause de ce fait, il ne faut pas condamner le fait lui-même, et je ne crois pas que ce soit un crime que de détruire des êtres vivants pour satisfaire aux nécessités de l'existence. Ceux qui pensent le contraire, et qui, pour être conséquents avec eux-mêmes, voudraient condamner l'humanité à un régime exclusivement végétal, me semblent de bien pauvres raisonneurs. S'ils avaient étudié la nature de plus près, ils sauraient qu'enlever une fleur ou un fruit à une plante et détacher une feuille à une laitue, c'est à la fois causer souffrance et mort. Les plantes vivent et sentent comme les animaux, et je crois qu'il n'est pas difficile de le prouver.

J'admets volontiers que les organes de la sensation sont moins développés chez les plantes que chez les animaux, et que toutes les plantes ne sentent pas au même degré. Il est probable aussi que le plaisir qu'elles sont susceptibles de recevoir est en raison directe de la souffrance qu'elles peuvent endurer, ce qui constitue chez les végétaux une suite d'espèces toutes plus perfectionnées les unes que les autres, qui, partant de la plante la plus simple, finissent par aboutir à une plante mieux organisée, qui participe à la fois du végétal et de l'animal, et qui sert d'anneau pour réunir les deux règnes.

Mais je m'arrête ici, mes jeunes amis, car je craindrais, en sondant ces mystères de la nature, de me laisser entraîner dans des considérations d'un ordre trop sérieux pour vous. Peut-être quelques-uns d'entre vous sont-ils destinés à étudier l'histoire naturelle et à faire avancer la science de quelques pas. Je m'estimerais heureux si les études superficielles que nous avons faites ensemble pouvaient vous encourager dans cette carrière. Je ne serai point jaloux de vos succès, au contraire, et si un jour je vous voyais dominer des hauteurs de la science l'humble auteur de ce petit livre, je serais fier de penser que c'est moi qui vous ai montré la route sur laquelle je n'aurais pas toujours pu vous suivre.

Lucien s'aperçut avec plaisir que le loup n'était pas le seul gibier tué par son frère Basile, et que celui-ci avait dû au contraire décharger son fusil plus d'une fois avant de frapper cet animal vorace, car de sa gibecière on voyait sortir les serres recourbées et les ailes d'un grand oiseau. Il tenait aussi à la main un lièvre blanc, plus petit que le lièvre polaire tué précédemment et appartenant à une espèce différente. Le chasseur avait encore sur ses épaules le corps d'un quadrupède à l'air farouche, que Lucien reconnut aussitôt pour le grand chat sauvage ou lynx d'Amérique (*lynx canadensis*). L'oiseau que Basile avait dans son sac était un aigle doré (*aquila chrysaetos*), l'un des rares oiseaux qui bravent la rigueur des climats septentrionaux, et qui n'émigrent pas comme leurs congénères, l'aigle à tête blanche et l'orfraie, vers des régions plus chaudes.

Basile retournait seul au camp, car ses deux autres compagnons, Norman et François, avaient pris des directions différentes, dans l'espoir d'augmenter leurs chances et de rencontrer plus de gibier.

Norman revint quelques instants après, portant un daim entier sur ses épaules.

Pendant qu'on était à examiner cette précieuse capture, un hourra prolongé annonça l'arrivée de François, qu'on vit bientôt paraître, chargé comme un baudet d'une quantité de gros oiseaux blancs comme la neige.

Le camp présenta alors l'aspect le plus attrayant. Jamais cuisine de palais n'avait été mieux fournie. Il y avait sur le sol toute une ménagerie frappée de mort, une douzaine de pièces au moins.

La soupe au lièvre était prête, elle fut servie par Lucien et lui valut de justes éloges. Le jeune maître queux avait eu soin aussi de préparer de nouvelles feuilles de thé, et après le dîner la coupe courut à la ronde. Pendant ce temps, les jeunes gens, assis autour de leur feu, se reposaient de leurs fatigues tout en se racontant mutuellement les événements de la journée.

François fut celui qui parla le premier.

CHAPITRE XXXV

LE GERFAUT ET LE TÉTRAS BLANC.

— Mes aventures, dit François, sont bien simples : je n'ai eu affaire qu'à des oiseaux, comme vous pouvez tous le voir, et je serais même fort embarrassé s'il me fallait vous dire le nom de ces oiseaux. L'un d'eux doit être un faucon, quoiqu'il soit blanc et que ce soit la première fois que j'en vois de cette couleur ; l'autre me paraît être une espèce de perdrix, blanche aussi, car tout est blanc dans ce pays. Me suis-je trompé, Lucien ?

— Il y a un point sur lequel tu as raison, répondit Lucien en indiquant du doigt un des oiseaux rapportés par François, lequel était blanc avec de petites taches brunes sur le dos. Ceci est un faucon, comme tu viens de le dire, ou plutôt un gerfaut. Tu connais la différence qui existe entre ces deux variétés ?

— J'avouerai franchement que non, répondit François.

— Eh bien, apprends alors que la principale différence entre ces deux oiseaux gît dans la forme du bec. Le bec des gerfauts possède à la mandibule inférieure une échancrure qui correspond à une saillie de la mandibule supérieure ; leurs narines offrent aussi quelque différence. Un autre caractère distinctif existe également dans leurs habitudes. Ces deux oiseaux se nourrissent de chair fraîche et dédaignent la charogne. C'est au vol qu'ils prennent leur proie, mais ils diffèrent dans la manière de s'en emparer. Les faucons descendent obliquement sur leur proie et la saisissent en passant, tandis que les gerfauts au contraire se laissent tomber verticalement dessus.

— Alors, dit François, je garantis celui-ci pour un gerfaut, car je l'ai vu s'abattre verticalement et de la plus belle façon du monde.

— C'est en effet un gerfaut, l'un des plus beaux et des plus hardis de ceux qui habitent l'Amérique septentrionale, où l'on compte au moins vingt espèces de ces oiseaux. Je ne m'étonne pas que tu ne l'aies encore jamais rencontré, car il ne sort pas des contrées les plus froides. On ne le voit même pas dans les parties les plus septentrionales des États-Unis, et à plus forte raison dans la Louisiane. On le trouve dans le nord de l'Europe, au Grœnland, en Islande, et dans toutes les régions polaires. Il est connu sous le nom de gerfaut, mais son véritable nom zoologique est faucon d'Islande (*falco islandicus*).

— Cet oiseau a aussi un autre nom, interrompit Norman : les Indiens l'appellent *oiseau d'hiver* ou *hiverneur*, par la raison sans doute qu'ils le rencontrent à une époque de l'année où on ne voit plus aucun autre oiseau dans ces régions glacées. Les chasseurs de fourrures le désignent de leur côté sous le nom de *faucon-perdrix moucheté* ; quelques-uns de ces oiseaux ressemblent en effet un peu à la perdrix.

— Cela est vrai, reprit Lucien, les petits de cette espèce sont presque bruns et ne deviennent mouchetés qu'à l'âge de quinze ou seize mois. Ce n'est qu'au bout de plusieurs années qu'ils deviennent entièrement blancs, aussi est-il rare de rencontrer des gerfauts sans une seule tache. Oui, continua le jeune naturaliste après un nouvel examen, c'est bien là le véritable gerfaut, et ces oiseaux que François appelle des perdrix sont ceux aux dépens desquels il se nourrit habituellement. François a tué le tyran et la victime. Ce ne sont pas cependant des perdrix proprement dites, mais bien des tétras, ou coqs de bruyère. Cette espèce est connue sous le nom de *tétras des saules* (*tetrao saliceti*).

En parlant ainsi, Lucien prit à la main les oiseaux en question, qui étaient tous d'un blanc de lait, à l'exception de leur queue, dont les grandes plumes étaient mouchetées de noir.

— Ah ! s'écria-t-il d'un ton de surprise, nous avons ici deux espèces de tétras. Étaient-ils tous ensemble lorsque tu les as tués, François ?

— Non, répondit celui-ci, j'ai tué l'un d'eux sur un terrain découvert près de l'endroit où j'ai rencontré le gerfaut ; les autres ont été tués sur un arbre au milieu d'un bois, et j'avoue que je n'ai vu entre eux aucune différence.

— Il en existe cependant, reprit Lucien, quoiqu'elle ne soit pas très-apparente. Ces deux variétés ont, il est vrai, les pattes emplumées et des plumes noires à la queue ; le bec est noir chez l'une et chez l'autre, mais en les examinant avec soin on reconnaît que le bec du tétras des saules est plus fort et moins aplati. Cet oiseau est lui-même plus grand que son congénère qu'on nomme *tétras de roche* (*tetrao rupestris*). Ces deux oiseaux sont souvent confondus à tort avec le ptarmigan (*tetrao mutus*), qui existe dans le nord de l'Europe, et se rencontre aussi parfois, mais plus rarement, dans les parties septentrionales de l'Amérique. Au surplus, il n'est pas étonnant qu'on confonde ces oiseaux, car le ptarmigan ressemble en tout point aux autres tétras, à cette exception près qu'il est plus gros.

Les habitudes du tétras de roche et du tétras de saule sont absolument les mêmes. Ce sont deux oiseaux qui s'accommodent parfaitement de la neige, et qui se rencontrent sous les latitudes les plus septentrionales où l'homme soit parvenu jusqu'à présent. Pendant l'hiver le tétras de saule aime à percher et affectionne par suite les régions boisées. Son congénère préfère, au contraire, les terrains découverts; et notre cher François les a trouvés l'un et l'autre dans leur lieu de prédilection.

— En effet, dit celui-ci, après vous avoir quittés je traversais un terrain élevé et découvert, quand j'aperçus ce faucon blanc ou ce gerfaut, si vous l'aimez mieux, qui planait dans l'air, et paraissait chasser quelque chose. Je me cachai derrière un rocher dans l'espoir qu'il s'approcherait de moi, et me donnerait peut-être l'occasion de le tirer. Peu d'instants après je le vis replier ses ailes et se laisser tomber avec la rapidité d'une flèche; presque en même temps j'entendis un bruyant froufrou : c'était une bande de perdrix blanches, non, je me trompe, de tétras de roche, comme Lucien vient de les appeler. Le gerfaut avait mis toute la bande en fuite. Je suivis leurs mouvements, et remarquai le lieu où ces oiseaux allaient se réunir. Ils s'abattirent à environ cent pas de là, et s'enfoncèrent sous la neige, chacun se creusant un trou précisément à la place même où il s'était posé en s'abattant. Vous jugez, mes amis, si je fus surpris du procédé. Je ne perdis pourtant pas la tête, et pensant au contraire qu'il serait facile de tirer ces oiseaux au moment où ils sortiraient de dessous la neige, j'allai me placer près des trous, et y attendis leur réapparition. A deux ou trois cents pieds au-dessus de ma tête le faucon continuait à planer.

Je croyais que les oiseaux étaient encore à la place où je les avais vus disparaître, et je me demandais si je ne devais pas fouiller la neige pour les prendre, quand je remarquai qu'elle s'agitait précisément au-dessous du point où planait le gerfaut blanc, qui s'abattit alors et disparut aussi sous la neige. Presque au même instant la croûte supérieure de la neige se fondit en plusieurs endroits et livra passage aux tétras qui sortirent les uns après les autres, et s'envolèrent sans me donner le temps de les tirer. Le gerfaut n'avait point encore reparu; je m'avançai dans l'intention de guetter sa sortie. Il ne tarda pas à se montrer comme je l'avais prévu. Il emportait avec lui un tétras qu'il avait pris sous la neige. Je le couchai en joue, et j'eus le plaisir de le voir tomber avec la proie qu'il portait.

Je songeai alors à m'approcher de la compagnie de tétras. J'avais remarqué que ces oiseaux étaient allés se remiser dans un petit bois de saules et de bouleaux. Ce fut de ce côté que je m'acheminai. A mesure que je m'avançais, j'apercevais plus distinctement sur les branches d'un saule des objets blancs que je pris d'abord pour des flocons de neige; mais ces différents objets étaient en mouvement, et je crus reconnaître les oiseaux que je cherchais. Il paraît que je me trompais, d'après ce que Lucien vient de nous apprendre. Quoi qu'il en soit, je me glissai à travers les arbres, et fus me placer à bonne portée. Ainsi installé, je tirai tout à mon aise, et vous voyez le résultat de mes coups.

En parlant ainsi François montrait avec orgueil les oiseaux qu'il avait tués. Il y en avait neuf y compris le gerfaut.

Parmi ces morts figurait le tétras de roche tué par l'oiseau de proie; les autres étaient des tétras de saule, comme l'avait dit Lucien.

François ayant terminé le récit de ses aventures, Basile prit la parole à son tour.

CHAPITRE XXXVI

LE LIÈVRE, LE LYNX ET L'AIGLE DORÉ.

François, dit Basile en commençant son récit, vous a raconté une histoire d'oiseaux. La mienne est à peu près du même genre; car, dans ce que j'ai à vous apprendre, c'est un oiseau qui joue le principal rôle, c'est même le roi des oiseaux, ainsi que vous allez l'apprendre.

En quittant le camp je suivis la vallée, comme vous vous le

rappelez peut-être. Après un quart d'heure de marche, j'arrivai sur un terrain stérile et découvert, où l'on trouvait à peine quelques bouleaux nains et quelques saules rabougris. Je me rappelai à cette occasion avoir entendu dire à Lucien que les tiges de ces arbres étaient la nourriture favorite du lièvre d'Amérique, que nous autres habitants de la Louisiane nous appelons ordinairement lapin; je regardai donc de tous côtés, dans l'espoir de découvrir quelqu'un de ces animaux, et je ne fus pas longtemps sans découvrir des empreintes qui me parurent toutes fraîches. Je me mis à les suivre, et après bien des détours, j'eus la satisfaction de voir qu'elles aboutissaient à une sorte de taillis composé de broussailles de bouleau. A peu près sûr désormais de trouver mon gibier en place, je m'avançai doucement en tenant Marengo en laisse; mais je m'étais trompé dans mes conjectures, et le lièvre n'était plus dans ces broussailles, je pus bientôt m'en convaincre à l'aspect d'une trace qui partait dans une direction tout opposée.

J'allais suivre cette nouvelle trace, quand j'aperçus tout a coup un animal de l'aspect le plus singulier; c'était le gaillard que voici.

Et en prononçant ces derniers mots, Basile indiquait du geste le lynx qui gisait à ses pieds.

Je crus à première vue avoir affaire à notre chat sauvage de la Louisiane ou lynx bai, comme l'appelle notre frère Lucien; car, comme vous pouvez en juger par vous-mêmes, cet animal lui ressemble beaucoup, quoiqu'il soit plus gros du double, et que sa fourrure tire davantage sur le gris. Au moment où j'aperçus ce monsieur, j'en étais à une centaine de pas environ. Lui, cependant, ne m'avait pas aperçu, tout occupé qu'il était de suivre les traces du lièvre et de lui donner la chasse. J'étais d'ailleurs à moitié caché derrière les broussailles. Ma première idée fut de m'élancer à sa poursuite et d'envoyer Marengo à ses trousses. Mais je réfléchis qu'il allait peut-être s'arrêter et me fournir l'occasion de le tirer, et je résolus de l'attendre quelque temps encore. Je m'accroupis donc derrière les broussailles et je retins le chien.

Je ne perdais pas le chat de vue; mais à mon grand étonnement, je m'aperçus qu'il décrivait un cercle en courant. Le diamètre de ce cercle pouvait être d'une centaine de pas. En très-peu de temps l'animal eut décrit sa circonférence et revint au point où je l'avais aperçu d'abord. Il ne s'y arrêta pas et continua la même manœuvre, mais sans suivre ses premières traces, et se mit à décrire un nouveau cercle d'un diamètre plus petit que le premier. Ces deux cercles avaient cependant le même centre, et comme je m'aperçus que le lynx avait toujours les yeux fixés vers ce point central, j'en conclus que là devait se trouver l'objet qui motivait cette singulière manœuvre. Mes regards prirent la même direction que les siens, mais je ne vis d'abord rien de nature à attirer cet animal. Il y avait bien, au centre des cercles qu'il décrivait, quelques broussailles de saules, mais elles étaient si peu épaisses, que mes regards pénétraient à travers sans découvrir aucune créature vivante.

Les racines des saules étaient couvertes d'une couche de neige, et je crois qu'une souris n'aurait pas pu passer là sans que je l'aperçusse de la place où j'étais. Je ne pouvais pourtant m'expliquer la conduite du lynx qu'en supposant qu'il était à la chasse de quelque gibier. Cette conviction me fit examiner le terrain avec plus d'attention encore, et je finis par découvrir près du bosquet de saules, deux petites lignes parallèles de couleur foncée, qui se dessinaient en noir sur la blancheur uniforme de la neige. Je les avais probablement vues plus tôt, mais sans les remarquer, les ayant sans doute prises pour quelques brindilles de saules.

Je reconnus pourtant alors que ce devaient être les oreilles de quelque animal, d'autant plus qu'à plusieurs reprises différentes elles me parurent remuer légèrement. Je regardai plus fixement encore, et au-dessous de ces deux lignes noires j'entrevis la forme d'une petite tête blanche et ronde, au milieu de laquelle était un petit point noir qui ne pouvait être qu'un œil. Le reste du corps était invisible, caché qu'il était sous la neige, mais j'en avais assez vu pour être sûr que j'avais affaire à un lièvre.

J'avais d'abord cru que c'était un lièvre polaire, de la même espèce que celui que nous avions tué précédemment; mais les empreintes que j'avais suivies n'étaient point celles d'un animal de cette espèce, et comme il me revint alors en mémoire que le lapin des États-Unis passe quelquefois l'hiver dans les régions septentrionales, je pensai que l'animal en question n'était autre qu'un lapin d'Amérique.

J'avais fait toutes ces réflexions en moins de temps qu'il ne m'en a fallu pour vous les communiquer; un instant m'avait suffi pour cela. Le lynx continuait toujours à se mouvoir en cercle et à s'approcher du lièvre, qui de son côté avait les yeux constamment fixés sur lui. Cette manœuvre d'une simple bête me rappela ce qu'avait fait Norman pour s'approcher du lièvre polaire, d'où je conclus que l'instinct conduit souvent les animaux au but où les hommes sont amenés par la force de leur raison. Au surplus, ce n'était pas la première fois que je voyais le lynx donner des preuves d'intelligence, et dans la Louisiane j'avais rencontré des animaux de cette espèce assez subtils pour donner le change aux chiens lancés sur leur piste; tantôt je les avais vus revenir sur leurs pas pour contrarier et brouiller leurs empreintes, tantôt faire un bond de côté et se cacher ensuite derrière quelque tronc d'arbre pour laisser passer leurs ennemis. Cette conduite ne m'étonna donc que médiocrement; cependant je n'en étais pas moins fort désireux de voir comment tout cela finirait, et, n'eût été cette curiosité, j'aurais pu profiter pour le tirer du moment où il passait près de moi en décrivant ses cercles. A force de s'approcher du lièvre, il finit par n'en être plus qu'à une vingtaine de pas, et, chose fort extraordinaire, celui-ci paraissait le regarder avec plus d'étonnement que de crainte. Il ne devait pas ignorer cependant qu'il avait devant lui le plus cruel de ses ennemis.

Tout d'un coup le lynx s'arrêta court, rapprocha ses quatre pieds l'un de l'autre, courba le dos comme un chat en colère, et d'un bond s'élança du côté de sa victime; avant que le lièvre eût eu le temps de se préparer à fuir, il fit un second bond et s'empara de lui. J'entendis crier la pauvre bête comme un enfant qui pleure; mais le nuage de neige soulevé par la lutte m'empêcha pendant un instant de distinguer les deux combattants. Le lièvre cessa bientôt de crier, et quand le nuage de neige se fut un peu dissipé, j'aperçus le lynx debout tenant sous ses griffes le lièvre terrassé; la pauvre bête était tout à fait morte.

Je réfléchissais au moyen de m'approcher du lynx pour le tirer à coup sûr, quand mes oreilles furent frappées d'un nouveau cri. Au même instant une grande ombre noire se dessina sur la neige. Je levai aussitôt les yeux, et constatai la présence d'un gros oiseau qui planait au-dessus du lynx à une hauteur de cent à cent cinquante pieds. Du premier coup d'œil je reconnus un aigle, que je pris d'abord pour un aiglon à tête blanche, car vous savez que les oiseaux de cette espèce n'ont la tête et la queue blanches qu'au bout de quelques années, mais les énormes dimensions de l'oiseau que je voyais me firent bientôt changer d'avis, et je compris que j'avais devant les yeux le grand aigle doré des montagnes Rocheuses.

Je supposai que cet oiseau avait eu des visées sur le lièvre, et qu'en le voyant devenir la pâture d'un autre animal il avait poussé un cri de désappointement, aussi je m'attendais à le voir s'éloigner. Mais, à ma grande surprise, il se mit à décrire quelques courbes gracieuses, puis s'abattit à côté du lynx en poussant un nouveau cri.

Le lynx, en entendant la voix de l'aigle, tressaillit, abandonna sa proie et leva les yeux. Il venait apparemment de reconnaître un adversaire, car son dos se recourba, son poil se hérissa, sa queue s'agita violemment de côté et d'autre, et ses yeux lancèrent des flammes, tandis que ses griffes et ses dents se préparaient pour le combat.

L'aigle s'abattit et s'avança la tête haute et les griffes menaçantes. Je pus alors m'assurer que ce n'était ni le grand aigle Washington ni aucun des aigles pêcheurs. D'après ce que j'ai entendu dire à Lucien, les aigles pêcheurs ont les pattes nues, il n'y a que les aigles proprement dits qui les aient couvertes de plumes.

Celui dont il est question avait les jambes emplumées, ce qui ne m'empêcha pas de remarquer ses griffes recourbées et tranchantes.

L'aigle atteignit le lynx et le blessa. Cette blessure ne fit que rendre le quadrupède plus furieux et de la place où j'étais je l'entendis gronder comme un chat en colère, mais avec un accent beaucoup plus fort.

L'aigle remonta en l'air, décrivit quelques cercles, puis s'abattit de nouveau. Le lynx s'était avancé pour le recevoir. Le choc fut si violent, que j'entendis le bruit de leurs corps qui se heurtaient. Je supposai que l'aigle devait avoir reçu quelque blessure grave dans cette seconde rencontre, car il ne put parvenir à s'envoler, et la lutte continua à terre. Le lynx faisait tous ses efforts pour mettre la dent ou la griffe sur son adversaire, mais malgré tout son courage il était tenu à distance par l'oiseau, qui se défendait bravement des ailes, du bec et des pattes. Les rôles étaient changés, c'était le lynx qui attaquait et l'aigle qui se défendait. Le quadrupède s'élançait à chaque instant sur l'oiseau, qui s'était couché le dos sur la neige et le recevait sur ses griffes. Les plumes et les poils volaient de tous côtés, et les combattants soulevaient un tel nuage de neige que pendant un instant je les perdis complètement de vue. Tout entier à l'attrait de ce spectacle étrange, j'oubliais mes propres affaires. Heureusement je me les rappelai à temps, et venant à penser que je ne retrouverais pas une meilleure occasion de tirer le lynx et l'aigle, je sortis de derrière les broussailles et m'avançai silencieusement en tenant Marengo en laisse.

Je n'avais qu'une seule balle à tirer et ne pouvais par conséquent espérer de tuer le quadrupède et l'oiseau ; mais comme je savais que le quadrupède était mangeable et que je n'avais pas la même certitude à l'égard de l'oiseau, mon choix fut bientôt fait, et ce fut le lynx que j'ajustai. A ma grande surprise, l'aigle ne s'envola pas, et ce fut alors seulement que j'acquis la conviction que le lynx lui avait cassé une aile. Tout blessé qu'il fût, il avait encore assez de force pour donner de la tablature à Marengo, qui eut beaucoup de peine à s'en emparer. Quant au lynx, il avait été tué sur le coup, sa peau était déchirée en plusieurs endroits, et l'aigle, comme vous pouvez le voir, lui avait littéralement arraché un œil.

Ce fut là que Basile termina sa narration.

Après quelques instants employés à mettre du bois dans le feu, Norman commença à son tour le récit de ce qui lui était arrivé.

CHAPITRE XXXVII

LE MONITEUR ET LE CARIBOU.

— Mes aventures, dit-il, ne sont pas bien intéressantes. Je les appellerai pourtant des aventures d'oiseau comme les précédentes, car le fait est que c'est grâce à un oiseau que j'ai quelque chose à vous raconter en ce moment. Je n'ai tué qu'un daim, mais peut-être ne serez-vous pas fâchés d'apprendre comment j'ai été conduit à rencontrer cet animal.

La première chose que je fis après vous avoir quittés fut de grimper sur cette colline là-bas.

Et, en parlant ainsi, Norman désignait du doigt un coteau qui s'élevait sur la rive opposée du lac, dans la direction qu'il avait prise en se séparant de François, car les deux frères avaient tiré à droite tandis qu'il allait à gauche.

— Je ne rencontrai rien absolument, continua-t-il, ni plume, ni poil, ni empreinte jusqu'au sommet de cette colline. La vue embrassait, de ce point élevé, une grande étendue de pays. Je pus me convaincre que toute la campagne environnante était rocheuse, sans un seul brin de bois, et j'en conjecturai qu'elle ne devait pas renfermer grand gibier. Ce n'est pas là qu'il faut aller, me dis-je ; et aussitôt je partis en longeant la colline dans une direction parallèle à celle prise par l'ami François, dans l'espoir qu'il ferait peut-être lever quelque gibier qui se réfugierait de mon côté.

J'allais tourner à gauche, quand j'entendis crier au-dessus de ma tête. Je levai les yeux en l'air, et j'aperçus un oiseau qui volait au-dessus de la masse de rochers au milieu desquels je cheminais.

Cet oiseau me parut fort singulier, et je le pris pour un hibou, quoique je lui trouvasse certains rapports avec le faucon. Il participait de l'un et de l'autre de ces deux oiseaux.

— Tu ne t'es pas trompé, Norman, interrompit Lucien, l'oiseau que tu as rencontré doit être un hibou de jour. Cet oiseau est particulier aux régions septentrionales, et se rapproche assez du faucon tant par la forme que par les habitudes. La force des choses contraint cet animal à déroger aux habitudes de sa famille, et il devient chasseur de jour, parce qu'il lui est impossible de toujours chasser la nuit dans un climat où il y a un jour d'été qui n'a pas moins de plusieurs semaines de durée.

Il a, comme les hibous, la face large et la tête couverte d'un plumage épais. Ses oreilles diffèrent beaucoup de celles de ses congénères. Elles sont moins grandes que celles des autres oiseaux de proie, et ne sont pas operculées comme celles du véritable hibou. Le petit hibou (*strix funerea*), autre oiseau des régions arctiques, appartient à l'espèce dont nous parlons.

— Tout cela peut être vrai, reprit Norman ; quant à moi, cousin Lucien, tout ce que je sais de l'oiseau dont je vous parle, c'est que c'est une des créatures les plus singulières que je connaisse. Il n'est guère plus gros qu'un pigeon, son plumage est d'un brun moucheté; mais ce qui le rend digne d'attention, c'est qu'aussitôt qu'il aperçoit quelque chose en mouvement, homme ou animal, il le suit en volant, et ne cesse de faire entendre un cri aigu comme celui d'un enfant, et qui n'est rien moins qu'agréable. Il agit de la sorte en toute circonstance, et ne se contente pas de suivre ceux qui passent à portée de son nid, comme le pluvier et les autres oiseaux, on l'a vu plus d'une fois suivre les voyageurs pendant des heures entières. C'est pour cette particularité que les Indiens l'appellent *moniteur* ou *donneur d'avis*, car c'est pour eux une sentinelle vigilante qui les avertit de l'approche des étrangers et de leurs ennemis. Il sert aussi souvent à indiquer au chasseur la présence du gibier; aussi est-il en grande faveur chez les Indiens, qui se servent des indications fournies par ses cris et son vol pour découvrir le daim et le bœuf musqué.

C'est ce même oiseau qui m'a aujourd'hui servi de guide. Je devinai, d'après ses mouvements, qu'il devait y avoir quelque chose au milieu des rochers; j'ignorais ce que cela pouvait être, mais j'espérai sur la présence de quelque gibier bon à manger. Je changeai ma route, et me dirigeai vers le lieu où m'appelaient les cris du donneur d'avis.

L'endroit que je voulais gagner était éloigné d'environ un demi-mille; il me fallut, pour y arriver, passer à travers une masse de rochers. Je ne voulais pas attirer l'attention de l'oiseau, dans la crainte qu'il ne vînt voler au-dessus de ma tête, et donner par ses cris l'éveil au gibier à la recherche duquel je marchais. Je m'avançais avec toutes les précautions possibles, me cachant derrière les rochers, mais je ne pus prévenir ce que je voulais empêcher : l'oiseau m'aperçut, et vint en criant voler au-dessus de ma tête. Ayant de la sorte perdu mon guide, je ne tardai pas à revenir sur mes propres traces et à m'égarer complétement. Il n'y avait pas moyen de rien faire tant que l'oiseau ne se serait pas éloigné de moi pour reprendre sa position à la suite de l'animal qui l'occupait d'abord. Pour l'éloigner, je me glissai sous une anfractuosité de rochers, et m'y cachai. Le moniteur ayant cessé de me voir, tourna quelque temps en l'air au-dessus de ma tête, puis s'éloigna.

Je suivis la direction de son vol, et bientôt je pus me passer de mon guide ailé, car je vis s'ouvrir devant moi un grand espace découvert, dans lequel devait se trouver indubitablement le gibier que je cherchais.

Je ne me trompais pas. En tournant la pointe d'un rocher, j'aperçus un troupeau d'animaux encornés qui ne comptait pas moins d'une cinquantaine de têtes. Je n'eus pas de peine à reconnaître des rennes, seuls quadrupèdes à cornes qui fréquentent la Terre Maudite pendant l'hiver. Tous les autres daims sont à cette époque retirés dans les bois.

Quelques-uns de ces rennes écartaient la neige avec leurs pieds, pour mettre à découvert la mousse dont ils font leur principale nourriture, tandis que d'autres, établis au milieu des rochers, arrachaient le lichen avec leurs dents. Heureusement je me trouvais sous le vent, sans quoi l'odorat si subtil de ces animaux m'eût flairé avant que j'eusse pu les approcher. Je ne craignais pas de les effrayer tant qu'ils ne verraient qu'une partie de mon corps; car ces rennes sont si stupides ou plutôt si curieux, qu'il suffit de la moindre chose pour fixer leur attention, et leur faire oublier le soin de leur propre sûreté.

Pour captiver plus sûrement leur attention, j'usai d'une ruse qui m'avait réussi déjà plus d'une fois. C'est la chose la plus simple du monde, et je me mis à remuer le canon de mon fusil de haut en bas, en imitant autant que possible le mouvement des cornes des rennes lorsque ceux-ci se frottent le cou contre un arbre ou un rocher. Si j'avais eu une paire de cornes à ma disposition, c'eût été meilleur sans doute, mais je n'avais que mon fusil, et je dus m'en contenter.

Les rennes ne paraissaient pas très-timides, il y avait sans doute longtemps qu'ils n'avaient été chassés, ils me laissèrent approcher d'autant plus volontiers que, pour assurer le succès de ma ruse, en même temps que j'agitais mon fusil, j'imitais avec mes lèvres le bramement de ces animaux. En peu de temps j'en eus plusieurs à la portée de ma carabine, j'en ajustai un, je tirai et je l'étendis roide mort, le reste prit la fuite.

Là, continua Norman, se termine mon aventure, à moins que vous ne vouliez que je vous parle du trajet qu'il me fallut faire pour revenir au camp avec un poids de plus de cent livres sur le dos, ce qui n'est pas, je vous assure, la partie la plus agréable de mon histoire.

Norman se tut, et la conversation, dont son récit avait fourni le sujet, roula pendant quelque temps sur les daims, les rennes et autres animaux de même espèce, désignés en Amérique sous le nom générique de caribous.

— Le renne se trouve, dit Lucien, dans les régions septentrionales de l'Europe, de l'Asie et de l'Amérique, c'est le *cervus tarandus* des naturalistes ; on en compte plusieurs variétés, qui pourraient aussi bien être considérées comme des espèces différentes.

Ceux de Laponie sont à bon droit les plus célèbres, car ils fournissent aux habitants de ces tristes contrées la nourriture et le vêtement, et leur servent aussi de bêtes de trait ; ce sont eux qu'on attelle aux traîneaux.

Les Tongouses, peuplades du nord de l'Asie, possèdent un renne plus grand que toutes les espèces connues, qu'ils montent comme nous montons les chevaux. Les habitants du Kamstchatka ont d'immenses troupeaux de rennes, les riches propriétaires de ces contrées possèdent souvent de dix à vingt mille de ces animaux.

Il n'est pas certain que le renne d'Amérique soit de la même espèce que celui d'Europe et d'Asie ; ce renne compte deux variétés bien distinctes auxquelles on pourrait même, je crois, en ajouter une troisième. L'une est le caribou de la Terre Maudite, l'autre le caribou des bois.

Le premier de ces deux rennes est l'animal le plus petit de la famille des daims. Les mâles ne pèsent jamais au-dessus de cent livres. Comme son nom l'indique suffisamment, il fréquente de préférence le sol pierreux de la Terre Maudite ; pendant l'hiver, néanmoins, il se réfugie assez souvent dans les bois. Sur le territoire de la Terre Maudite et sur les côtes désolées des îles de la mer Polaire, le renne est la seule espèce de daim que l'on rencontre ; toutefois, à l'embouchure du fleuve Mackenzie, existent de grandes vallées boisées où l'on trouve aussi l'élan.

La nature semble avoir créé le caribou tout exprès pour habiter les rochers désolés de la Terre Maudite. Un sol plus fertile et un climat plus doux lui conviendraient moins, car il n'y trouverait ni les mousses ni les lichens qui sont sa nourriture de prédilection. Pendant le court été des régions polaires, cet animal abandonne la Terre Maudite pour pousser encore plus au nord. Aussi loin que les navigateurs se soient avancés vers le pôle, ils ont rencontré ce quadrupède, qui fréquente les îles de la mer Polaire, et ne les quitte qu'à l'approche de l'hiver, à une époque où les glaces qui couvrent la mer lui permettent de regagner les côtes du continent.

Le caribou des bois est plus grand que le précédent. Un faon de cette espèce est aussi gros qu'un renne mâle de la Terre Maudite. Cependant ce dernier a les cornes plus larges et plus branchues. On trouve le caribou sur les côtes de la baie d'Hudson et dans toutes les parties boisées au sud du pays des fourrures, mais il ne pénètre jamais dans l'enceinte rocheuse de la Terre Maudite.

Cet animal émigre tous les ans, et par un contraste singulier, tandis que son congénère de la Terre Maudite se dirige au nord vers les côtes de la mer Polaire, il gagne de son côté des régions plus méridionales. Tant de différence dans la forme et surtout dans les habitudes me porteraient à croire que ces deux animaux sont non pas des variétés, mais des espèces distinctes. La chair du caribou des bois n'est pas à beaucoup près aussi estimée que celle de l'autre caribou, et comme il habite des pays boisés, où l'on trouve en grande quantité des animaux plus gras et meilleurs à manger, il ne compte pas pour grand'chose dans l'économie de la vie humaine.

Il en est tout autrement du caribou de la Terre Maudite, qui est indispensable à l'existence de plusieurs tribus d'Indiens et d'Esquimaux, et bien que ces peuplades grossières n'aient pas encore trouvé le moyen d'apprivoiser le caribou et de l'utiliser pour les travaux domestiques, sa chair fournit à leur alimentation, et il n'est pas une seule partie de son corps dont ils ne sachent tirer parti. Les cornes servent à faire des lances, des harpons et des instruments de toute espèce. Les os, fendus et aiguisés, servent de couteaux; les peaux fournissent les vêtements, les matelas, les couvertures et les tentes. Le cuir tanné est utilisé pour les courroies, les lignes, les câbles et toute espèce de cordages; les courroies les plus fines servent pour la confection des chaussures à neige, chose indispensable à ces peuplades. Leurs filets à poissons ne sont pas faits d'autre matière, tandis que les tendons et les muscles, divisés en filaments, fournissent un excellent fil pour la confection des vêtements. Indépendamment de tant de services, la chair du caribou fournit encore à l'alimentation des Indiens et des Esquimaux pendant la plus grande partie de l'année. Il n'y a pas une partie de l'animal, excepté les cornes, lorsqu'elles sont dans le velours, qui ne soit mangée par les sauvages, et si un événement quelconque venait à faire disparaître les caribous de ces contrées, les malheureux habitants mourraient bientôt de misère et de faim.

Cet animal n'est pas difficile à approcher, surtout pendant l'été. A cette époque de l'année les Indiens en tuent en grande quantité.

Après ces diverses explications données par Lucien, Norman prit la parole à son tour pour expliquer à ses compagnons les différents modes de chasse employés par les Indiens et les Esquimaux pour s'emparer du caribou. Il signala surtout à leur attention une espèce de traquenard pratiqué dans la neige par les Esquimaux.

— Ce traquenard, dit-il, consiste en une sorte de construction de neige disposée comme une hutte. Un plan incliné conduit au haut de cette construction, qui a cinq ou six pieds d'élévation, et dont l'intérieur est assez spacieux pour contenir plusieurs daims à la fois. Figurez-vous une cabane dont on aurait enlevé le toit, et dont les murailles seraient à pic, de manière qu'il fût impossible au daim d'arriver au sommet autrement que par le plan incliné dont je vous ai parlé. A la partie la plus élevée de ce plan incliné, on établit une planche à bascule qu'on recouvre de neige. Le haut des murailles de la cahute est recouvert de lichens et de mousses, destinés à servir d'appât. Le daim gravit le plan incliné, fait jouer la bascule, et se trouve précipité dans l'intérieur du piège, où il est entouré de tous côtés par un mur de cinq ou six pieds qui l'empêche de sortir; au même instant la bascule se replace par son propre poids, et le piège se trouve prêt à recevoir un autre imprudent visiteur. Il arrrive souvent qu'on prend de la sorte plusieurs daims dans la même journée.

Norman, qui connaissait aussi une autre sorte de chasse à l'usage des Esquimaux, proposa à ses compagnons de se mettre le lendemain à la recherche du troupeau de rennes, se faisant fort de leur montrer comment les choses se pratiquaient, et leur assurant une réussite certaine. La proposition était trop engageante pour être refusée, et c'eût été une bonne fortune inappréciable que de pouvoir tuer plusieurs animaux et de se faire ainsi une bonne provision de viande. Il est vrai qu'ils en avaient pour plusieurs jours, mais qui pouvait savoir ce qui leur était destiné? Leur voyage pouvait encore se prolonger pendant des semaines et même pendant des mois entiers. Ils supposaient

15.

qu'ils ne devaient pas être très-éloignés des régions boisées qui bordent le Mackenzie ; mais bien qu'ils eussent la chance d'y rencontrer du gibier en plus grande abondance que dans les pays qu'ils avaient traversés, ils ne jugèrent pas moins prudent de profiter de la présence du troupeau de rennes et d'utiliser la science de Norman.

En conséquence ils résolurent de faire une grande chasse, et de rester campés pendant quelques jours à la place où ils se trouvaient.

CHAPITRE XXXVIII

BATAILLE AVEC LES LOUPS.

Le lendemain matin, la petite troupe fut debout au lever de l'aurore, ce qui n'était pas encore de très-bonne heure, car on était au milieu de l'hiver et à quatre degrés seulement du cercle polaire, et toute la journée était nécessaire pour une chasse qui pouvait se prolonger, car il n'était pas impossible que les daims se fissent chasser longtemps avant de se laisser prendre.

Le gibier tué la veille ne pouvait demeurer sans gardien, il fut décidé que Lucien resterait au camp. On eût bien pu pendre la viande aux branches des arbres, mais ce moyen, excellent contre les loups, était insuffisant contre les lynx et les wolverènes, qui tous deux sont d'excellents grimpeurs, et l'on avait de fortes raisons de croire qu'il y avait des wolverènes dans le voisinage ; ces bêtes de proie ne manquent jamais de se trouver dans les parties du pays des fourrures fréquentées par d'autres animaux. D'ailleurs, les aigles, les faucons et les hibous auraient pu sans difficulté s'emparer des perdrix accrochées aux branches d'arbres.

On songea un instant à cacher tout le gibier sous la neige, mais Norman fit observer avec raison que les renards trouveraient moyen de l'en tirer en un clin d'œil. Quelqu'un proposa de le cacher sous un tas de pierres, mais il fallut encore renoncer à ce moyen dans la crainte des wolverènes, qui n'auraient pas manqué de renverser toutes ces pierres les unes après les autres à l'aide de leurs pattes, beaucoup plus fortes que le bras d'un homme. Il n'était pas impossible d'ailleurs que le gibier fût éventé par quelque ours brun, espèce particulière à la Terre Maudite, et de force à renverser tout échafaudage construit dans le but de préserver la viande.

En un mot, il parut plus sage de confier les provisions à la garde d'un des quatre voyageurs, et Lucien, qui était le moins amateur de chasse, consentit volontiers à demeurer au camp.

Les préparatifs furent bientôt terminés, et les trois chasseurs partirent pour leur expédition.

Ils ne se dirigèrent pas directement vers le lieu où Norman avait aperçu la veille le troupeau de daims; celui-ci, pour avoir l'avantage du vent, leur fit prendre un chemin détourné derrière la colline. Norman, en chasseur expérimenté, savait que le caribou ne manque jamais, quand il paît, de se placer le nez dans le vent, et il espérait pouvoir le surprendre en le prenant sous le vent. Ce détour les allongea considérablement, mais ils finirent pourtant par arriver sur la piste du troupeau.

Pendant ce temps Lucien, abandonné à lui-même, était loin de rester inactif; il avait à s'occuper de préparer son gibier et à le mettre en état d'être transporté facilement, opération qui consistait simplement à l'écorcher et à le couper par morceaux, sans avoir besoin ni de le saler ni de le faire cuire, car dans ces climats rigoureux la viande se gèle et se conserve dans cet état jusqu'à la fin de l'hiver.

Le loup fut dépouillé comme les autres, quoiqu'on n'en voulût qu'à sa peau et qu'on n'eût alors aucune prétention sur sa chair. Deux jours auparavant on s'en fût pourtant régalé. Ce ne serait pas d'ailleurs la première fois qu'on aurait mangé de la chair de loup, car il est arrivé bien souvent aux Indiens, aux voyageurs et aux chasseurs de fourrures d'être forcés de se contenter, à défaut d'autre, de cette détestable nourriture, et de s'estimer heureux de l'avoir à leur disposition.

L'hermine et la souris furent, avec le loup, les seules dont on dédaigna la chair. Mais Lucien conserva avec soin celle du renard polaire et du lynx, qui passe avec raison dans ces contrées pour un mets aussi délicat que celle des lièvres, dont ils se nourrissent l'un et l'autre. Le hibou de neige, le gerfaut et l'aigle étaient au moins aussi délicats que les tétras. Il n'en est point ainsi du faucon pêcheur et de l'aigle à tête chauve, dont la chair a un goût rance et désagréable par suite de leur nourriture habituelle, qui consiste en poisson. Il n'y avait point à craindre de tomber sur un de ces oiseaux pêcheurs, qu'on ne rencontre jamais qu'aux approches des eaux vives, car tous ces oiseaux émigrent pendant l'hiver vers des climats moins rigoureux où les rivières et les lacs ne sont pas couverts de glace.

Lucien n'était point allé, comme ses frères, à la recherche des aventures, il en eut cependant quelques-unes qui vinrent le trouver elles-mêmes. Pendant qu'il était occupé à plumer les tétras, il aperçut une ombre qui se dessinait sur la neige. Il leva les yeux, et vit que cette ombre était produite par un grand oiseau presque aussi gros qu'un aigle, qui volait lentement en décrivant des cercles. Son plumage était d'un brun tacheté. A son cou ramassé et à sa grosse tête ronde, le jeune naturaliste n'eut pas de peine à reconnaître que ce visiteur appartenait à la famille des hibous. C'était le plus gros hibou que Lucien eût encore jamais vu, et, en effet, il appartenait à l'espèce cendrée (*strix cinerea*), la plus grande de celles connues en Amérique. Cet oiseau, comme je l'ai dit, volait au-dessus de la tête de Lucien, à près de deux cents pieds en l'air, et semblait accorder une attention toute particulière aux travaux de Lucien, aux opérations duquel il eût volontiers pris part. Chaque fois que Lucien prenait son fusil et cherchait à le mettre en joue, il s'envolait plus loin et se mettait hors de portée.

Lucien, piqué au jeu, était d'ailleurs fort désireux de s'emparer de cet oiseau, qui le tentait sous le double rapport de la cuisine et de l'étude. Mais le hibou, de son côté, paraissait se soucier fort peu de figurer soit dans le garde-manger, soit dans une collection d'histoire naturelle.

Le jeune chasseur eut alors recours à la ruse : il prit un des tétras et le jeta sur la neige à une trentaine de pas de distance. Le hibou n'aperçut pas plutôt ce morceau tentateur, qu'oubliant à la fois la prudence et la crainte, il s'abattit sur le tétras et le saisit entre ses serres. Il allait s'envoler avec sa proie, si Lucien n'y avait mis bon ordre en lui envoyant une balle qui l'étendit roide mort sur la neige.

Le chasseur, enchanté de son coup, après avoir ramassé le hibou, vint s'asseoir auprès du feu et se mit à examiner attentivement sa capture. L'oiseau, qu'il prit la peine de mesurer, avait juste deux pieds de long de la pointe du bec à l'extrémité de la queue. Son envergure était de cinq pieds; son plumage d'un beau brun était moucheté de taches blanches, son bec et ses pattes étaient d'un jaune d'or. Comme tous les hiboux qui passent l'hiver dans les régions polaires, il avait les pieds garnis de plumes. Lucien se rappela que cet oiseau passe pour ne pas quitter le voisinage des bois, et cette circonstance le confirma davantage dans l'opinion qu'ils ne devaient pas être loin des régions boisées.

Il venait à peine de terminer l'examen de son hibou, quand son attention fut appelée sur un incident d'une tout autre nature.

Sur la rive du lac opposée à celle où le camp était établi, s'élevait une colline ou plutôt un coteau que je crois avoir déjà mentionné.

Ce coteau faisait face au lac, au bord duquel il s'élevait graduellement en présentant une pente dégarnie d'arbres et de végétation, et entièrement recouverte d'une couche uniforme de neige. Du camp où était Lucien on voyait parfaitement toute cette pente.

Lucien était donc tranquillement assis auprès du feu, quand ses oreilles furent frappées d'un son ou plutôt d'une suite de sons ressemblant assez aux aboiements d'une meute. Lucien crut d'abord que c'était Marengo qui chassait quelque gibier à vue; mais, en écoutant plus attentivement, il reconnut que ces accents ne pouvaient provenir d'un seul animal, et qu'ils ressemblaient bien plus à des hurlements de loups qu'à des aboiements de chien.

Cette dernière supposition se trouva bientôt vérifiée, car quelques instants après on vit apparaître un renne lancé à toute vitesse sur la pente du coteau et se dirigeant vers le lac. A vingt pas derrière lui courait une bande d'animaux hurlant à qui mieux mieux. Ces animaux, au nombre de douze, chassaient exactement comme une meute lancée à vue. Un coup d'œil suffit à Lucien pour reconnaître des loups. Quelques-uns étaient blancs et gris, les autres étaient tout blancs; quelques-uns étaient aussi gros que le caribou qu'ils chassaient, car dans les environs du grand lac de l'Esclave ces animaux atteignent parfois des dimensions extraordinaires.

Le caribou gagnait sur les loups en descendant le coteau. Il était évident qu'il se dirigeait vers le lac, trompé qu'il était par la surface glacée qu'il prenait pour de l'eau, et dans l'espoir que cet élément arrêterait ceux qui le poursuivaient, car le caribou est un habile nageur, et toutes les fois qu'on le chasse il cherche à gagner l'eau pour se débarrasser des chiens et des hommes.

Le caribou et les loups arrivèrent bientôt au pied du coteau. La chasse se poursuivait toujours. Le caribou conservait son avantage, et paraissait excité par la vue du lac, qui produisait sur ses adversaires un effet tout opposé, car ceux-ci savaient fort bien qu'ils n'étaient pas de force à le suivre à la nage. Au surplus, ils n'eurent guère le temps ni les uns ni les autres de se livrer à ces réflexions, car poursuivants et poursuivis furent en quelques secondes au bord même du lac.

En arrivant près de l'eau le caribou ne s'arrêta pas, mais bondit au contraire, et s'élança comme pour plonger; mais, à sa grande surprise, ses pieds rencontrèrent la glace. L'élan fut tel, qu'il glissa sur la surface polie comme un patineur lancé à toute vitesse; mais son désappointement lui ôtait une partie de ses forces. Il se rendait parfaitement compte que ses adversaires, avec leurs pattes armées d'ongles, avaient dorénavant un grand avantage sur lui. Cette défiance, jointe à la difficulté du terrain, le fit broncher et plier les genoux à plusieurs reprises. Les loups, de leur côté, ne tardèrent pas à s'apercevoir de leurs avantages, et leur ardeur en redoubla d'autant. Pendant que le caribou glissait à chaque pas, ses adversaires tenaient ferme sur la glace, et bientôt Lucien vit le plus grand de la troupe prendre les devants et s'élancer sur le caribou, qu'il atteignit aux flancs. L'animal blessé glissa et tomba sur le côté. Cet incident termina la chasse, et la curée commença. Les loups arrivèrent les uns après les autres, se précipitèrent sur l'animal abattu, et se mirent à le dévorer à belles dents.

C'était à peu près vers le milieu du lac que le caribou avait été abattu. Au moment même où Lucien l'avait vu engagé sur la glace, il avait pris son fusil et s'était avancé à sa rencontre dans l'espoir de le trouver à moitié route et de le tuer. L'accident arrivé au caribou ne l'empêcha pas de continuer sa route, et il s'approcha dans l'intention d'écarter les loups et de s'emparer de leur proie. Quand il ne fut plus qu'à une vingtaine de pas de la bande, et qu'il s'aperçut que ces animaux voraces continuaient à dévorer le caribou sans s'effrayer de sa présence, il commença à réfléchir qu'il serait peut-être imprudent à lui de s'aventurer plus avant. En même temps il se persuada qu'un coup de feu suffirait pour les effrayer, et sans plus de réflexion il tira sur eux.

Un des loups tomba mort sur le coup; mais les autres, au lieu de paraître effrayés et de prendre la fuite comme Lucien s'y était attendu, s'élancèrent, à sa grande surprise, sur leur camarade, et se mirent à le déchirer avec non moins d'acharnement que le daim. Cette vue fit naître quelques craintes dans l'esprit de Lucien, ces craintes ne tardèrent pas à redoubler, car il s'aperçut que ceux des loups qui ne pouvaient prendre part au festin commençaient à le regarder avec des yeux furieux. Ce n'était pas sans raison que Lucien avait peur, car sa position était des plus difficiles. Il se trouvait au milieu d'un lac glacé où ses pas étaient mal assurés. S'il essayait de regagner le camp, les loups, le voyant fuir, se lanceraient à sa poursuite et l'attraperaient en quelques bonds. Il savait d'ailleurs que s'il manifestait la moindre crainte il était perdu, et que ces bêtes féroces ne manqueraient pas de l'assaillir aussitôt.

Il demeura quelques instants dans l'irrésolution. Il avait bien commencé à charger son fusil; mais ses doigts roidis par le froid rendaient cette opération très-difficile, et il lui fallut longtemps avant que l'arme fût préparée pour un nouveau coup. Il finit pourtant par y réussir; mais il se donna bien de garde de décharger tout de suite son arme, et la garda au contraire pour le moment de la crise. Il voulait essayer de retourner au camp, près duquel se trouvaient quelques arbres, afin d'être à même de grimper sur l'un d'eux dans le cas où les loups se détermineraient à l'attaquer. Comme il était fort dangereux de tourner le dos aux loups, il se mit à marcher à reculons, les yeux toujours fixés sur la bande affamée.

Il avait à peine fait quelques pas, qu'il vit à sa grande terreur les loups se mettre en mouvement et s'avancer de son côté. Lucien comprit que continuer sa retraite, c'était les attirer vers lui; il s'arrêta donc, et se tint prêt à faire feu. Les loups, qui n'étaient plus maintenant qu'à vingt pas de lui, adoptèrent une nouvelle manœuvre. Ils se divisèrent en deux bandes, dont l'une prit à gauche et l'autre à droite, dans le but de l'attaquer par derrière. La retraite lui fut bientôt coupée.

Il se trouvait alors le centre d'un cercle de bêtes féroces, dont le diamètre allait se rétrécissant à chaque instant. La situation était effrayante, elle eût ému l'homme le plus vigoureusement trempé, et Lucien se sentit terrifié. Il se mit à crier de toutes ses forces et fit feu en même temps sur l'animal qui se trouvait le plus près de lui. Le loup tomba, mais ses compagnons n'en parurent point effrayés, et sa mort ne fit au contraire que redoubler leur fureur. Lucien n'avait plus qu'une ressource, c'était de se servir de son fusil comme d'une massue : il le prit par le canon et le fit tourner autour de lui ; mais il ne se tenait qu'avec peine sur la glace, et ses efforts faiblissaient à chaque instant.

S'il eût eu le malheur de tomber en cet instant, c'en était fait de lui, car les loups l'auraient aussitôt assailli et se fussent élancés sur lui comme des tigres. Il commençait à perdre l'espoir, les dents des monstres furieux brillaient à ses yeux comme des éclairs et lui donnaient des éblouissements ; il sentait ses forces diminuer, cependant il se roidissait contre l'épuisement et continuait à faire tourner son fusil avec l'énergie du désespoir.

Cette lutte ne pouvait se continuer longtemps de la sorte, et Lucien devait succomber infailliblement si la Providence ne venait à son secours. Heureusement qu'elle ne l'oubliait pas. Un grand bruit se fit en ce moment sur le sommet de la colline, c'étaient les chasseurs qui revenaient. Lucien les appela à son secours, et ils accoururent à ses cris de toute la vitesse de leurs jambes. Les loups, tout entiers à leur attaque, ne s'étaient pas aperçus de l'approche des nouveaux venus. Les coups de fusil et de pistolet leur apprirent qu'ils s'étaient laissé surprendre. Plusieurs d'entre eux tombèrent morts ou blessés, le reste prit la fuite en poussant des hurlements affreux. En un clin d'œil ils eurent abandonné la vallée. Lucien, à moitié mort de fatigue, était tombé dans les bras de ses libérateurs.

Sept loups périrent dans cette affaire, deux avaient été tués par Lucien lui-même ; sur les cinq autres deux n'étaient que blessés, mais si grièvement qu'ils ne purent s'enfuir, et que Marengo les étrangla sans peine.

Cette journée, qui avait failli devenir si fatale au pauvre Lucien, avait cependant été une des meilleures que nos chasseurs eussent encore faite, car ils avaient rencontré le troupeau de caribous et en avaient tué trois. Ils étaient en train de les apporter au camp; mais en entendant les cris de Lucien ils les avaient laissés sur la colline et étaient accourus à son secours. On retourna les chercher, et bientôt nos quatre jeunes gens eurent la satisfaction de manger autour d'un feu brillant de tranches savoureuses de venaison.

Lucien, remis de sa fatigue et de ses émotions, égaya la soirée par le récit des aventures qui lui étaient arrivées pendant l'absence de ses compagnons.

CHAPITRE XXXIX

LES LOUPS ET LE MÉNÉTRIER.

Les émotions de la journée avaient été si violentes, qu'aucun de nos voyageurs ne se sentait envie de dormir; la coupe de thé circulait à la ronde, et la conversation était tout naturellement revenue sur ces terribles loups dont la rencontre avait failli être si fatale au pauvre Lucien, quand Norman proposa à ses compagnons de leur raconter une aventure où les loups jouaient le principal rôle. Cette proposition n'était pas de celles qu'on refuse, et le jeune orateur obtint aussitôt la parole d'un consentement unanime.

« Les loups, dit-il, sont, comme vous savez, les animaux de proie les plus répandus; ce sont, par suite, ceux dont l'extermination présente les plus grandes difficultés. On les trouve partout; leur caractère sauvage et bassement féroce est en tous lieux le même; leurs habitudes de lâcheté, leurs cris hideux, leur voracité sans exemple, les font à juste titre haïr et mépriser de tout le monde. Je suis de l'avis général, et n'ai jamais eu pour eux aucune espèce de sympathie, et l'affaire d'aujourd'hui, vous pouvez m'en croire, n'a pas modifié ma façon de penser. Cependant je me rappelle, à leur sujet, une histoire que je veux vous raconter et qui est tout à leur honneur, car elle tend à prouver qu'ils ne sont pas aussi dénués de sensibilité qu'on le croit généralement.

l'époque des premiers établissements dans le sud du Kentucky, le pays se trouvait littéralement infesté de loups. Des bandes de ces animaux, sortis des forêts du Nord, refluaient sur les bords boisés de la rivière Verte, et principalement dans le voisinage de Henderson, pays situé sur l'Ohio, un peu au-dessus de l'embouchure de la rivière Verte. Les étables avaient considérablement à souffrir de ce dangereux voisinage, et il ne se passait pas de jour d'hiver où l'on ne se plaignît dans les fermes de veaux, de cochons et de moutons enlevés par ces voleurs déterminés. Ils poussaient même quelquefois l'audace jusqu'à attaquer les hommes; car les loups, qui n'avaient point encore à cette époque appris à se méfier des armes à feu, n'hésitaient point, lorsqu'ils étaient pressés par la faim, à attaquer le voyageur attardé que le hasard plaçait sur leur passage. J'ai lu à cet égard maintes aventures aussi intéressantes que curieuses; mais aucune ne m'a frappé davantage que l'histoire de Dick le ménétrier.

Dick était un vieux mulâtre assez paresseux de son naturel, et à peu près propre à rien, dont le seul mérite consistait à jouer du violon; mais ce seul mérite suffisait pour faire du vieux Dick le mulâtre le plus important de toute la contrée. Aucune fête ne se donnait, aucun plaisir ne se prenait à quarante milles à la ronde, sans qu'on y appelât le vieux ménétrier et son archet.

Dick était esclave, et appartenait à l'un de ces Henderson qui ont donné leur nom à la ville et au pays environnant. Ce vieillard était aimé de tout le monde, et son maître avait pour lui beaucoup d'égards. On lui laissait la libre disposition de son temps, et il avait la permission de promener son archet dans tout le voisinage, car on savait qu'il avait la propriété de chasser de l'esprit des nègres les tristes préoccupations qui trop souvent mènent à la paresse et à l'insubordination. En vrai musicien qu'il était, Dick attachait à son art une importance exagérée peut-être, et comptait parmi ses vertus celle d'être exact et ponctuel à tous les rendez-vous qu'on lui donnait. D'une timidité et d'une bonté devenues proverbiales dans le pays, il se montrait colère jusqu'à la férocité sitôt qu'un accident imprévu le forçait de manquer à ce qu'il appelait les lois de l'étiquette, c'est-à-dire à l'exactitude, et il était véritablement malheureux lorsqu'il se voyait forcé de retarder de quelques instants son arrivée aux lieux où il savait que l'on attendait son violon. Or, un jour il y avait grand festival parmi la gent négresse d'une plantation voisine, à six milles environ de celle qu'il habitait, et Dick en avait été nommé chef d'orchestre et maître des cérémonies. Cette fête avait lieu au cœur de l'hiver, et d'un hiver plus rigoureux qu'il ne l'est ordinairement dans ce pays; car une neige épaisse couvrait la terre, quand, le soir venu, notre homme, après avoir vêtu ses habits de gala, se mit en route, son violon à la main, pour gagner le lieu où il était attendu.

Les jeunes noirs de l'habitation également invités à cette fête, étaient partis chacun de leur côté, et notre homme voyageait seul. Il n'y avait pas de lune; quelques rares étoiles brillaient au ciel, et c'est à peine si le noir Orphée pouvait distinguer la route couverte de neige qui craquait sous ses pieds à mesure qu'il avançait. Cette route n'était, à vrai dire, qu'un étroit sentier irrégulièrement tracé dans les profondeurs d'une forêt presque encore aussi sauvage qu'à l'époque où les Indiens étaient maîtres du pays.

Le temps était si sombre, la solitude était si profonde, que l'homme le plus brave s'en fût sans doute effrayé; mais le vieux Dick ne s'en occupait nullement, tout absorbé qu'il était par une idée fixe : arriver à temps au lieu où il était attendu. Il voyait passer devant lui des visions qui aiguillonnaient sa marche; c'étaient des groupes de noires danseuses et de sylphides à la peau d'ébène, qui frappaient avec impatience le sol du pied, et semblaient attendre en maugréant celui qui devait donner le signal du plaisir. Le fait est que le vieux Dick avait employé trop de temps à polir les boutons de son habit de gala et à arranger les boucles de ses souliers; il se trouvait un peu en retard, et la lune commençait déjà à briller sur l'horizon. Il allongea le pas sans se préoccuper des ombres effrayantes ni des cris lugubres qui sortaient de la profondeur de la forêt. Les loups hurlaient tout autour de lui; mais il était trop accoutumé à ces bruits pour y faire aucune attention; cependant il fut bientôt forcé de s'en occuper malgré lui. En effet, il avait fait à peu près la moitié de sa route, et venait de déboucher dans un endroit moins épais de la forêt, qu'il avait l'habitude de désigner sous le nom de la vieille clairière, quand, aux rayons de la lune qui commençait à poindre, il distingua des ombres noires qui se mouvaient tout autour de lui, et entendit des bruits sinistres qui sortaient du fond des broussailles. A sa grande terreur, le pauvre vieillard s'aperçut qu'il était environné de loups qui se disposaient à lui barrer le passage et à lui couper la retraite. Bientôt il se fit tant de mouvement autour de lui, que Dick crut dans sa frayeur que les arbres eux-mêmes se détachaient du sol pour se précipiter sur lui.

Les loups n'attaquent ordinairement l'homme qu'avec beaucoup de circonspection, après maints détours et maintes hésitations, et jamais brusquement, comme ils font pour les autres animaux. Cette circonstance fut heureuse pour Dick, qui, maintenant tiré complétement de la rêverie qui l'avait longtemps absorbé, commençait à comprendre toute l'horreur du danger qui l'environnait. Les yeux des loups brillaient comme autant de lanternes ambulantes, et il voyait à chaque instant s'augmenter le nombre de ces pronostics effrayants. Le vieillard connaissait depuis trop longtemps leurs habitudes cruelles pour se méprendre sur le sort qui lui était réservé, et il savait qu'aussitôt que le lâche troupeau se serait assuré qu'il n'y avait aucun danger caché, il se précipiterait en masse sur lui et le dévorerait en un instant. Le moindre faux pas de sa part, le plus léger signe de frayeur devaient être le signal de sa perte. La seule chance qui lui restât était de demeurer dans la clairière où il se trouvait, car il était probable que les loups n'attendaient pour l'attaquer que le moment où il rentrerait dans l'obscurité. Ces animaux, en effet, sont toujours plus audacieux dans les ténèbres. Le vieillard se rappelait aussi qu'il y avait une vieille hutte au milieu de la clairière, et il désirait la gagner, dans l'espoir d'y trouver un refuge contre les attaques de ses ennemis.

Cependant les loups se montraient à chaque minute plus audacieux, et de quelque côté que le pauvre vieillard tournât ses regards, il ne rencontrait que des yeux flamboyants dirigés sur lui et se rapprochant sensiblement. Quelques-unes de ces bêtes féroces osèrent même s'avancer assez près pour que Dick, par un mouvement instinctif, se crût obligé de les repousser avec le violon qu'il tenait à la main. Ce mouvement fit vibrer les cordes de l'instrument, qui rendirent un son plaintif. A ce bruit inattendu les loups s'écartèrent avec rapidité; le vieillard, à cette vue, reprit un peu d'espoir; et aussitôt passant avec violence ses doigts à plusieurs reprises sur les cordes de l'instrument, il en tira des sons répétés qui firent prendre la fuite aux loups qui s'étaient aventurés le plus près de lui.

Fort de cet avantage, le musicien, débarrassé des ennemis qui le serraient de plus près, se dirigea à grands pas vers la hutte, non sans avoir soin de répéter souvent le bruit qui lui avait déjà été d'un si grand secours. L'effet de cette manœuvre fut magique : tous les loups quittèrent la clairière et furent se poster à travers les arbres la queue entre les jambes et les yeux toujours fixés sur le vieillard. Cependant celui-ci continuait à s'éloigner à grands pas ; la vue de cette fuite ne tarda pas à rendre aux loups leur férocité un moment oubliée, et ils se mirent de nouveau à sa poursuite. Si le musicien eût pu être rattrapé en ce moment, c'en était fait de lui, les loups étaient furieux, et l'archet de Paganini lui-même n'eût pu leur arracher une victime. Heureusement pour le vieillard qu'il atteignit encore à temps la hutte vers laquelle il se dirigeait. Il y entra précipitamment, repoussa la porte et grimpa sur le toit, poste élevé au haut duquel il se trouvait hors de danger, comparativement du moins. Je dis comparativement, et ce n'est pas sans raison, car le poste occupé par le vieil Orphée n'était ni commode ni sûr que comparé à la position dans laquelle le pauvre diable se trouvait encore un instant auparavant.

Cette fuite avait encore augmenté la fureur des loups, qui se précipitèrent dans l'intérieur de la cahutte avec tant de rage et de rapidité, que ce fut à peine si Dick eut le temps d'arracher ses jambes saines et sauves aux gueules ardentes qui hurlaient après elles. Il parvint pourtant à s'installer sur le toit avec tous ses membres, y compris son violon. Une fois là, et un peu remis de la frayeur qui avait un instant glacé tous ses sens, il se rappela que son instrument chéri lui avait déjà une fois sauvé la vie. Ce fut un trait de lumière : il saisit l'archet, et d'un bras dont l'espoir avait quintuplé les forces, il fit gémir les cordes avec tant de violence, qu'on eût dit qu'un orchestre complet avait tout d'un coup envahi la forêt. Les loups se turent et demeurèrent immobiles, tandis que Dick, que ce premier succès encourageait encore, redoublait son charivari.

Les choses allèrent bien pendant quelques moments ; mais bientôt le musicien s'aperçut avec désespoir que le bruit ne suffisait pas pour effrayer les loups, car ces animaux revenus de leur première surprise recommençaient leurs attaques avec plus de fureur que jamais. C'en était trop pour le pauvre Dick. Qu'on juge de sa terreur quand au même instant il entrevit le museau d'un grand loup qui passait à travers les planches du toit, à deux pouces à peine de la place qu'il occupait lui-même. A cette vue il poussa un cri d'effroi, recommanda son âme à Dieu et se prépara à la mort. Mais il voulait, comme les gladiateurs, mourir avec grâce, ou plutôt imiter le cygne et faire entendre son chant de mort; aussi, saisissant son archet avec une nouvelle vigueur, il se mit à jouer l'air national de *Yankee Doodle*, requiem d'une nouvelle espèce, que le pauvre diable chantait lui-même sur sa propre tombe.

A peine les premières notes du fameux air se firent entendre, que le silence s'établit au bas de la hutte. L'art était vainqueur, Orphée l'emportait, les bêtes féroces étaient subjuguées, et le musicien tremblant put, en abaissant les yeux, voir que les hostilités avaient cessé, et qu'il s'était formé autour de lui un cercle nombreux d'auditeurs tels que nos plus fameux artistes n'en ont jamais vus à leurs concerts.

Si par hasard la mélodie s'arrêtait un instant, le charme cessait aussitôt, les cris féroces recommençaient, les oreilles se dressaient, et tout annonçait que les ennemis, charmés mais non domptés, étaient tout prêts à recommencer la bataille.

Heureusement que Dick connaissait maintenant le chemin de leur cœur; aussi continuait-il à leur donner du *yankee doodle* par les oreilles, ce qui paraissait fort les satisfaire. Les choses en arrivèrent même à ce point que le vieux ménétrier, enthousiasmé par l'approbation muette de l'assistance, oublia sa position précaire et entra si bien dans l'esprit de son rôle, qu'il joua avec un talent et une âme qu'il n'avait jamais montrés auparavant et qu'il ne montra même jamais depuis. Ce fut là sans contredit un des plus beaux triomphes de l'art, puisque l'artiste oublia sa terreur, et que les auditeurs démentirent par leur attention soutenue le proverbe qui veut que ventre affamé n'ait pas d'oreilles.

Il n'y a pas de plaisir si grand qui n'ait sa fin, et rien ne se lasse et ne se refroidit comme l'enthousiasme. Pourtant il ne devait point en être ainsi dans cette circonstance. Dick continuait à jouer avec une énergie dont la singularité du cas peut seule donner l'explication, et ses auditeurs charmés demeuraient l'oreille dressée, assis paisiblement autour de lui, sans donner aucun signe d'impatience ni d'ennui. On ne peut savoir combien cela aurait encore duré et comment la chose aurait fini, si l'on n'était venu interrompre le concert. Les nègres de la plantation, inquiets du retard du vieux musicien, dont ils connaissaient l'exactitude, étaient partis à sa recherche. Guidés par les sons de l'instrument, ils arrivèrent facilement à lui, et le trouvèrent installé sur son toit, jouant toujours son fameux *yankee doodle*. Le froid et la frayeur l'avaient presque paralysé; la main seule qui tenait l'archet agissait encore par une sorte de mouvement machinal, il fallut le descendre de son poste incommode et le transporter à bras jusque chez lui.

Quant à son auditoire, inutile de dire qu'il avait disparu à l'approche des nègres. »

CHAPITRE XL

UNE CHASSE AUX PÉCCARIS

— Le récit de Norman ne m'étonne pas, dit Lucien en prenant la parole aussitôt que son cousin eut cessé de parler, car il n'est pas d'animaux, si sauvages et si grossiers qu'ils puissent être, qui ne se montrent cependant sensibles au charme de la musique. Il n'existe pas un chasseur qui ne sache cela par expérience. Et si quelques-uns ignorent encore cette particularité, ce ne peut être que les naturalistes de cabinet; mais ces messieurs sont sujets à se tromper, et leurs ouvrages prétendus scientifiques fourmillent à chaque page d'erreurs grossières. Ainsi, ils répètent à satiété que tous les animaux du continent américain sont lâches et peu dangereux. Cela peut être vrai en partie; mais il y a cependant en Amérique tels et tels animaux auxquels ce reproche ne saurait être justement appliqué. Dans le nouveau monde, les animaux ne sont ni moins braves ni moins féroces vis-à-vis de l'homme que dans l'ancien continent, en tenant compte, bien entendu, à chacun d'eux, de sa grandeur et de sa force.

Quand les conquérants venus d'Europe envahirent l'Amérique, et qu'ils s'avancèrent au milieu de ses forêts vierges, portant en main leurs terribles armes à feu, ils trouvèrent les bêtes sauvages toutes disposées à leur en disputer la possession. Ces animaux n'avaient eu jusqu'alors à lutter que contre les hommes à peau rouge, et étaient souvent demeurés vainqueurs dans des combats où leurs adversaires n'avaient à leur opposer qu'une lance et des flèches. Ils se trouvèrent alors avoir à combattre un pouvoir invincible, un agent surnaturel de destruction qui frappait comme la foudre, dont il imitait le terrible grondement. L'homme rouge lui-même avait été frappé de stupeur à la vue de cet appareil inconnu; les brutes pouvaient-elles résister à sa puissance?

Toujours vaincues dans leurs rencontres avec ces étrangers, les bêtes féroces apprirent à éviter leur présence et à se retirer devant eux. Le fusil à la main, l'homme purgea de ses hôtes primitifs les terrains sur lesquels il s'établissait, et bientôt les animaux, refoulés de frontière en frontière, ne parurent plus qu'en petit nombre sur les terres où l'homme avait définitivement érigé son pouvoir.

La panthère, devant laquelle le chasseur prenait autrefois la fuite, apprit à devenir plus circonspecte, et d'assaillant qu'elle était auparavant, elle s'estima heureuse de laisser passer l'homme à sa portée sans attirer ses regards et sa colère. L'ours noir, qu'aucun obstacle n'arrêtait, et qui avait pourtant la réputation d'un voleur audacieux, prêt à fourrer le bout de son nez froid en tous lieux où il voyait quelque chose à prendre, changea si bien ses habitudes, que son nom devint synonyme de prudence et de circonspection. Il en fut de même de tous les autres animaux.

Faut-il pour cela les accuser de couardise et de lâcheté, et ne doit-on pas plutôt rendre hommage à la sagacité de l'instinct qui leur a fait comprendre que devant un ennemi armé d'une puissance aussi redoutable, il n'y avait d'autre parti à prendre que d'éviter prudemment sa rencontre.

Malgré cette timidité des animaux du nouveau monde, passée aujourd'hui presque en chose jugée, je voudrais bien voir un des naturalistes qui y croient le plus, égaré pendant une nuit seulement dans quelque forêt de la Louisiane ou au milieu des bayous du Mississipi, et juger quelle figure il ferait s'il se trouvait aux prises avec une panthère ou un ours noir, en admettant même qu'il eût eu la précaution de s'armer jusqu'aux dents de pistolets et de fusils.

Le fait de l'introduction des armes à feu, qui a modifié la surface du globe au physique aussi bien qu'au moral, n'a pas eu moins d'influence sur les bêtes féroces que sur les hommes de race sauvage. A celle-ci elle a fini par donner la civilisation, à ceux-là elle a apporté la prudence et la circonspection.

Avant que la conquête des Indes orientales par l'Angleterre eût apporté dans ce pays l'usage des armes à feu, les lions, les tigres et les autres bêtes féroces y exerçaient quelquefois des ravages si terribles, qu'on cite des villages entiers dépeuplés par un seul animal; il ne fallait rien moins que des armées pour combattre ces sauvages adversaires; encore ces armées n'osaient-elles pas toujours s'aventurer au milieu des jongles, et revenaient-elles souvent sans avoir obtenu un grand résultat. Quand les officiers anglais commencèrent à chasser le lion et le tigre dans ces contrées, cela fut considéré avec raison comme la chose la plus périlleuse du monde; aussi les mémoires et les correspondances du temps sont-ils pleins d'histoires effrayantes de chasseurs qui ont trouvé la mort sous la griffe et la dent de ces terribles animaux. A cette époque, le tigre n'hésitait point à attaquer une bande d'hommes armés; il s'élançait au milieu des groupes sans s'inquiéter du nombre ni de la force, et saisissait sa victime sans considération de rang, de couleur ni d'épaulettes. Plus hardi encore que le tigre, le lion s'aventurait jusqu'au milieu des campements, et allait chercher jusque sous la gueule des fusils la proie qu'il convoitait.

Aujourd'hui les choses sont bien changées, et l'on n'entend plus guère parler d'hommes dévorés par ces bêtes féroces; les rares exceptions qui sont encore signalées se passent toutes dans l'intérieur, au fond des forêts du Bengale et de l'Afrique, dans les lieux où n'ont point encore retenti les terribles détonations des fusils des chasseurs anglais, et ces chasses sont devenues des plaisirs si peu dangereux que le plus placide bourgeois pourrait y assister sans autre précaution qu'un peu de coton dans les oreilles pour amortir le bruit des rugissements, et un flacon de sels dans ses poches pour soutenir ses esprits au moment où le sang de ces bêtes féroces commence à couler.

Ces tigres, autrefois si redoutés, se cachent maintenant au fond des cavernes et dans les profondeurs des jongles, et n'en sortent que quand les fusées, les grenades et les coups de fusil leur ont rendu la place impossible à tenir plus longtemps. Le lion lui-même, ce roi des animaux, se cache dans le fourré, et ne le quitte que lorsque les blessures ont porté sa rage et sa douleur au point de lui faire oublier toute prudence. En dehors de leurs relations avec l'homme, ces animaux n'ont cependant rien perdu de leur caractère primitif, c'est toujours le même courage et la même férocité qu'autrefois. Cela ne prouve-t-il pas, comme je le disais plus haut, la présence d'un instinct qui, chez les animaux, équivaut presque à la raison?

Ces modifications du caractère et des habitudes des animaux par rapport à l'homme ne sont pas limitées aux seuls quadrupèdes ; les oiseaux et les autres êtres animés les ont également subies chacun dans un degré proportionné à leur intelligence. Ainsi, il n'est personne qui ne sache avec quelle habileté le gibier à plumes et toute la famille des oiseaux de proie sait distinguer un homme sans fusil d'un homme armé de cet instrument de destruction, et c'est chose connue aussi que les chasseurs emploient toutes sortes de stratagèmes pour les tromper à cet égard.

Cependant leurs habitudes ne sont point modifiées sous tous les autres rapports. Ainsi, par exemple, l'aigle à tête blanche demeure, en dehors de ses relations avec l'homme, tel qu'il était autrefois ; il continue, comme par le passé, à poursuivre le vautour dans les plaines de l'air, et à lui faire dégorger la nourriture qu'il vient d'absorber. Il dérobe toujours au faucon pêcheur le poisson dont il a su s'emparer, et continue avec la même férocité à arracher les yeux aux daims blessés et aux bisons tombés en arrière du troupeau.

Mais toute règle a ses exceptions, et c'est ce que le récit suivant vous démontrera, je l'espère.

Les armes à feu n'ont produit aucun changement sur le caractère et les habitudes du peccari, et je crois que l'homme parviendrait à enfermer dans un tube de fer toutes les foudres du ciel, et à y joindre les feux de l'Hécla, qu'il ne parviendrait pas à intimider le petit quadrupède dont je viens de vous citer le nom. Il semble du moins être demeuré insensible à la peur, qui a si profondément modifié le caractère des autres animaux sauvages.

Basile et François connaissent depuis longtemps la férocité de ces animaux, et notre pauvre mule Jeannette pourrait en parler mieux que personne[1] ; mais comme notre cousin n'est point encore au fait des habitudes de ces singuliers animaux,

1. Allusion à une aventure racontée dans les *Forêts vierges*.

c'est pour lui surtout que je raconte cette anecdote, dont il faut que je commence d'abord par lui décrire les personnages.

Le peccari est à peine haut de dix-huit pouces, et long de deux pieds à deux pieds et demi; mais malgré la petitesse de sa taille, ce n'en est pas moins un des animaux les plus redoutables du nouveau monde. Il marche ordinairement en troupeau dont la force varie de dix à cinquante individus. Ses mâchoires, comme celles du sanglier, sont armées de longues défenses, mais disposées autrement, et peut-être plus redoutables encore. Elles sortent à angle droit des mâchoires, au lieu d'être recourbées en avant; elles ont la forme et le tranchant d'un fer de lance. Ces animaux sont d'une agilité surprenante; leurs épaules, leur tête et leur cou sont doués d'une force relativement extraordinaire; aussi leur faut-il peu de temps pour mettre en pièces, lacérer et déchiqueter tout ce qui tombe sous leurs dents cruelles.

Ils attaquent tout sans avoir été provoqués, et cela avec tant de fureur, que la fuite est, même pour l'homme, le seul moyen d'échapper à leurs coups. Ils attaquent en troupe et se battent jusqu'au dernier vivant, de telle sorte que quand la bande est nombreuse, il n'y a point de salut à espérer, les morts qu'on abat ne faisant que redoubler le courage des survivants et les exciter à la vengeance.

Il n'y a pas d'animal assez courageux pour oser leur tenir tête, et leur présence suffit ordinairement pour glacer de terreur les chiens, les chevaux et même les chasseurs, pour lesquels ils sont un véritable fléau.

Ces singuliers animaux semblent être le chaînon intermédiaire entre la famille des hérissons et celle des sangliers ou cochons ordinaires. La forme générale de leur corps, la tête exceptée, présente la plus grande analogie avec le corps du hérisson. Leur poil, dont la longueur égale celle du cochon ordinaire, est implanté dans une peau dure qui en fait de véritables pachydermes. Ces poils sont rudes et piquants presqu'à l'égal de ceux du hérisson, surtout quand ils se dressent, ce qui arrive toujours lorsque l'animal est en colère. Ce poil est mi-parti jaune et brun, ce qui donne à l'animal une robe roanne. Les peccaris sont dépourvus de queue, appendice qui est remplacé chez eux par une petite protubérance; ils sont munis en outre de cette glande singulière que les chasseurs appellent vulgairement nombril du dos. Cette glande, qui n'est point un nombril, mais qui en a cependant assez l'apparence, est placée au-dessus des reins, et sécrète une espèce de musc que l'animal répand lorsqu'il est en colère, et qui lui donne sous ce rapport quelque analogie avec la civette d'Orient. La partie antérieure de son corps, c'est-à-dire les épaules, le cou et la tête, ressemble entièrement aux parties correspondantes chez le sanglier. Ses formes sont cependant moins grossières, son museau est plus allongé; ses jambes et ses pieds ressemblent aussi à ceux du sanglier. Sa nourriture tient à la fois de celle de ce dernier animal et de celle du hérisson. Il mange indifféremment des glands, des fruits sauvages, des graines, des herbes, des racines, des insectes et des reptiles.

Ce qu'il y a de plus singulier dans les habitudes de ces animaux nous reste cependant à dire; c'est surtout par leur manière de dormir que les peccaris sont remarquables. Leurs troupeaux fréquentent habituellement les champs de cannes, semés çà et là de grands arbres séculaires qui, par leur position isolée, sont fort exposés aux efforts de la tempête, et plus susceptibles par conséquent d'être abattus dans les jours d'orage; aussi ces champs sont-ils généralement couverts des débris de ces géants renversés par la foudre, et c'est au milieu de leurs branches et de leurs racines que les peccaris aiment à placer leur habitation. A la nuit tombante, ils pénètrent dans ces champs de cannes à la suite les uns des autres, et s'y installent de manière que l'un d'eux reste toujours couché sur la lisière, l'œil et l'oreille au guet. Les planteurs, qui les craignent et les haïssent, tant à cause du dégât qu'ils occasionnent dans leurs plantations que pour le massacre que ces animaux féroces font le plus souvent des chiens qu'on met à leur poursuite, ont imaginé toute espèce de moyens de les détruire.

Voici un des modes de chasse le plus usité :

Lorsqu'un planteur a remarqué quelques troncs d'arbres qui portent des marques encore fraîches de la présence des peccaris, il guette avec impatience l'arrivée du premier jour de pluie. Plus la pluie et le brouillard sont épais, plus il y a chance de rencontrer le troupeau au gîte, car il est rare que pendant ces jours nébuleux il sorte de sa retraite.

Quelque temps avant le point du jour, le chasseur se met dans une position d'où il peut voir sans être vu l'ouverture par laquelle les peccaris sortent de l'enceinte, et il attend sans faire de bruit que le jour commence à paraître. Aussitôt que l'orient s'éclaire, il aperçoit le groin de la sentinelle qui veille, les yeux tout grands ouverts, sur la sécurité de ses compagnons endormis derrière lui ; c'est le moment. Le chasseur ajuste la sentinelle et tire; si l'animal a été frappé par une main habile, il rugit, fait quelques pas, puis s'élance en avant, et tombe bientôt dans les convulsions de l'agonie. Le bruit du coup de feu a donné l'alarme au troupeau, et presque au même instant le chasseur voit apparaître le groin et les yeux d'une nouvelle sentinelle, qui vient occuper la place de la première. Le chasseur doit alors recharger son arme avec précaution et sans que le plus léger froissement des feuilles ou des branches puisse trahir sa présence, et un second coup de fusil doit frapper le second peccari sans que rien ait pu lui donner l'éveil sur la nature du danger qui le menace. Cette seconde sentinelle morte à son poste, une troisième vient se présenter aussitôt, puis une quatrième, puis une cinquième, et ainsi de suite jusqu'à l'extermination totale du troupeau. Les choses se passeraient tout autrement si quelque bruit intempestif venait dénoncer aux peccaris l'asile où se cache leur ennemi invisible. Le chasseur aurait bien vite tout le troupeau à ses trousses; il lui faudrait jouer des jambes, et bénir son étoile s'il en était quitte pour la peur.

Si l'une des sentinelles était tuée sur le coup, et qu'elle n'eût pas le temps de débarrasser la place où elle faisait la garde, celle qui vient à la suite ne manquerait pas de déranger le cadavre pour occuper la même place. Ces animaux, incapables de comprendre d'où sort le danger mystérieux, viennent tous mourir au même lieu, et jamais on ne les a vus quitter ce poste d'honneur et chercher à reconnaître l'ennemi avant qu'un mouvement imprudent ou un bruit inaccoutumé leur ait indiqué la direction dans laquelle ils devaient se porter.

Cette particularité du caractère des peccaris est si connue dans tout le Texas, pays principalement infesté par ces animaux, que les planteurs ont renoncé aux trappes et aux autres moyens de destruction pour employer le moyen de chasse que je viens de vous décrire.

Ceci me remet en mémoire une aventure de chasse au peccari que j'ai entendu raconter par un ami de mon père.

Cet ami avait lui-même un autre ami qui possédait avec ses frères une immense plantation dans le Texas, il fut lui rendre visite et passer quelque temps chez lui. Il était jeune alors, fort enthousiaste de la chasse, mais non encore initié à tous les secrets de ce grand art. Il ne pouvait pas mieux tomber que chez son ami pour s'instruire tant par les leçons que par l'expérience. L'habitant du Texas était, comme tous les planteurs de ce pays, un chasseur déterminé, qui ne se faisait pas faute de raconter les nombreuses aventures qui lui étaient arrivées.

Le hasard voulut que peu de temps avant que l'ami de mon père mît le pied dans cette maison, des troupeaux de peccaris fissent de grands ravages dans les plantations. On leur fit une guerre à mort, et il arriva juste à temps pour entendre le récit de ces exploits brillants encore tout récents. Les chasseurs ne tarissaient pas sur les dangers de cette chasse; ils parlaient des peccaris comme des animaux les plus terribles de la création, et montraient au nouveau venu les traces de leur cruauté imprimées en traces sanglantes sur les jambes des chevaux ou sur le corps de leurs plus beaux chiens.

L'un des propriétaires de la plantation, l'aîné des frères, je crois, rentra un beau matin d'une exploration, et raconta qu'étant sorti pour découvrir les traces d'un ours qui rôdait depuis quelque temps dans le voisinage, il avait en effet rencontré l'empreinte de ses pas, mais qu'il avait aussi trouvé des traces de peccaris.

Après quelques renseignements relatifs au passage de l'ours, et d'après lesquels il fut décidé séance tenante qu'on irait chasser ce féroce animal, le chasseur raconta les détails de sa rencontre avec les peccaris auxquels il avait eu affaire.

Il s'était, à ce qu'il paraît, approché pour reconnaître l'état des lieux, mais à peine il atteignait le bord extérieur de la haie qui entourait le champ, qu'il aperçut un troupeau de peccaris en train d'exercer au milieu de ses cannes à sucre leur déplorable industrie. Il était déjà trop tard pour penser à leur échapper, car les animaux l'avaient aperçu, et selon l'habitude de leur race tout le troupeau s'élançait sur lui grognant, hurlant et faisant à chaque pas claquer ses effroyables défenses. Tirer sur le troupeau eût été peine inutile, le chasseur ne l'essaya même pas, et préféra demander son salut à ses jambes. Il parvint non sans peine à escalader la palissade avant que ses ennemis fussent tout à fait sur lui. Arrêtés par cet obstacle, les peccaris se mirent à hurler et à danser, selon l'expression du chasseur, comme une poule sur un gril ardent. Ainsi retranché, notre homme déchargea à plusieurs reprises son fusil, et en tua quelques-uns, mais sans diminuer en rien la fureur de ceux qui restaient. Au contraire, leur rage semblait augmenter à mesure que leur nombre diminuait. Bientôt, à sa grande consternation, le faible rempart derrière lequel il s'abritait céda aux efforts des peccaris, s'écroula sur lui et le renversa. Heureusement qu'il ne fut pas blessé, et qu'il se releva avec assez de rapidité pour prendre la fuite et échapper aux ennemis, qui le poursuivirent presque jusqu'à la porte de son domicile.

Après ce récit, on s'occupa immédiatement des préparatifs de la chasse. Chacun fut bientôt équipé et en selle. Il y avait quatre chasseurs, plus un piqueur nègre chargé de conduire et d'appuyer les chiens, et qui, à cet effet, portait en sautoir un fouet et une trompe de chasse. Les chiens qui accompagnaient la chasse étaient de vigoureuses bêtes appartenant tous à l'espèce de ceux qu'on emploie exclusivement contre l'ours. C'est un croisement de bouledogue et de limier. La plupart de ces chiens étaient de vieux routiers, qui portaient leurs états de service tracés sur le dos par la dent des peccaris et par la griffe des ours. Tout en traversant la plantation, on donnait à l'ami de mon père des avis sur la manière dont il devait se conduire en cas de rencontre avec les peccaris, lui assurant que la seule ressource qu'il eût en cette circonstance était de prendre la fuite, à moins, toutefois, qu'il ne préférât perdre les jarrets de son cheval et avoir lui-même les mollets dévorés. Notre homme promit de se conduire avec prudence; mais la voix des chiens et l'enivrement de la chasse devaient bientôt lui faire oublier l'existence de tous les peccaris du monde.

Une plus noble carrière s'ouvrait devant lui. La piste de l'ours était trouvée, les chiens étaient lancés sur ses traces, et la chasse partit au galop au milieu de longues rangées de cannes à sucre, dont les hautes tiges recourbées formaient comme une voûte au-dessus de la tête des chasseurs. Les tiges des cannes étaient si pressées les unes contre les autres, qu'il ne semblait pas y avoir entre elles de place suffisante pour livrer passage même à un animal de la plus petite espèce.

Tout alla à merveille pendant quelque temps, mais la chasse

s'animait de plus en plus, les chiens se rapprochaient de la bête, les aboiements devenaient plus pressants et plus répétés, les chevaux s'excitaient, les chasseurs les éperonnaient encore, chacun brûlant du désir de tirer le premier le redoutable gibier ; ce n'était plus une course, c'était un tourbillon qui passait rapide comme le vent au travers des champs de cannes.

L'ami de mon père ne s'était jamais trouvé à pareille fête.

Son cheval, lancé à toute vitesse, commençait à ne plus sentir le frein. Bientôt la chasse pénétra dans un fourré de cannes où l'ours avait fait plusieurs détours. Elle prit une nouvelle ardeur ; le fougueux coursier, excité par tout le tapage qui se faisait autour de lui, devint si impétueux dans tous ses mouvements, qu'en deux bonds il désarçonna notre homme, qui heureusement ne perdit pas la bride, et parvint, quoique à grand'peine, à se remettre en selle. Cet accident lui rendit sa présence d'esprit ; il tira son couteau de chasse, et se mit à tailler de droite et de gauche les cannes et les lianes qui avaient été la cause première de sa chute. Mais il avait compté sans son hôte. La chasse continuait à tourbillonner, et notre homme, lancé à sa suite, se vit bientôt pris, lui et son cheval, dans une enceinte de lianes si fourrée, si inextricable, qu'il n'y avait pas moyen de songer à en sortir. Pour comble de désagrément, l'ours arrivait droit sur lui ayant toute la meute à ses trousses.

Ce fut, nous racontait-il, un moment terrible. Aussitôt que le cheval aperçut l'ours, le premier qu'il eût jamais vu de sa vie, il poussa un hennissement sonore, et se rejeta en arrière avec tant de terreur et d'impétuosité, que le cavalier se sentit au même instant froissé de tous côtés par les troncs et les branches des lianes, et qu'il en fut presque étranglé. Cependant, grâce à la précaution qu'il avait eue de s'entourer le bras droit de son manteau, cette partie de son corps n'eut point trop à souffrir du froissement, et il conserva le libre usage de sa main droite, de laquelle il tenait toujours son couteau ouvert. Au même instant le tumulte qui s'accomplissait autour de lui, les cris et les grognements qui se faisaient entendre, lui annoncèrent que l'ours s'était retourné et acculé pour faire tête aux chiens. Le chasseur parvint enfin à ressaisir assez d'ascendant sur son cheval pour le pousser dans la direction de la lutte qui s'accomplissait au pied d'un gros arbre. C'était, à ce qu'il paraît, un spectacle admirable, et qu'il faut lui avoir entendu raconter.

Les aboiements des chiens, les hurlements de l'ours, les bonds, les sauts, les coups de dents, les coups de pattes, le piaffement des chevaux, les sons de la trompe, les hourras des chasseurs, tout cela formait une mêlée tumultueuse qu'il faut renoncer à décrire.

Pendant que les chasseurs se rapprochaient de l'ours et se disposaient à mettre fin à un combat où déjà plusieurs pauvres chiens avaient trouvé la mort, voilà que tout d'un coup on entend un grand bruit, et qu'on voit arriver une troupe de peccaris qui se précipitent avec fureur sur les chiens, l'ours, les chevaux et les chasseurs. Nouveau surcroît de tumulte et de confusion que je dois encore renoncer à vous décrire.

Les pauvres chiens, surpris à l'improviste par cette apparition, s'enfuirent vers les chasseurs la queue entre les jambes. L'ours, attaqué de tous côtés par les intrépides peccaris, rugissait et se débattait plus fort que jamais. Tous les chasseurs épouvantés criaient aux oreilles de l'ami de mon père de se sauver au plus vite et d'éviter les peccaris, c'est à quoi il n'eut garde de manquer, les autres d'ailleurs le prêchaient d'exemple, et en moins d'un instant hommes, chiens et chevaux s'enfuirent à la débandade loin du troupeau, qui, faute d'autres adversaires réunit tous ses efforts contre l'ours laissé en arrière.

Telle fut, ajoutait l'ami de mon père en terminant ce récit, ma première rencontre avec les peccaris. Elle ne fut pas brillante, comme vous pouvez le voir, mais elle prouve, comme je vous le disais au commencement, que tous les animaux d'Amérique ne sont ni si peureux ni si couards que certains naturalistes de cabinet voudraient nous le faire accroire. Bien différent serait leur langage, j'en suis sûr, s'ils avaient une bonne fois seulement un troupeau de peccaris après leurs talons.

CHAPITRE XLI

ARRIVÉE AU FORT.

Nos voyageurs demeurèrent plusieurs jours à leur campement pour préparer une nouvelle provision de pemmican. Les peaux de caribou furent tannées et servirent à renouveler les chaussures et les vêtements usés. Enfin, bien délassés de leurs fatigues précédentes et bien munis de provisions, ils reprirent le cours de leur voyage.

Pendant deux jours ils traversèrent une contrée rocheuse et montagneuse où ils ne trouvèrent pas un seul brin de bois pour cuire leur viande, et où ils furent exposés à un froid plus intense que celui qu'ils avaient éprouvé jusqu'alors. François et Lucien eurent le nez gelé, mais cet accident n'eut aucune suite, grâce aux précautions prises par Norman, qui ne leur permit de s'approcher du feu qu'après les avoir frictionnés avec de la neige et avoir rendu au sang sa circulation habituelle.

Les rochers parmi lesquels ils cheminaient étaient la plupart couverts de tripe de roche (*gyrophora*) de différentes espèces, mais nos voyageurs étaient trop bien approvisionnés de pemmican pour avoir besoin de cette nourriture végétale.

Dans la partie la plus aride de la montagne ils découvrirent un troupeau de bœufs musqués ; ils tuèrent un de ces singuliers animaux, mais sa chair avait un goût si prononcé de rance et de musc, qu'ils abandonnèrent le corps tout entier aux loups, aux renards et aux autres bêtes de proie.

Trois jours après leur départ du camp sur le lac, leurs yeux furent réjouis par un spectacle dont ils étaient depuis longtemps privés, ils venaient de déboucher dans la vallée de Mackenzie par son extrémité occidentale. Cette contrée leur parut un paradis, tant elle était couverte de pins, de peupliers et de toutes sortes d'autres grands arbres. Ce paysage avait pourtant son vêtement d'hiver, le fleuve était couvert de glace, les arbres blancs de neige et de grésil ; mais après les scènes de désolation qu'ils venaient de traverser, ces frimas leur paraissaient chauds comme l'été.

Ils n'étaient plus inquiets ni de leur nourriture ni de leur chauffage, car les pays boisés sont toujours suffisamment approvisionnés de gibier ; aussi ce fut avec un véritable sentiment de joie qu'ils plantèrent leur tente sur les bords glacés de la grande rivière du Nord.

Il leur restait encore cependant plusieurs centaines de milles à faire avant d'arriver au terme de leur voyage ; aussi résolurent-ils de continuer leur voyage sans aucun délai et de prendre pour guide le cours du fleuve. Ils ne voulaient plus entendre parler d'abréger leur route, car ils savaient par expérience que les chemins de traverse sont souvent les plus longs. La leçon leur avait profité, et leur avait appris à apprécier cette règle de conduite que je vous recommande aussi, mes jeunes amis.

Dès le lendemain nos voyageurs se mirent en route en suivant le cours du fleuve. Tantôt ils marchaient sur les rocs, tantôt pour changer ils voyageaient sur les eaux glacées de la rivière. Cette route était sans danger car la glace avait un pied d'épaisseur et aurait supporté sans se briser le passage d'une armée avec armes et bagages.

Ils s'approchaient à chaque pas du cercle polaire, et les jours diminuaient à mesure qu'ils avançaient vers le nord. Cette circonstance n'arrêtait point leur marche. Les longues nuits des régions polaires ne ressemblent point à celles des latitudes méridionales. Elles sont souvent si claires qu'on peut lire l'écriture la plus fine ; cette clarté extraordinaire est due aux aurores boréales, à l'éclat des constellations septentrionales, qui donnent d'autant plus de lumière qu'elles brillent dans un ciel sans nuages où l'air est raréfié par le froid.

Au surplus, je ne ferai pas à mes jeunes lecteurs l'insulte d'insister sur ce sujet. Je suis sûr qu'ils ont trop étudié pour qu'il soit besoin de leur dire que la longueur des jours et des nuits polaires dépend de deux causes principales : la latitude et la saison ; et s'il vous arrive jamais de vivre pendant une année au pôle, ce que je suis loin de vous souhaiter, vous n'y passerez après tout pourtant qu'un jour et une nuit, mais ce jour et cette nuit auront chacun six mois de durée.

Laissons donc de côté ces détails, que vous connaissez tout aussi bien que moi, et revenons à nos voyageurs. Vous êtes impatients sans doute de connaître l'issue de leur voyage ; alors écoutez-moi, je n'en ai plus pour bien longtemps.

Un peu au-dessus du point où ils avaient rencontré le Mackensie, nos quatre aventuriers trouvèrent un campement d'Indiens qui entretenaient avec le fort des relations d'échange. Norman n'était point un étranger pour eux, ils le reçurent à merveille ainsi que ses trois cousins.

Ces pauvres gens leur donnèrent tout ce dont ils pouvaient disposer ; mais le cadeau le plus appréciable consista sans contredit en traineaux et en chiens de trait qui furent fournis par le chef, sous la condition expresse qu'il en recevrait le payement lors de sa première visite au fort.

Quoique les Esquimaux n'aient point encore eu l'idée d'atteler les rennes, ils y suppléent en employant le chien comme bête de trait. Deux chiens à un traîneau suffisent au transport d'un homme. C'est un moyen de locomotion dont la vapeur seule surpasse la vitesse.

Nos voyageurs se débarrassèrent de leurs souliers à neige, s'enveloppèrent de leurs manteaux de fourrure, et s'assirent dans leurs traîneaux à chiens, grâce auxquels les cinq cents milles qui leur restaient à faire devinrent une simple bagatelle. Quelques jours après, par une après-midi, on aperçut du fort quatre traîneaux qui arrivaient au galop portant chacun un jeune voyageur. Au moment où ceux-ci mettaient pied à terre, ils se virent entourés par une troupe de trappeurs, de marchands, de voyageurs, de coureurs de bois et autres employés de la compagnie. Ce fut une fête générale, une heure de joie et de bonheur.

Pour moi, jeunes lecteurs, l'heure présente n'est pas aussi douce, elle est au contraire pleine de regrets ; puissiez-vous partager mes sentiments, et ne pas vous séparer sans peine de nos jeunes voyageurs et de l'auteur votre ami.

FIN.

Paris. — Imp. Vᵛᵉ P. Larousse et Cⁱᵉ, rue du Montparnasse, 19.

Basile et l'élan.

Paris. — Imp. Vᵉ P. Larousse et Cⁱᵉ.

Les jeunes voyageurs.

Paris. — Imp. Vᵉ P. Larousse et Cⁱᵉ.

Cependant les pêcheurs continuaient à retirer le filet.

Paris. — Imp. Ve P. Larousse et Cⁱᵉ.

Une première pierre brûlante fut retirée du feu et jetée dans l'eau.

Paris. — Imp. Ve P. Larousse et Cie.

Le naufrage.

Paris. — Imp. Ve P. Larousse et Cie.

Les loups et les sacs de pemmican.

L'arrivée au fort.

Paris. — Imp. Vᵉ P. Larousse et Cᵉ.

Ils le virent atteindre l'autre extrémité de la corde et s'installer sur le rocher.

Paris. — Imp. Vᵉ P. Larousse et Cⁱᵉ.

Basile et le bison.

Paris — Imp. Ve P. Larousse et Cie.

www.ingramcontent.com/pod-product-compliance
Lightning Source LLC
Chambersburg PA
CBHW071126160426
43196CB00011B/1811